HELMUT LAMBERT

Der Angriff des Kriegers auf das Friedliche

Die Quelle des Antisemitismus

novum ▧ pro

Dieses Buch ist auch als
e-book
erhältlich.

Bibliografische Information
der Deutschen Nationalbibliothek:

Die Deutsche Nationalbibliothek
verzeichnet diese Publikation in
der Deutschen Nationalbibliografie.
Detaillierte bibliografische Daten
sind im Internet über
http://www.d-nb.de abrufbar.

Gedruckt in der Europäischen Union
auf umweltfreundlichem, chlor- und
säurefrei gebleichtem Papier.

© 2024 novum Verlag

ISBN 978-3-7116-0207-7
Lektorat: Mag. Eva-Maria Peidelstein
Umschlagfotos: Helmut Lambert;
Helena Bilkova I Dreamstime.com
Umschlaggestaltung, Layout & Satz:
novum Verlag

www.novumverlag.com

Druckprodukt mit finanziellem
Klimabeitrag
ClimatePartner.com/16547-2311-1001

min hjertestjerne

1 Inhaltsverzeichnis

Vorbemerkung

Das Buch entstand aus der Analyse des Antisemitismus aus soziologischer Perspektive und deren Überprüfung in der Geschichte. Dies führte über viele Stationen eines großen historischen Überblicks zur klaren Einsicht, dass er notwendiges Herrschaftsinstrument der jeweils herrschenden Kräfte war, im christlichen Abendland war es meist die Aristokratie.

Das Thema erhielt durch den Überfall der Hamas auf Israel im Oktober 2023 und den Raketenangriff des Iran im April 2024 eine bestürzende Aktualität, die nach Berücksichtigung rief. Die Anwendung der bis dahin gewonnenen Erkenntnisse nun nicht mehr auf historisches, sondern auf heiß umstrittenes politisches Feld ist unvermeidlich heikel und muss kleinteilige Betrachtungen vermeiden. Der über Jahrtausende gespannte Blick konnte jedoch auch hier mehr Klarheit bieten, in Bezug auf den Antisemitismus ebenso wie auf unsere deutsche, westliche Position.

Die Kapitelfolge mit dem schrittweisen Erkenntnisgewinn, an dessen Ende die Behandlung der Situation Israels steht, zeigt die Erklärungsmacht der entwickelten Argumentation für die Gegenwart und ermöglicht ein abschnittsweises Lesen.

Überblick

Die bisher angegebenen, zahlreichen Gründe für den Antisemitismus sind unbefriedigend: Das Christentum erklärt nicht den von Hitler und Stalin, die Quelle in der bürgerlichen Gesellschaft nicht den anderer Gesellschaftsformen, Aberglaube nicht die Auswahl der Juden als Objekte, der Palästinakonflikt nicht den muslimischen. Auch die Aufteilung in sozialen, psychologischen, ökonomischen Antisemitismus führt ebenso wenig zu der Quelle wie der primäre und sekundäre Antisemitismus.

Die die hier präsentierte Analyse des Antisemitismus führt ihn auf eine Hauptquelle zurück: Es ist der Angriff der in den Aristokratien Jahrtausende lang vorherrschenden, aggressiven militärischen Werte und Verhaltensformen auf die Juden, die durch ihre Existenz in der Diaspora zur Entwicklung von Friedlichkeit, Gleichberechtigung und Empathie – ziviler – Verhaltens- und Empfindungsformen gezwungen waren. Heute sind sie die Grundwerte der westlichen Welt und der Menschenrechte.

Ausgehend von der extremen Form des militärischen Verhaltens- und Empfindungskanon mit der Wiederbelebung des Antisemitismus unter Kaiser Wilhelm II wird diese These an vielen Beispielen bestätigt. Georg Simmel sieht in der Wirtschaft generell und mit der Durchsetzung des Geldes besonders eine Tendenz zu Friedlichkeit, Karl Popper in der Aristokratie die Aggressivität, die philosophisch-religiös verbrämt wird.

Diese besondere Vorreiterrolle der Juden in der Entwicklung der westlichen und weltweiten Kultur ist weder uns noch den Juden bewusst. Daher sind die hier vorgelegten Ergebnisse geeignet, das Ansehen des Judentums zu vergrößern und in der aktuellen Auseinandersetzung größere Klarheit zu schaffen. Sie machen auch deutlich, warum der Kampf gegen Antisemitismus ein Kampf für unsere Freiheit ist.

Darstellungsfolge

(1) Am Anfang stand die Überlegung, dass die Juden in ihrem fast zwei Jahrtausende dauernden Dasein in der Diaspora unter geringem Rechtsschutz und dauernder Bedrohung eine besondere Form gesellschaftlicher Werte und Fähigkeiten des friedlichen Miteinanders entwickelt haben, um zu überleben. Dazu kam Norbert Elias „Studien über die Deutschen", in denen er die katastrophalen Entwicklungen zum Ersten und Zweiten Weltkrieg mit der besonders militaristischen Ideologie des Wilhelminischen Reiches erklärte, die dazu diente, die schwankende Adelsherrschaft in Deutschland gegen soziale und demokratische Kräfte zu stabilisieren. Die Vermittlung von Ideologie und Einzelperson erfolgt nach Elias durch die Ausprägung eines „Verhaltens- und Empfindungskanons", hier eines militärischen, in dem sich seine Werte widerspiegeln: Disziplin, Unterordnung, Gefühlskälte und Glauben statt Wissen. Durchgesetzt wurde er nach Elias durch die Erfindung der „satisfaktionsfähigen Gesellschaft", die die Erlangung von Führungsposten von der Unterwerfung unter den militärischen Kanon mittels der Schlagenden Verbindungen abhängig machte. Dieser Verhaltens- und Empfindungskanon stand nun ganz offensichtlich dem Friedlichen, Unkriegerischen der Juden diametral gegenüber, der jedoch dem der demokratischen und sozialen Bewegungen entsprach.

Eine Überprüfung, ob die gängigen Vorurteile gegen Juden ganz wesentlich aus einem Wirken militärischer Werte erklärbar waren, bestätigte diese These. Der verstärkt auftretende Antisemitismus war danach ein Nebenprodukt des Wilhelminischen Militarismus in einer gegenüber späteren Auswüchsen noch gemäßigten Form, und das, obwohl der Adel die Juden für seine Wirtschaft nötig hatte.

(2) Der wieder aufgebrochene Antisemitismus suchte nach der Abschwächung des religiösen Motivs neue Wege der Bestätigung

und fand sie in der neu aufgekommenen „wissenschaftlichen" Rassentheorie. Um ihn jedoch dort einordnen zu können, musste man die verderblichen Eigenschaften der Juden bereits viele Jahrtausende zurück verorten, da sonst eine jüdische „Rasse" nicht hätte entstehen können. Diese „rassenmäßige" Begründung machte die fortschreitende Integration der Juden in die Mehrheitsgesellschaft durch angepasstes Leben, Verdienst oder Konversion zum Christentum unmöglich.

Um die von den Juden ausgehende, angebliche Gefahr weiter zu vergrößern, wurde das Hauptwirkungsfeld der Juden, der Handel, mit seinen weiten Verbindungen mittels seiner Identifikation mit dem von ihnen angeblich gesteuerten Kapitalismus zur Weltverschwörung diabolisiert. Beides war nur möglich, wenn man die gesamte Entwicklung in Europa seit vorchristlicher Zeit nicht – wie allgemein gesehen – als eine Vermehrung von Einsicht und Humanität bewertet – sondern als steten Niedergang zur Vernichtung einer angeblichen „germanischen Kultur". Dabei habe diese mit entgegengesetzten Werten – Gefühl, Gewalt und Tiefsinnigkeit – eigentlich die Führung der Welt verdient. Zum systematischen Nachweis der Schlechtigkeit der Juden musste man sich in immer willkürlicheren, vernunftwidrigeren und menschenfeindlicheren Argumenten versteigen. Als ein Kernpunkt der jüdischen Gefahr für das germanische Übermenschentum wurde ausgerechnet eine liberalere Haltung gegen die Homosexualität ausgemacht, wie sie heute mehrheitlich akzeptiert ist.

(3) Eine weitere Begründung für das Auftreten des Antisemitismus ergibt sich aus Georg Simmels „Philosophie des Geldes", in der er die Wirtschaft mit den ihr immanenten Tendenzen zu Gleichberechtigung, Interessenausgleich, Friedlichkeit, Flexibilität und Drang nach Wissen, also dem zivilen Kanon, detailliert herausgearbeitet hat. Diese Werte waren für die Juden als Händlervolk existenziell wichtig und besonders die Friedlichkeit

wurde durch ihre unsichere Existenz in der Diaspora noch verstärkt, wie es in einem eigenen Staat nicht nötig gewesen wäre.
Es handelt sich also um eine welthistorische Auseinandersetzung zwischen den Werten einer aristokratischen, allgemeiner
gesagt: stratifizierten Gesellschaft, die auf Unterdrückung und
Ausbeutung beruht, und einer Gesellschaft der Gleichen, auf
Friedfertigkeit und sozialen Ausgleich bedacht wie die westlichen Demokratien („offene Gesellschaft"). Die mit dem Bedeu-
tungszuwachs der Wirtschaft verbundene Machtverschiebung
der Neuzeit verlief konfliktreich über das Erkämpfen von mehr
Rechten (GB) und über Revolutionen, die niedergeschlagen wurden oder erfolgreich waren (F, USA). In Deutschland artete die
Verteidigung der Macht des Adels im 19. Jh. gegen die Triebkräf-
te der Epoche in verstärkter Repression und Militarisierung aus
und erzeugte unvermeidlich als Nebenprodukt den systematischen Antisemitismus – mit monströsen Folgen.

Die Bundesrepublik hat sich 1949 im Grundgesetz zu den zivilen
Werten bekannt, nachdem die militärischen zweimal in schreckliche Katastrophen geführt haben.

(4) Die neueren Erklärungen des Antisemitismus in Büchern von
Michael Woffsohn und Götz Aly bestätigen die Thesen und erlauben ihre Weiterentwicklung und Differenzierung.

(5) Anhand des Blicks von Zeitzeugen werden die Thesen an
konkreten Erscheinungen überprüft:

Fontane verfolgt aufmerksam die negativen Veränderungen von
Preußen im 19. Jahrhundert und besonders unter Wilhelm II, u. a.
mittels der Verbreitung eines bis in die höchsten Staatsämter rei-
chenden „Byzantinismus". Bei Fontane selbst verwandelt sich im
Lauf seines Lebens sein unreflektierter, traditioneller Antisemitismus aufgrund seiner positiven Erfahrungen mit Juden in aus-
gesprochene Wertschätzung.

Döblin schildert seine Eindrücke im Judenviertel von Warschau 1926 mit seiner kulturellen Vielfalt, Vitalität und Geschäftigkeit, aber auch der Not und Fremdheit der in großer Zahl aus Russland vertriebenen Juden.

George Orwell beobachtet, dass der Antisemitismus in Großbritannien nach dem Zweiten Weltkrieg trotz des Wissens über den Holocaust in den traditionellen Klischees weiter reproduziert wurde.

(6) Orientiert an Karl Poppers „Die offene Gesellschaft und ihre Feinde" wird der militärische Kanon als Unterdrückungsinstrument der Herrscherklasse verständlich. Diese benötigt eine Ideologie zur Rechtfertigung der Unterdrückung der Mehrheit. Sie hat philosophisch in Platons „Der Staat" ihren Ursprung und wurde, immer neu abgewandelt, im Christentum und von Philosophen der Neuzeit (wie Hegel) von den Herrschenden propagiert.

(7) Berichte aus der Diaspora ergänzen das Bild – zum einen daraus erwachsene Lebensweisheiten für das praktische Leben aus der jüdischen Tradition, zum anderen die plastische Schilderung der Unterdrückung in arabischen Ländern, die im herrschenden Meinungsbild als milder steht. Sie macht jedoch deutlich, dass sie ganz praktische Verhaltensregeln der Juden zur Folge haben musste, für die jedoch noch eine systematische Aufarbeitung zu fehlen scheint.

(8) Schließlich hat die Untersuchung des jüdischen Selbstverständnisses in der Zeit der Aufklärung und heute zum Ergebnis, dass es ausschließlich durch die Stellung zur Religion geprägt ist. Für Verhaltens- und Empfindungsweisen, die aus dem praktischen Leben entstehen, hat es keinen Blick. Hier ist eine Leerstelle, die von zwei jüdischen Soziologen – Kaplan und Wine – angedeutet, aber nicht bearbeitet wird.

(9) Die Freimaurer als Vertreter der Aufklärung und Humanität erleiden ähnliche Diskriminierungen, waren jedoch als Sündenbock weniger leicht zu fassen, da sie als Teile der Mehrheitsgesellschaft kaum erkennbar waren. Die Antisemiten ersparen sich Differenzierungen und spannen beide unter dem Drohwort der freimaurerischen-jüdischen Verschwörung zusammen.

(10) H.A. Winklers Darstellung der Westlichen Welt und ihrer Werte über die vergangenen 2.000 Jahre aus historischer Perspektive lässt sich auch als Kampf der beiden Kanons lesen und bestätigt so die neue Antisemitismuserklärung.

(11) Aus der von F. A. Hayek analysierten Entwicklung des 20. Js., mit den prägenden Diktaturen von Stalinismus und Faschismus ergibt sich deren Antisemitismus aus der Gemeinsamkeit des kollektivistischen Charakters, der wieder folgsame Untertanen braucht und freie Menschen verfolgt.

(12) Mit dem Staat Israel entsteht eine welthistorisch neue Situation. Hier kommen die Konflikte beim Übergang der 6.000jährigen Klassengesellschaft (Stratifiziertes System) zu einem freien Gesellschaftssystems mit der Beendigung von fast 2.000 Jahren Diasporadasein zusammen. Der archaische muslimische Antisemitismus trifft auf einen modernen Staat. Durch ihn ändern sich unvermeidbar einige der spezifischen in der Diaspora notwendigen Eigenschaften, besonders die Friedlichkeit. Die zivile Ausrichtung aber bleibt, und auch deren Feinde, die nun in Israel ein weiteres, aber nicht mehr leicht zu unterdrückendes Ziel haben. Große Teile der muslimischen Welt bekämpfen dies als Vertreter der Moderne fanatisch mit Krieg, Terror und Propaganda, stellen sich dabei gleichzeitig als Opfer des Westens dar. Diese Sichtweise zeigt auch in verunsicherten Kreisen der westlichen Welt Wirkung, die unsere Freiheit gefährdet.

Fazit

Die Erkenntnis, dass die Juden Vorreiter in der Entwicklung eines zivilen Wertekanons waren, der zu den Grundlagen des westlichen Wertesystems wurde, ist weder uns noch ihnen bewusst, erhöht jedoch ihre Wertschätzung, kann zu ihrem nichtreligiösen Selbstverständnis beitragen und lässt ihre Gegner klarer als von den Herrschern programmierte Vertreter von Unfreiheit und Gewalt hervortreten.

Die Untersuchung trägt so auch zu einer Klärung der weltweiten Auseinandersetzungen zwischen Unfreiheit (militärischer Kanon) und Freiheit (ziviler Kanon) bei, in dem die autokratischen Herrscher in alter aristokratischer Manier ohne Rücksicht auf Menschen um Land kämpfen lassen und es letzterem um Wohl und Freiheit der Menschen geht. Dabei wird auch der Unterschied zwischen Diaspora und Staat deutlich gemacht. Die extreme Friedlichkeit, manchmal auch die erzwungene Unterwürfigkeit, über zwei Jahrtausende, war ein historischer Sonderfall. Ein Staat kann sie sich, will er Bestand haben, nicht leisten. Er muss nach innen und nach außen Macht ausüben.

1 Der Hass des Kriegers auf das Friedliche

Antisemitismus unter dem Instrumentarium von Norbert Elias

1.1 Übersicht

1. Der Antisemitismus ist eine über die Jahrtausende hindurch bestehende Erscheinung und ist selbst nach den beispiellosen Verbrechen des Holocaust nicht verschwunden, selbst nicht im Staat der Täter.

2. Antisemitische Taten verursachen Reaktionen der Empörung und Verurteilung, darüber hinaus aber keine oder nur geringe Auseinandersetzungen mit den tieferen Quellen antisemitischer Haltungen.

3. Wenn man dies jedoch tut, wie im Folgenden skizziert, gelangt man zu dem Ergebnis, dass die jüdische Kultur aufgrund der Besonderheit ihrer Entwicklung in fast 2.000 Jahren Diaspora eine ganz ungewöhnliche Zivilisationshöhe des friedlichen Miteinanders entwickelt hat, und der Antisemitismus aus aggressiven Ideologien gespeist wird, die zur Aufrechterhaltung der Unterdrückung in aristokratischen Gesellschaften dienten.

In den Begriffen von Norbert Elias: Weil die einen einem „militärischen", die anderen einem (extrem) „zivilen-Verhaltens- und Empfindungs-Kanon" unterworfen waren.

Die Aristokratie musste zur Sicherung ihrer Herrschaftsposition auf Unterdrückung, Hierarchien, Befehl und Gehorsam setzen. Das Volk sollte unwissend und gläubig sein. Wissen könnte Ansprüche schaffen und die Herrschaft infrage stellen.

Im zivilen Verkehr, besonders im Handel, begegnet man sich jedoch gleichberechtigt. Unterschiedliche Meinungen werden mit Argumenten ausgetragen und man steuert Kompromisse an. Dazu sind Bildung, Wissen und Kreativität hilfreich.

Aus dem Konflikt dieser entgegengesetzten Wertesysteme über fast 2 Jahrtausende entwickelte sich die Besonderheit der antisemitischen Klischees, im Vergleich zu üblichen gesellschaftlichen Ausgrenzungen von Gruppen.

Dies wird im Folgenden näher erläutert und anhand von Beispielen nachgewiesen.

1.2 Die Unwahrscheinlichkeit der jüdischen Kultur

1.2.1 Friedlichkeit als Überlebensform

Die Juden hatten nach der Vertreibung durch die Römer im ersten Jahrhundert nach Christus nie einen Staat und damit keine staatliche Organisation, die sie nach innen und außen schützen konnte. Sie waren in ihren christlichen „Gastländern" eine meist von der Mehrheit schon aus religiösen Gründen nicht gern gesehene Minderheit und konnten von deren Autoritäten wenig Gerechtigkeit erwarten, ganz zu schweigen von Unterstützung. Selbst wenn Herrschende sie ins Land geholt hatten, war deren Gunst unsicher; immer gab es willkürliche Steuern und Beschneidungen ihrer wenigen Rechte. Sie blieben unter sich in eigenen, sicheren Stadtteilen (Gettos), was einer Integration neben ihrer von der Mehrheit abweichenden Religion zusätzlich im Weg stand.

Im Verkehr mit den Einheimischen mussten sie sich daher auf ein gefälliges, friedliches Verhalten einstellen, um ihren Lebensunterhalt verdienen zu können. Sie mussten Konflikte möglichst frühzeitig vorausahnen, sie umschiffen, Ausweichstrategien,

z. B. Witz, entwickeln, und immer aufmerksam sein. Traditionelle Berufe wie Landwirt und Handwerker waren ihnen verwehrt, sie konnten nur Händler und Geldverleiher werden, beides hatte jedoch keinen guten Ruf.

Auch manche negativ empfundenen Eigenschaften sind aus diesen Verhältnissen leicht erklärbar. Ihre angebliche Lust am Streiten ist wohl Folge ihrer Erziehung und komplexen Sicht auf die Welt und der Versuch einer argumentativen statt gewaltsamen Formulierung von Interessen. Ihre Beharrlichkeit im Verfolgen ihrer Ziele ist leicht als Folge wirtschaftlicher Notwendigkeit zu verstehen.

Aggression als Grundlage aristokratischer Herrschaft

Alle Staaten waren aristokratisch, also gekennzeichnet durch eine kleine Herrscherschicht und eine Mehrheit von Untertanen mit weniger Rechten. Dies erforderte Zwang nach innen und ständige Auseinandersetzungen nach außen. Die dazu vermittelten Werte schlugen sich im Einzelnen in einem kriegerischen, Norbert Elias sagt „Militärischem Verhaltens- und Empfindungskanon", nieder[1]. Dieser war bei den Adligen stärker, wirkte sich jedoch auch in den nichtadligen Gesellschaftsschichten aus und wurde dort sogar als Vorbild verstanden und verbreitet.[2]

In einer solchen gesellschaftlichen Umgebung konnten sich auf Gewaltlosigkeit beruhende Verhaltensformen nur in engen Grenzen entwickeln.

---

1 Norbert Elias, Studien über die Deutschen – Machtkämpfe und Habitusentwicklung im 19. und 20. Jahrhundert, Suhrkamp 1989
2 s. Thorstein Veblen, Die Theorie der feinen Leute, 1899

Dagegen war gerade dies für die Juden in der Diaspora die Voraussetzung für ihr Überleben als Gruppe und es entwickelte sich dort in einer sehr ausgeprägten Form als „ziviler Verhaltens- und Empfindungskanon". Er war dem militärischen Kanon entgegengesetzt und stellte für ihn eine latente Bedrohung dar, da er eine alternative Gesellschaftsform aufzeigte, die andere Fähigkeiten erforderte.

1.3 Trennungen von Gesellschaften in Etablierte und Außenseiter

Nach allgemeiner Lebenserfahrung gehören gewisse Ausgrenzungen von Gruppen zum allgemeinen Alltag in jeder Gesellschaft. Seien es nun fremde Dialekte, Haarfarbe, Kleidung oder Gewohnheiten, alles kann bereits bei wenig differenzierten Gesellschaften zum Anlass für Ausgrenzungen werden.

Norbert Elias und John L. Scotson haben diese gesellschaftlichen Prozesse in „Etablierte und Außenseiter"[3] am Beispiel einer kleinen Vorortsiedlung in den Midlands von England, die sie verschlüsselt „Milton Prava" nannten, wissenschaftlich näher untersucht und allgemeine Erkenntnisse zu diesen Prozessen abgeleitet.

1.3.1 Allgemeine soziale Gesetzmäßigkeiten

Es gibt in Gesellschaften eine Tendenz, sich gegen andere Gruppen abzugrenzen. Es bedurfte dazu nach den Befunden im Untersuchungsgebiet Winston Prava keiner großen Unterschiede

---

3 N. Elias, J. L. Scotson, Etablierte und Außenseiter, Suhrkamp, 1. Auflage 1993, 10. Aufl. 2020

ethnischer, religiöser oder kultureller Art. Es genügte dort schon der Unterschied zwischen etwas älteren und jüngeren Stadtteilen.[4]

In Winston Prava stellte sich dieses Problem mit besonderer Schärfe, weil die meisten gängigen Erklärungen für Machtdifferenziale – soziale Klasse, Nationalität, ethnische Herkunft, Religion oder Bildungsniveau – hier versagten. Die beiden betroffenen Gruppen unterschieden sich in der Tat nur durch ihre Wohndauer am Platz.[5]

Die Bevölkerung des älteren Stadtteils gehörte zu den Etablierten, die die Machtpositionen in der Gemeinde innehatten und die Neuhinzugezogenen bewusst von einer Integration, also von der Teilhabe in Clubs, Vereinen und informellen Zusammenkünften im Pub abhielten. Das damit verbundene Machtgefühl wirkte sich aus im Empfinden, „etwas Besseres" zu sein als die Neuhinzugezogenen.

Bei der unterlegenen Gruppe der Neubürger überwog das Gefühl, dass auch sie sich „schlechter" fühlten als die Etablierten. Nur bei wenigen Jugendlichen äußerte sich die Herabsetzung in provokativer Verletzung von Regeln und Gesetzen.

Die Gleichförmigkeit des Musters, nach dem übermächtige Gruppen weltweit ihre Außenseitergruppen stigmatisieren – eine Gleichförmigkeit über alle kulturellen Unterschiede hinweg – mag zunächst etwas überraschen. Aber die Symptome menschlicher Minderwertigkeit, die eine machtstärkere Etabliertengruppe am ehesten an einer machtschwächeren Außenseitergruppe wahrnehmen, die ihren Mitgliedern als Rechtfertigung ihrer

---

4 Im Folgenden: Alle Zitate kursiv.
5 Elias, Scotson, S. 15

Vorrangstellung und als Beweis ihrer Höherwertigkeit dienen,
werden bei den Außenseitern gewöhnlich durch die bloßen Be-
dingungen ihrer Gruppenposition, durch die damit verbundene
Erniedrigung und Unterdrückung erzeugt. Diese Bedingungen
sind in mancher Hinsicht überall dieselben. Armut, ein niedriger
Lebensstandard, gehören dazu. Aber es gibt andere (...) etwa das
ständige Ausgeliefertsein an launenhafte Entscheidungen und
Befehle von oben, die Demütigung des Ausschlusses von den „bes-
seren Kreisen" und eingebläute Haltungen der Unterwürfigkeit.[6]

In jedem Fall kann man die zwingende Kraft einer Etablierten-
Außenseiter-Beziehung und die eigentümliche Hilflosigkeit der
so aneinandergebundenen Menschengruppen nicht begreifen,
solange man nicht erkennt, dass sie in einer Doppelbinderfalle
gefangen sind.[7]

1.3.2 Wirkung bei der Mehrheitsgesellschaft

Wenn derartige Ausgrenzungstendenzen bereits unter aus heutiger Sicht zivilisierten Verhältnissen in Großbritannien in den
1960er Jahren und bei minimalen Gruppenunterschieden zu
verzeichnen waren, kann man davon ausgehen, dass sie in früheren Jahrhunderten noch viel ausgeprägter waren.

Hinzu kommt, dass die Juden eine fremde Gruppe waren, die
sich in Bezug auf Aussehen, Sitten, Berufstätigkeit und besonders Religion – also in vielerlei Hinsicht – deutlich von den im
Mittelalter überwiegend als Bauern und Handwerker tätigen
Einheimischen unterschieden. Dies hat auf Seiten der Etablierten die gesellschaftliche Tendenz zu verstärkter Abgrenzung mit

---

6 Elias, Scotson, S. 21
7 Elias, Scotson, S. 28

der damit verbundenen Erhöhung der eigenen Position und zur Herabwürdigung der Außenseiter verstärkt.

Das Gefühl der eigenen Höherwertigkeit durch die Zugehörigkeit zur machtstärkeren Gruppe erfordert andererseits aber auch eine strenge Unterwerfung unter deren Regeln. Dazu gehört auch die Diskriminierung von Außenseitern. Sonst sinkt man in der Statushierarchie ab und es droht der Ausschluss.

Die Strafe für Abweichung, und manchmal bereits für vermutete Abweichung, ist Machtverlust und Statusminderung.

Der Einfluss der internen Meinung einer Gruppe auf jedes ihrer Mitglieder geht aber noch weiter. Eine solche Gruppenmeinung hat unter manchen Aspekten das Gepräge und die Funktion eines persönlichen Gewissens.

(...) Sein Selbstbild und seine Selbstachtung sind daran geknüpft, was andere Mitglieder seiner Gruppe über ihn denken.[8]

Unter den Bedingungen aristokratischer Herrschaft gehörte die Ausübung von Gewalt zu den grundlegenden Voraussetzungen, was sich auch in der Zivilgesellschaft im täglichen Umgang niedergeschlagen hat, jedoch durch Gesetze und Sitten im Zaum gehalten wurde. Dies gilt nicht, oder nur in geringem Umfang, gegenüber der Minderheit der Juden. Sie waren schutzlos.

Der militärische Verhaltens- und Empfindungskanon prägt den zivilen Kanon mit: wenig Empathie, weniger Argument als Drohung, beschränkte Anerkennung von Werten der Kaufleute wie Kompromiss, Eingehen auf den Handelspartner, Fantasie und ähnliches.

---

8 Elias, Scotson, S. 40

1.3.3 Wirkungen auf die jüdische Minderheitsgesellschaft in der Diaspora

Die oben geschilderte, auf die Abwertung durch dominierende Gruppen folgende eigene Abwertung fand bei den Juden nicht statt.

Hier wurden der Ausgrenzung offensichtlich die eigene Identität, die gegenseitige Unterstützung, Versicherung der gemeinsamen Religion und Bräuche entgegengestellt.

Eine gewalttätige Reaktion auf erlittene Demütigungen ist in der Diaspora aufgrund der geringen Zahl der Juden und ihrer weitgehenden Rechtlosigkeit praktisch ausgeschlossen. Damit wird ihnen ein ungeheuer großer Willensaufwand zur Beherrschung ihrer Affekte in der Hinnahme von Ungerechtigkeiten auferlegt.

Eine psychische Arbeit, die wie Norbert Elias in „Der Prozess der Zivilisation" nachweist, in den europäischen Gesellschaften seit dem Ausgang des Mittelalters über Jahrhunderte gewachsen ist, mussten sie innerhalb weniger Generationen bewältigen: Friedfertigkeit.

Damit verbunden sind andere Werte als in der Mehrheitsgesellschaft: Eine besondere Sensibilität für sich anbahnende heikle Situationen, ein frühzeitiges Ausweichen, die Bewältigung von Konflikten durch Kompromiss und Witz, die Hinnahme aktueller Ungerechtigkeit im Hinblick auf längerfristige Ziele, verstärkte gegenseitige Hilfe, Argumente statt Gewalt sowie Bildung und Wissen.

Es sind die Werte, die mittlerweile im Grundgesetz verankerte Grundlagen unserer Gesetze sind, die aber den Werten der Aristokratie diametral entgegenstanden. Kein Wunder, dass die Diskriminierung einer friedlichen Kultur unter diesen Bedingungen eine gesellschaftliche Aufgabe war. Wir werden ihnen bei anti-semitischen Klischees wieder begegnen.

1.4 Die aristokratische Ideologie

1.4.1 Verankerung und Amoralität

Die Entwicklung einer Ideologie ist ein weitgehend unbewuss-ter und von vielen Mächten beeinflusster gesellschaftlicher Vor-gang. Die meinungsbildenden Gruppen der weltlichen und geis-tigen Herrschaft müssen ihre Erklärungen zur Aufrechterhal-tung ihrer Herrschaft möglichst mit den sich wandelnden äuße-ren Bedingungen in Einklang bringen. Die Ideologie prägt dann einen Kanon innerer Werte, Emotionen und Verhaltensmuster aus, die zum inneren Bedürfnis werden. Bei den Herrschenden stehen sie im Gegensatz zu den allgemeinen moralischen Werten und werden in Form von „Ehre" zu einem Teil des Gewissens. „Du sollst nicht töten, nicht rauben, nicht Unzucht treiben, nicht lügen..." galten für sie nicht.

Norbert Elias beschreibt es folgendermaßen:

„Die Zwangsapparatur und die Gesetze des Staates [...] sind nützlich, um die Ordnung unter der unruhigen Masse aufrecht-zuerhalten. Aber wir, die Krieger und die Regierenden, sind diejenigen, die die Ordnung im Staat aufrechterhalten. Wir sind die Herren des Staates. Wir leben nach unseren eigenen Regeln, die wir uns selbst geben. Für uns gelten diese Staats-gesetze nicht."[9]

---

9 Elias, Studien, S. 70, 71

1.4.2 Gefährdung aristokratischer Herrschaft durch Demokratie und Rechtsstaat

Die Entwicklung der Neuzeit war mit dem Vordringen von Vernunft und Humanismus auch eine Entwicklung zur Aufhebung der aristokratischen Gesellschaft und der Erlangung von mehr Freiheit, gleicher Rechte und sozialer Verbesserungen. Diese Tendenzen hatten in den verschiedenen europäischen Staaten entsprechend den jeweiligen Machtverhältnissen und der gesellschaftlich-wirtschaftlichen Entwicklung unterschiedliche Folgen. In England musste der König aufgrund seines schwachen Landheeres diesem Drängen von unten nachgeben und Kompromisse schließen. In Frankreich konnte dieser Aufstieg aufgrund der Stärke der Zentralmacht lange Zeit vermieden werden, bis es zur Revolution kam. In Deutschland mit seiner politischen Zersplitterung blieben die fortschrittlichen Kräfte politisch schwach. Nach der Erschütterung durch Napoleon und der Wiedererlangung der Macht bildete sich eine besondere Ideologie heraus, die sich der politischen Aufklärung widersetzte und der deutschen Kultur und dem deutschen Wesen eine Sonderrolle jenseits der Vernunft zuschrieb. Abgesichert wurde dies auf der Seite der Aristokratie durch die Betonung des militärischen Werte- und Verhaltenskanons, den eine ehrgeizige bürgerliche Oberschicht dann auch übernahm.

Die Stellung des Kriegs- und Beamtenadels als höchstrangierende und mächtigste Schicht der Gesellschaft wurde durch den Sieg von 1871 nicht nur gewahrt, sondern verstärkt. Nicht das gesamte, aber doch ein guter Teil des Bürgertums passte sich verhältnismäßig rasch diesen Gegebenheiten an. Sie fügten sich als Vertreter einer zweitrangigen Klasse, als Untertanen, in die Gesellschaftsordnung des Kaiserreichs ein (...) und adoptierten dessen Modelle und Normen.[10]

---

10 Norbert Elias, Studien, S. 19

Im 19. Jahrhundert tritt an die vorher wirtschaftsbestimmende landwirtschaftliche Produktion die Industrialisierung. Damit schwindet die wirtschaftliche Basis der Aristokratie und neue, bürgerliche Kräfte gewinnen an Bedeutung. Sie vertreten andere Werte als der Adel und werden diesem damit nicht nur wirtschaftlich, sondern auch ideologisch gefährlich. Die Reaktion:

Eines der Standardmittel, wenn ein Establishment seine Stellung bedroht sieht, besteht in der Verschärfung der Zwänge, die sich seine Mitglieder selbst und die sie der breiteren Gruppe der Beherrschten auferlegen (...)[11]

In Deutschland äußert sich diese Tendenz in einer Verschärfung des militärischen Werte- und Verhaltenskanons und in der Herausbildung der „satisfaktionsfähigen Gesellschaft" als führende Gesellschaftsschicht mit dem Duell als zwingendem, einigendem Ritual.

(Das Duell) ist ein Sinnbild bestimmter menschlicher Haltungen, einer gesellschaftlich geregelten Pflege der Gewalttätigkeit. Studenten und Offiziere waren die Hauptträger der Duellkultur. Sie brachte die Gewöhnung an eine streng hierarchische Ordnung mit sich, also an eine Betonung der Ungleichheit zwischen den Menschen.[12]

1.4.3 Die Zunahme des Antisemitismus im Kaiserreich

Entgegen den Hauptströmungen der Zeit und im Unterschied zu den sie in verschiedener Weise berücksichtigenden Reformen in den Nachbarstaaten, tritt in Deutschland eine Radikalisierung der

---

11 Elias, Scotson, S. 53
12 Elias, Studien, S. 27

aristokratischen Geisteshaltung auf. Der damit verbundene Kampf richtet sich gegen zivile Werte allgemein und damit – gewissermaßen zwangsläufig – gegen ihre typischsten Vertreter, die Juden.

Man unterließ nicht, der Tatsache Rechnung zu tragen, dass sich das Machtgewicht des Bürgertums in dieser neudeutschen Gesellschaft verstärkt hatte. Aber die traditionelle Überzeugung des Kriegeradels, dass eine kaufmännische Betätigung nicht ganz honorig sei, blieb in der höfischen Gesellschaft des Kaiserreichs und in Adelskreisen überhaupt noch sehr lebendig (...) erhielt sich doch die Vorstellung, dass für einen Adligen ein Erwerbsberuf nicht standesgemäß sei, in voller Stärke.

(...) Gewiss öffneten sich die höfischen Gesellschaften des Kaiserreichs bürgerlichen Menschen in größerem Umfange als zuvor. Aber es waren vor allem hohe Beamte, darunter Universitätsprofessoren und insbesondere bekannte Gelehrte, die hinzugezogen wurden.[13]

Gewiss litten die Exponenten von Handel und Gewerbe, wie man es nannte, unter der traditionellen Verachtung eines Establishment... Gewiss, Handel und Gewerbe, Kaufleute und Fabrikanten murrten (...) Aber weite Kreise des gehobenen Bürgertums, allen voran höhere Beamte und Akademiker, unterwarfen sich freudig und oft enthusiastisch der militärischen Führung von Hof und Adel.[14]

Das Dilemma der Herrschenden war, dass die wirtschaftlich dominierenden Kräfte in Industrie und Handel ihre Herrschaft gleichzeitig trugen und bedrohten. Es wurde dadurch aufgelöst, dass man eine kleine exponierte Gruppe davon bekämpfte, die

---

13 Elias, Studium, S. 74
14 Elias, Studien, S. 125

seit Jahrhunderten in derartigen Konfliktfällen als Sündenböcke herhalten mussten: die Juden. Es passte, dass diese in den zahlreichen neuen Berufen einen zunehmenden Einfluss ausübten.

Die Spannungen und Konflikte zwischen Untertanen und Herren, zwischen Unterdrückten und Unterdrückern, werden zu inneren Spannungen und Konflikten der Beherrschten und Unterdrückten selbst, Hände, die sich sonst leicht gegen die Herren erhoben hätten, werden gelähmt.

(...) Der hauptsächliche Schauplatz des Kampfes verschiebt sich vom zwischenmenschlichen auf das innermenschliche Feld. Gegenüber dem Unterdrücker macht sich der Konflikt nun in einer Verstärkung der umgekehrten Geste bemerkbar, in „Unterwerfungslust".[15]

Die „Unterwerfungslust" wurde zu „Angriffslust", Hass gegen Menschen, die sozial unterlegen und schwächer sind oder einem traditionell so erscheinen. Das Mittel ist in erster Linie der, wie Elias es nennt, „Schimpfklatsch". Danach folgten dann Herabsetzungen in den Medien, von den Kanzeln, im Beruf in Form antisemitischer Klischees. Letztere machen zugleich deutlich, dass sie sich gegen die von uns heute hoch gehaltenen Werte richten und stellen sich damit als Mittel der Unterdrücker bloß.

1.5 Antisemitische Klischees

Einige ausgewählte Beispiele machen diese Tendenz deutlich und bieten die Möglichkeit, die entwickelten Thesen zu überprüfen. Wir folgen der Zusammenstellung von Beiträgen vieler Autoren in:

---

15 Ebda. S.

„Antisemitismus – Vorurteile und Mythen"

Herausgeber: Julius Schoeps und Joachim Schlör, Verlag 2001, 1995

(Zitate *kursiv*.)

Peter Dietmar: Die antijüdische Darstellung

Seit dem 15. Jahrhundert werden also die Juden öfter zum Gegenstand bewusster bildlicher Präsentation wie der Bildpolemik. Das physische Erscheinungsbild erfährt vermehrt Beachtung, vorrangig in der Malerei (...)

Betrachtet man die Darstellungen von Juden (im „Bilderbogen") vor diesem Hintergrund, fallen sie deutlich aus diesem Weltentwurf heraus. Ihr Geld- und Profitdenken ist das beherrschende Thema. Gezeigt werden Trödler und Hausierer oder Kleinhändler und Arrivierte in ihrem den neuen Umständen nicht adäquaten Aufstiegsverhalten. Die physische, oft schon denunzierende Charakterisierung gehört stets dazu. (S.44 – 46).

(...) Die Juden erscheinen als Wucherer, als Geldaristokraten, als Umstürzler, als mächtig oder tückisch, als eine dem sozialen Konsens sich entziehende oder sich auf diesem nur zur eigenen Gewinnmaximierung einfügende Größe. Der Genus des Schacherjuden mutiert zu dem des finanzmächtigen Weltherrschers (...) Teil dieses Vorgangs ist die Verzeichnung der äußeren Erscheinungen (...)

Sie finden sich ausgeprägt auf Blättern, die sich als humorvolles Genre gerieren. Es sind jene, die die angebliche Feigheit der Juden schildern, exemplifiziert an ihrer Unfähigkeit zu jeder Form militärischen Dienstes.

Aus schlechter Erfahrung ist die Vermeidung von Konflikten bei Juden verständlich; heute gilt allerdings als zivilisiertes Verhalten generell: lieber einer körperlichen Auseinandersetzung aus dem Wege gehen, obwohl wir heute, anders als die Juden in der Geschichte, notfalls auf die Polizei zurückgreifen könnten. Der frühere Krieger ist Staatsbürger in Uniform geworden.

Freddy Raphael: „Der Wucherer"

Die Rolle des Wucherers stellt dabei eine Konstante dar, die das Abendland ihm seit dem Mittelalter und bis in die heutige Zeit aufgezwungen hat.

Erst das von der Kirche im 12. Jahrhundert erlassene Verbot, Geld gegen Zinsen zu verleihen, schuf die enge Verbindung zwischen dieser Form des Geldverleihs und den Juden, damit wurde der Begriff des Wucherers zu einem Begriff der Schande. Die Juden (...) (hatten) ihr Heil ein für alle Mal verspielt; sie waren deshalb dazu ausersehen, dieses widerliche und unehrenhafte Gewerbe auszuüben. Während die Erinnerung an christliche Geldverleiher wie die Cahorsiens und Lombards im Laufe der Jahre verschwand, wurde das Stereotyp des Judas Ischariot, der für 30 Silberlinge zum Verräter geworden war, zum Bild für das Wesen des Judentums selbst (...)

Der Wucherer wird, weil er eine leblose Sache wie das Geld „fruchtbar" zu machen scheint, im Mittelalter wie ein Zauberer angesehen (...) denn, wie Thomas von Aquin sagte „Münzen zeugen keine Münzen, Geld vermehrt sich nicht".

(...) Er pervertiert die Berufung des Menschen, „im Schweiße seines Angesichts" sein Brot zu verdienen, und zwingt seine Mitmenschen, für ihn zu schaffen. (103)

Hier kommt das in allen Gesellschaften fehlende Verständnis für wirtschaftliche Zusammenhänge ebenso zum Ausdruck wie die ebenfalls in allen Feudalstaaten herrschende Herabsetzung wirtschaftlich produktiver Tätigkeit. Von der die Zusammenhänge ebenfalls nicht durchschauenden Kirche werden religiöse Begründungen für dieses Verhalten geliefert. Dabei war den Fürsten klar, dass sie ohne das Geld aus dem Handel und dem Bankwesen weder ihren aufwendigen Lebensstil noch ihre zahlreichen Kriege hätten führen können.

Selbst ein Wirtschaftssoziologe, Werner Sombart, stimmt in das Raunen ein:

„Die Juden „erkennen eben die Welt mit dem Verstande, nicht mit dem Blute (...)

Der Jude ist in seinem innersten Wesen nach allem Ritterlichen, aller Sentimentalität, aller Chevallerie, allem Feudalismus, allem Patriarchalismus abgeneigt. Er versteht auch ein Gemeinwesen nicht, das auf solchen Beziehungen aufgebaut ist" (S. 112)

Wir sehen heute, was für ein Unsinn – mit schlimmen Folgen – das Geraune vom Blut war und sind auch „dem Feudalismus und dem Patriarchalismus" abgeneigt.

Für Heinrich von Treitschke muss der Staatsbürger ein Krieger (!) sein, der *„bereit ist, sich für den Staat zu opfern"* und für die Auf- *rechterhaltung der Einheit des Volkes. Die Juden dagegen, deren einziges Interesse der Profit ist, bilden die Speerspitze des Angriffs, den Liberalismus und Materialismus gegen den Staat führen, der doch das heilige Band zwischen den Generationen darstellt. (113)*

Treitschke vertritt den militärischen Verhaltens- und Empfindungskanon in voller Blüte.

Der Bürger muss ein Krieger sein. Wieso eigentlich?

Liberalismus und Materialismus haben zu einer Welt der Freiheit und des Wohlstands geführt.

Es ist aufschlussreich und beängstigend zugleich, wie ein Fachmann für Geschichte so stark von einer Ideologie der Herrschenden eingeschränkt ist, dass er sie sogar mit radikalen und ganz unvernünftigen Argumenten gegen die großen Kräfte der Zeit – Aufklärung, Freiheit, Gleichheit, Brüderlichkeit – propagiert.

Sander L. Gilmann: „Der jüdische Körper"

In seinem um die Jahrhundertwende verfassten Buch *Die Juden und das Wirtschaftsleben* liefert Werner Sombart ein klares Bild des jüdischen Körpers als Zeichen seiner Anpassungsfähigkeit (seiner inhärenten Unveränderlichkeit):

„Seine Zielstrebigkeit ist natürlich die treibende Kraft, die nun den Juden das vorgestellte Ziel: Anpassung an irgendeine Situation, wie er sie aus Zweckmäßigkeitsgründen gerade für vorteilhaft erachtet, auch wirklich hartnäckig und ausdauernd verfolgen lässt (...)

Und seine Beweglichkeit endlich bietet ihm die äußeren Mittel dar, das Ziel zu erreichen.

Es ist ja erstaunlich, wie beweglich der Jude sein kann, wenn er einen bestimmten Zweck im Auge hat.

Man muss sich im Klaren darüber sein, dass ohne Hartnäckigkeit und Ausdauer viele Juden ihre Existenz in der Diaspora gar nicht hätten sichern können. Und geistige Beweglichkeit,

Ideenreichtum und Kreativität sind heute die mit am höchsten geschätzten Werte in der Gesellschaft.

Sombart ordnet die Eigenschaften nicht einer Erziehung zu, womit sie veränderbar wären, sondern dem Körper, was sie zu Eigenschaften einer „Rasse" macht.

Jeanette Jakubowski: „Die Jüdin"

Der Berliner Karl Wilhelm Friedrich Grattenauer (1773 – 1838), ein Notar und Justizkommissär, war (...) Vertreter eines frühen rassischen Antisemitismus und wohl der aggressivste Kritiker der modernen intellektuellen jüdischen Frauen.

Der Jurist polemisierte gegen den „unweiblichen" hohen Bildungsstand der Salonjüdinnen, der nur adeligen Frauen zukäme. Bei Jüdinnen sei er hingegen eine künstliche „Appretur", erworben bei einem kapitalistisch-materialistischen Bildungsgeschäft", bei dem ihre „Weiblichkeit... vernichtet" würde.

Und er deutet in seiner ironischen Anspielung auf Jesaiha 3,16 wiederum an, dass jüdische Frauen Prostituierte seien. (S. 200)

Die militärische Ideologie richtet sich gegen Bildung für das Volk ebenso wie gegen die Gleichberechtigung der Frau – und mit was für Argumenten:

In einem Klima wirtschaftlicher und politischer Depression während und nach der französischen Besetzung Deutschlands durch Napoleon und den folgenden Befreiungskriegen verstärken sich dann die antisemitischen Ressentiments. Der Aufstieg der jüdisch-deutschen Bankiersfamilie Rothschild aus dem Frankfurter Getto bildete einen Angriffspunkt; ebenso der Gegensatz zwischen dem (...) bürgerlichen Ideal der gebildeten, keinesfalls gelehrten Nur-Hausfrau und Mutter und der zumeist im Betrieb des jüdischen Kleinhändlers und Kaufmanns mithelfenden jüdischen Frau. (S. 201).

Heute ein Idealbild: Gebildete berufstätige Frauen sind gleichzeitig Hausfrau und Mutter. Sicher auch in der Fülle der Aufgaben und Interessen oft eine Überforderung, früher wie heute.

1877 vermutete der Berliner Hofprediger und Politiker Adolf Stoecker (1835 – 1909) (...) in deutschen Jüdinnen einen wirtschaftlich selbstständigen alttestamentarischen Frauentyp.

(...) Jüdische Mädchen verkörperten für ihn den (...) alten Topos der „typisch jüdischen" geringeren intellektuellen Fähigkeiten und den von ihm (...) bekämpften angeblich „jüdischen" Atheismus an den Schulen. (S. 202)

Der eine hält die jüdischen Frauen für zu intellektuell, der andere für dumm. Sie stellen sich jedoch beide als verblendet bloß. Hofprediger Stoecker offenbart ungewollt die Begründung für den Hass: Es geht darum, keine neuen Gesichtspunkte in der religiösen Erziehung, die die Adelsherrschaft metaphysisch begründet, zuzulassen. Daher entspringt die Ablehnung von Bildung.

Die Stellung der Frauen zeigt den extremen Unterschied zwischen zivilem und militärischem Verhaltens- und Empfindungskanon. Sie zeigt auch am deutlichsten, wie weit in den letzten 100 Jahren unsere Gesellschaft den Schwenk vom Militärischen zum Zivilen geschafft hat und wie weit die gesellschaftlichen Wertegrundlagen der jüdischen Gesellschaft der deutschen voraus waren.

Volker Ullrich: „Drückeberger"

Dass Juden „von Natur aus feige" seien und daher für den Kriegsdienst nicht taugten – dieses Vorurteil aus dem Arsenal antisemitischer Stereotype war auch noch im zweiten Jahr des Ersten Weltkriegs wirksam, obwohl die Haltung der deutschen Juden seit Kriegsbeginn es doch vielfach widerlegt hatte.

(Obwohl,) Wie Jakob Segal festgestellt hat, (...) die deutschen Juden sowohl an Opfern wie an Leistungen für den Krieg insgesamt „in einer dem Durchschnitt mindestens entsprechenden Weise teilgenommen" haben.

Dennoch blieb das Brandmal der „Drückebergerei allein an den Juden hängen.

Als Ende September 1918 die oberste Heeresleitung sich gezwungen sah, (...) die militärische Niederlage des Kaiserreichs einzugestehen, verband sich die Agitation gegen „jüdische Drückeberger" und „Kriegsgewinnler" mit der Dolchstoßlegende – also der Behauptung, das deutsche Heer sei durch die Arbeit der „linken" und „der Juden" in der Heimat entscheidend geschwächt und um die Früchte des Sieges betrogen worden. Mit dieser Geschichtslüge suchten sich die gesellschaftlichen Führungsschichten, die das Kaiserreich ins Verderben gestürzt hatten, aus ihrer Verantwortung zu stehlen (...) (S. 216,217).

Die Kriegerkaste wird den eigenen Ansprüchen an Mut und Geradlinigkeit aus Feigheit und Opportunismus untreu.

Joachim Schlömer: „Der Urbantyp"

„Ein spezifischer Zug des jüdischen Lebens ist sein fast ausschließlich städtischer Charakter", schreibt der Berliner Rabbiner

Joachim Prinz (...) Auf der anderen Seite ist in Darstellungen zur Geschichte der modernen Großstädte häufig vom „wesentlichen Beitrag" der Juden zur Entwicklung dieser oder jener Stadt, zur Herausbildung einer bestimmten städtischen Eigenart die Rede, bis hin zur These, erst die Anwesenheit jüdischer Kaufleute oder Bankiers verlieh erst einer Ansiedlung den Charakter des Städtischen. (229)

Wodurch sollte der „Urbantyp" sich auszeichnen, was macht ihn erkennbar? Es ist der, (...) der sich ihren Bewegungen, ihren Geschwindigkeiten, ihren wechselnden Rhythmen anpassen kann. Es ist der Fremde, der mit einem Dasein als Fremder, als Unvertrauter umgehen kann...er findet sich in jeder Situation zurecht, er erkennt Gefahrenmomente schneller als andere und versteht es, sich ihnen rechtzeitig zu entziehen, er weiß, wie die Stadt funktioniert (...) Er geht nicht unter, er schwimmt immer oben auf. Er erkennt die Gelegenheiten und nutzt sie sofort. Er hat überall seine Leute (233, 234)[16]

Wie sollte es anders sein, wenn die Juden aus der Landwirtschaft und vielen Handwerksberufen herausgehalten wurden und größtenteils vom Handel leben mussten! Wo findet der Handel statt, wenn nicht in der Stadt? Dass sich hier, in der Verbindung von Stadt und Handelsberuf, im Laufe der Jahrhunderte andere Fähigkeiten und Eigenschaften herausbilden als auf dem Dorf, ist notwendig und klar. Diese machten die urbanen Vertreter, sicher nicht nur die Juden, den Menschen auf dem Dorf in Bezug auf Wissen, Verbindungen, Ideenreichtum u. a. m. in unvermeidlicher Weise überlegen. Neid und Missgunst waren die Folgen.

---

16 Seraphin: Das Judentum im osteuropäischen Raum, Essen 1938, Seite 427

Zu beachten sei also, so Fritsch, „dass schließlich immer der Jude am weitesten kam, der sich auf das Leben als Gast in fremder Umgebung verstand, der also folgende Fähigkeiten besaß: Einfühlung in fremdes Seelenleben, umsichtiges Auftreten, Gewandtheit der Rede, Berechnung der Verhältnisse in Gegenwart und Zukunft, ferner eine Art Schlagfertigkeit und Spitzfindigkeiten... Einen weiteren Schlüssel findet man, wenn man die Berufe betrachtet, denen sich der Jude mit Vorliebe zuwendet. Nach Lenz (München) handelt es sich um Berufe, bei denen das Eingehen auf die jeweilige Neigung des Publikums und deren Lenkung Erfolg bringt. Das sind etwa folgende Berufe: Kaufmann, Händler, Geldverleiher, Zeitungsschreiber, Schriftsteller, Verleger, Politiker, Schauspieler, Musiker, Rechtsanwalt und Arzt. (236,237)

Eine Aufzählung positiver Eigenschaften, die die Gewandtheit des zivilen Juden gegen die Starrheit des Militärs deutlich abhebt.

„Die Juden werden heute gehasst", schreibt Arnold Rose, „weil sie in erster Linie ein Symbol für das Stadtleben sind".

(...) Die City hat uns unsere Männlichkeit genommen. Dafür hassen wir das Symbol der City, den Juden." (Gordon Allport: Die Natur des Vorurteils, Köln 1971, Seite 219 f)

Seine Männlichkeit hat vor allem der chauvinistische, traditionalistische Männertyp verloren und ist durch den Fortschritt tief verunsichert. Seine Aggression sucht sich im Juden den Typus, der mit den modernen Verhältnissen gut zurechtkommt, ihm also überlegen ist.

Ingeborg Nordmann: „Der Intellektuelle"

Die Matrix des „deutschen Geistes" war nicht Eindeutigkeit, sondern Zweideutigkeit, die es erlaubte, zwischen den gegen-

sätzlichen Polen des Ganzheitlichen bzw. Organischen und der jeden festen Standort übersteigenden Maßlosigkeit zu oszillieren.

(...) Als ein repräsentatives Beispiel für diese Haltung können Thomas Manns „Betrachtungen eines Unpolitischen" bewertet werden, die 1918 erschienen. Dort wird die „Demokratisierung Deutschlands" als „Entdeutschung" verunglimpft. (253, 254)

Avraham Bakai: „Der Kapitalist"

Die Identifizierung der Juden mit der kapitalistischen Wirtschafts- und Gesellschaftsordnung gehört seit der Mitte des 19. Jahrhunderts zu den Stereotypen des säkularisierten modernen Antisemitismus. Abwechselnd wurden entweder der Kapitalismus als „jüdisch" oder die Juden generell als „Kapitalisten" verrufen. Die gegen die Juden gerichtete antikapitalistische Argumentation tauchte ebenso in der frühen sozialistischen wie in der konservativen und völkischen Propaganda auf. Gemeinsam war diesen Richtungen die Ablehnung der liberalen freien Konkurrenz als Ursache der Verunsicherung und des sinkenden Einkommens breiter Bevölkerungsschichten.

Die Juden bedienten das sich immer weiter ausbreitende Feld von Berufen außerhalb der Landwirtschaft, während die herrschenden Feudalherren weiterhin ihre Ressourcen aus ihren Landgütern zogen.

Friedrich Engels sah klar: *„Wenn aber das Kapital diese Klassen der Gesellschaft vernichtet, die durch und durch reaktionär sind, so tut es der Gesellschaft (...) ein gutes Werk, einerlei, ob es nun semitisch oder arisch, beschnitten oder getauft ist." (267)*

1.6 Ergebnis

Sieht man diese antisemitischen Argumente vor dem Hintergrund der soziologischen Erkenntnisse von N. Elias und anderen, so wird Mehreres klar:

1. Dass es zwischen den mit dem militärischen Verhaltens- und Empfindungskanon aufgewachsenen und unter seiner Herrschaft stehenden Einheimischen und den in vieler Hinsicht anders fühlenden und denkenden Juden zu Reibungen kommen musste, ist offensichtlich. Dazu bedurfte es nicht noch zusätzlich gemeiner oder fanatischer Einstellungen.

2. Das jüdische, über viele Jahrhunderte entwickelte Verhalten, ist nahe bei Elias' zivilem Verhaltens- und Empfindungskanon und weit näher an unseren heutigen Einstellungen, als an den noch vor 70 oder 100 Jahren verbreiteten Einstellungen.

3. Die Juden haben bei der Ablösung der feudalen Gesellschaft seit der Aufklärung und besonders im 19. und 20. Jh. wirtschaftlich und kulturell eine besondere, ja überragende Rolle gespielt, weil sie in expandierenden Wirtschaftszweigen tätig waren und ihre aufgeklärtere Lebensweise sich friedlicher Verkehrsformen bediente.

4. Im Deutschland des 19. Jahrhunderts besteht eine Diskrepanz zwischen zunehmender Aufklärung mit dem Abbau jüdischer Diskriminierungen auf der einen Seite und dem verstärkt auftretenden Antisemitismus auf der anderen Seite. Dies ist durch die traditionelle Judenfeindlichkeit von aristokratischen Gesellschaften erklärbar, das Vorherrschen des Militärischen im kaiserlichen Deutschland erhält jedoch eine unzeitgemäße, radikale Ausprägung. Auch das Nazideutschland beruht auf der extremen Steigerung des militärischem Kanon zur brutalen Herrschaft einer bestimmten Rasse.

5. Es wird auch klar, welch weiten Weg die deutsche Gesellschaft seit einigen Generationen zurückgelegt hat, und dass

diese Werteveränderung als ungesteuerter Prozess nicht gleichmäßig für alle und in einer stringenten Weise geschehen konnte.

6. Der Antisemitismus erwächst heute aus in Europa längst überholten, inhumanen Gesellschaftsbildern, deren Kern der militärische Verhaltens- und Empfindungskanon ist. Er hat nicht nur eine Unterdrückung der Juden zum Ziel, sondern letztlich die Wiedererrichtung einer reaktionären, ausbeuterischen Herrschaft.

7. Der militärische Kanon wirkt bei vielen Erscheinungen mit, wie dem Patriarchalismus, dem Antifeminismus, dem Antiamerikanismus etc., und vereinigt in seiner Zurückgebliebenheit die europäische Reaktion und den muslimischen Antisemitismus von dessen Autokratien und Diktaturen.

1.7 Fazit

Wenn man in dieser Weise die kulturellen Unterschiede überblickt, folgt daraus ein Kompliment für die friedliche jüdische Kultur der Diaspora, die uns jahrhundertelang weit voraus war.

Staaten, wie auch der Staat Israel, unterliegen eigenen Gesetzmäßigkeiten. Dabei hat sich gezeigt, dass freiheitlich demokratische Staaten friedlicher sind als autokratische.

2 Der Hass des Kriegers – Teil 2

Antisemitismus systematisch

Vorbemerkung

Im ersten Teil wurde geschildert, wie in Deutschland zum Ende des 19. Jh. das aristokratische System sich durch eine Betonung des Militärischen sichern wollte, was mit der Aktivierung traditioneller Vorurteile gegen Juden, den deutlichsten Vertretern ziviler Werte, verbunden war.

Im hier folgenden zweiten Teil wird die systematische Ausdehnung antisemitischer Argumentation in zeitlicher und räumlicher Hinsicht dargestellt. Das systematische Suchen nach Vorurteilen und die Einordnung in die „wissenschaftliche" Rassentheorie erforderte die Verortung negativer Eigenschaften schon in alter Zeit, weil sonst ihre genetische Verfestigung nicht möglich gewesen wäre. Das machte allerdings eine völlige Umkehrung aller zivilisatorischen Werte notwendig. Der Entwicklungsprozess der europäischen Kultur konnte nicht mehr als Aufstieg zu mehr Vernunft, Wissen, Freiheit und Humanität gesehen werden, sondern musste als Verfallsprozess dargestellt werden, der die tiefere Werte repräsentierende, germanische Herrenrasse zu zersetzen drohte. Fehlende Logik und Verzerrungen bis hin zum Grotesken wurden dafür in Kauf genommen.

2.1 Ausgangspunkt – Fragen

„Wie (der Nationalsozialismus) möglich war, die Frage, die seither die Welt bewegt, konnte auch Ernst Cassirer nicht beantworten. Aber wie es nicht möglich war, wo die Wurzel des Übels

nicht lag, das konnte und wollte er nicht nur amerikanischen Lesern klarmachen. „Solche vagen Verallgemeinerungen" wie die Vorstellung, es gebe eine unveränderliche „deutsche Seele", könne die gegenwärtige historische Situation nicht erklären, schreibt er. Man könne nicht dieselbe „kulturelle Seele" in Luther, Kepler, Kant, Bach und Mozart finden. „Geschichte wiederholt sich nie. Der historische Moment ist immer einmalig", stellt er mit Nachdruck fest. Desgleichen räumt Cassirer mit der verbreiteten Meinung auf, bestimmte Werke wie Spenglers Untergang des Abendlandes oder Heideggers Sein und Zeit seien für die politische Entwicklung der nationalsozialistischen Ideologie verantwortlich gewesen. „Diese Ideen wurden nicht von Philosophen gemacht. Sie wuchsen aus einem anderen Boden." Aber, so warnt Cassirer ... „Philosophie, die sich in düsteren Prophezeiungen über die Zerstörung der menschlichen Kultur ergeht oder deren ganze Aufmerksamkeit auf die „Geworfenheit" des Menschen gerichtet ist, kann nicht länger ihre Pflicht erfüllen, sie kann nicht die Macht des mythischen Denkens bekämpfen".[17]

Die genannten antisemitischen Werke wie auch Heideggers Philosophie sind nach Ernst Cassirer also nicht der Grund, aus dem der Antisemitismus entsteht. Sie haben allerdings zu seiner Verbreitung beigetragen. Ohne sie hätte er nicht diese schreckliche Wirkung entfalten können. Aber wo er seine Quellen findet, bleibt auch für ihn offen.

---

17 Sigrid Bauschinger, Die Cassirers – Unternehmer, Kunsthändler, Philosophen, Biografie einer Familie, Beck Verlag 2016, S. 208

2.2 Gründe

Dem Grund, aus dem er erwachsen ist, sind wir oben mit Norbert Elias und dessen Gegenüberstellung seines militärisch geprägten **Wertekanons** gegen den zivil geprägten Kanon des Judentums näher gekommen. Es war der Hass des in seiner Herrschaft bedrohten Kriegers – Adels – auf den Zivilisten.

Alle Gesellschaften benötigen einen Wertekanon, der ein friedliches Miteinander unterstützt (zehn Gebote, Goldene Regel, Kategorischer Imperativ) und der für das Alltagsleben gilt. Darüber hinaus benötigen sie einen Kanon, der die jeweilige gesellschaftliche Verfassung unterstützt, rechtliche Formen begründet und sie in Form der Religion transzendent überhöht und verankert. *„Es kann keine Rede davon sein, dass Werte in der Lage wären, Handlungen zu selegieren. (...) Ihre Funktion liegt allein darin, in kommunikativen Situationen eine Orientierung des Handelns zu gewährleisten, die von niemanden infrage gestellt wird."*[18]

Diese Orientierungen des Handelns schlagen sich dann in philosophischen, sozialen und politischen Ansichten und Programmen nieder. Eines davon ist der Antisemitismus.

Da alle Hochkulturen aristokratisch[19] verfasst waren, also Herrscherschichten mit bestimmten Vorrechten und Schichten von

---

18 Niklas Luhmann, Die Gesellschaft der Gesellschaft, Suhrkamp, 2015, Seite 341

19 In einem allgemeinen Sinne von herrschenden Klassen/Gruppen. Nicht i.S. von: Herrschaft der Besten. Das waren die Aristokratien nie. Der Begriff wird auch verwendet, da sie bis in die Neuzeit hinein die vorherrschende Gesellschaftsform war. In der Neuzeit hat sich dies differenziert und es wurden neue Begriffe verwendet. Bei Marx der Klassenbegriff, Henry Kissinger in seinem Werk „Staatskunst" den Gegensatz von Aristokratie und Meritokratie; für neue Formen auch neue Begriffe: Faschismus, Nazissmus, Stalinismus, bei Russland heute: Oligarchie.

Untergebenen mit weit geringeren Rechten bestehen, muss dieser Kanon des Alltagslebens durch eine Rechtfertigung der Hierarchie und der zu ihrer Aufrechterhaltung notwendigen Gewaltmaßnahmen ergänzt werden. Dazu bedarf es der Erziehung und ideologischen Indoktrination.

Diese Gesellschaften sind, allgemeiner ausgedrückt und in Niklas Luhmanns Begriffen: „stratifizierte Gesellschaften". *„Von Stratifikation wollen wir nur sprechen, wenn die Gesellschaft als Rangordnung repräsentiert wird und Ordnung ohne Rangdifferenzen unvorstellbar geworden ist. Da die Oberschicht keine Beziehungen der Verwandtschaft zu Angehörigen der Unterschicht mehr anerkennt (...) kann die Gesellschaft nicht mehr über gemeinsame Abstammung als ein System der Verwandtschaft beschrieben werden. An deren Stelle tritt die Vorstellung einer Ordnung notwendiger Rangdifferenz... Das ermöglicht es ihr, zentralisierte politische Herrschaft und eine durch eine Priesterschaft verwaltete Religion zu akzeptieren...*

Stratifikation beruht auf akzeptierten Reichtumsunterschieden. (...Es) ist ferner erforderlich, (...) dass die Oberschicht relativ klein ist und sich trotzdem behaupten kann. "[20]

Den stratifizierten Gesellschaften wohnt zur Aufrechterhaltung der Herrschaft im Inneren und zur ständigen Bereitschaft eines Krieges gegen äußere Feinde ein hohes Maß an Aggressivität inne. Je kleiner die Herrschaftsgebiete waren, umso näher und zahlreicher waren die potentiellen äußeren Feinde, umso höher die Aggressivität.

Dazu bedurfte es der Verinnerlichung entsprechender Werte: Glaube statt Bildung, Gehorsam statt Selbstbewusstsein, Gewalt statt Argument, Härte statt Empathie.

---

20 N. Luhmann, Die Gesellschaft der Gesellschaft, 679 f

Im Alltagsleben, bei der Produktion und Verteilung der Güter, werden aber die entgegengesetzten Werte benötigt: etwa Wissen, Bildung, eigene Ideen, Geschicklichkeit in der Kommunikation und Eingehen auf die Situation der anderen. Dadurch ist in den aristokratischen Gesellschaften ein Widerspruch gegeben, der sich immer wieder in Unruhen und Aufständen auf der einen Seite und in verstärkter und abgewandelter Indoktrination und Unterdrückung auf der anderen Seite geschichtlich ausgedrückt hat.

Dieser Konflikt wächst an, je mehr Fortschritte die Gesellschaft macht, die auf Wissen, Einfallsreichtum, Freiheiten beruhen, d. h. je mehr in der Wirtschaft die Beiträge des Handwerks, industrieller Produktion und des Handels die der Landwirtschaft, die wirtschaftliche Grundlage der Aristokratie, übertreffen, und je weniger Menschen in der Landwirtschaft arbeiten. Der von den Städten ausgehende Produktivitätszuwachs betont den zivilen Verhaltens- und Empfindungskanon und führt in der Neuzeit zu einer Umwandlung des „stratifizierten Gesellschaftssystems" in ein „funktional-differenziertes System" (Luhmann) mit weniger Hierarchie, selbständigen gesellschaftlichen Teilsystemen, wie Wirtschaft, Wissenschaft, Recht, und größerer allgemeiner Freiheit und Gleichheit.

Man kann diese Entwicklung noch klarer mit Luhmann'schen Grundbegriffen gesellschaftlicher Systeme wie folgt beschreiben: Das stratifizierte System muss zu seiner Aufrechterhaltung seinen Bürgern einen engen Blickwinkel der Interpretation der Welt vorgeben: Die Zustände sind von Gott gewollt und ideale Zustände werden im Paradies erreicht, sofern der Mensch sich den Gesetzen unterwirft. Dies entspricht der Beobachterposition erster Ordnung (B1.O): Alles wird nach einem vorgegebenen Schema interpretiert, empfunden und zur Grundlage des eigenen Empfindens und Verhaltens gemacht, wozu auch die Verteidigung dieser Verhältnisse gehört.

Der Fortschritt in den Städten und an den Höfen besteht nun darin, dass andere Einflüsse wirksam werden, die Alternativen zeigen: in Wirtschaft, Religion, Recht und Herrschaft. Damit stellt sich für die Menschen die Frage, ob von den bekannt gewordenen Alternativen nicht vielleicht einige besser als der jetzige Zustand wären. Sie kommen in die Beobachterposition zweiter Ordnung (B2.O), in der in distanzierter Weise andere Verhältnisse zur Kenntnis genommen und verglichen werden.[21]

Diese Veränderung der Beobachterposition in der Neuzeit entspricht dem Prozess der Aufklärung und hat den Gesellschaften Freiheit, Fortschritt und Wohlstand gebracht. Sie war ein Kampf zum Abbau von Hierarchien, also der Aristokratie und ihres militärischen Verhaltens- und Empfindungskanons.

Der Antisemitismus vom Ende des 19. bis zur Mitte des 20. Jahrhunderts in Deutschland ist eine Anpassungsideologie. Der bereits seit der politischen Restauration nach Napoleon verstärkte Antisemitismus reichte gegen Ende des 19. Jahrhunderts im Abwehrkampf gegen Aufklärung und Demokratisierung nicht mehr aus und musste systematisiert und mit dem Anstrich der Wissenschaftlichkeit versehen werden. Er wurde im Kaiserreich ausgebaut und in den wirtschaftlichen Krisen der Weimarer Republik von Teilen der konservativen Kräfte verstärkt.

Seine intellektuelle Dürftigkeit und seine unmoralische, antizivilisatorische Basis zeigen sich in vielen Merkmalen:

---

21 Die Feststellung von Differenzen ist für Luhmann die grundlegende Fähigkeit von Systemen, vom biologischen Systems des Einzellers bis zum sozialen System der Gesellschaft, wo es eine gesellschaftliche und keine individuelle Fähigkeit ist.

a) Er bewertet mehr Wissen, Rationalität und Freiheit, was wir heute aus guten Gründen als Fortschritt sehen, gänzlich negativ.

b) Er führt gesellschaftliche Prozesse in ganz Europa und dem Mittelmeerraum, die nach heutigem Wissen weder von Personen noch gesellschaftlichen Gruppen kontrollierbar waren und sind, auf eine kleine Personengruppe, die Juden, zurück.

c) Er stellt damit einerseits deutlich heraus, dass die Juden bei unserem gesellschaftlichen Fortschritt eine bedeutende Rolle gespielt haben, übertreibt diese andererseits jedoch ins Maßlose und ausschließlich Negative.

d) Er führt zudem Merkmale, die kulturell bedingt, also veränderbar sind, auf „rassische", und damit unveränderbare Eigenschaften zurück. Dies ist heute wissenschaftlich als falsch erkannt, entsprach aber bis über den Ersten Weltkrieg hinaus einer Ansicht in der westlichen Wissenschaft.

e) Die wahnhafte Übertreibung der Wirkung des Judentums, dem in Deutschland nur etwa ein Prozent der Bevölkerung angehörte und dies in Bezug auf die Religion noch weit weniger, führt beim Antisemitismus ungewollt zu grotesken Widersprüchen: Das von den Nationalsozialisten als „Herrscherrasse" im darwinistischen „Rassenkampf" auserkorene „Germanentum", fürchtet sich vor einem Prozent Juden! Logisch wäre gewesen, eine so sensible Rasse untergehen zu lassen.

Auf die Argumente wird im Folgenden noch näher eingegangen. Es zeigt sich jedoch eindeutig, dass diese Weltanschauung nicht aus dem Bemühen um Verständnis von Gesellschaft und Geschichte entstanden ist – Sondern es ging darum, um jeden Preis Argumente zu sammeln, welche bis 1918 die alte und nach 1918 die unter neuen wirtschaftlichen Bedingungen entstandene neue nationalsozialistische Herrscherschicht rechtfertigen sollten.

Darüber hinaus wird die jüdische Gefahr durch die räumliche Ausdehnung über die ganze Welt maßlos übertrieben, indem man den Juden als traditionellem Händlervolk die bewusste Ausbreitung des Kapitalismus zuschrieb und darin die „Weltverschwörung" sieht. Dies ist ein weiteres Beispiel für die Personalisierung von tatsächlich ungesteuert ablaufenden sozialen Prozessen.

Damit geht der Antisemitismus einen großen Schritt weiter als die Belebung traditioneller Vorurteile gegen eine kleine Bevölkerungsgruppe – hin zum systematischen Kampf gegen das erfundene, weltumspannende Böse, das die den Germanen zustehende weltweite Herrschaftsrecht unterhöhle.

Dass diese überaus dumme und unmenschliche Form des Antisemitismus sich gerade in Deutschland entwickelt hat, liegt nach Norbert Elias daran, dass es hier im 19. Jahrhundert und nach dem Ersten Weltkrieg nicht gelungen ist, die Macht des Adels durch die Entwicklung zur Demokratie entscheidend zu brechen. Er behielt ein beträchtliches mediales Potenzial zur Deutung der Geschichte in seinem Sinne (z. B. Dolchstoßlegende).

Ähnliche antidemokratische Strömungen in den anderen europäischen Ländern kamen nicht an die Macht, wie in Großbritannien, oder waren weniger extrem, wie der Faschismus in Italien.

Die vom Antisemitismus vertretene extreme Betonung des Militärischen Verhaltens- und Empfindungskanons hatte im zivilen Kanon seinen Gegner. Die Juden waren aus geschichtlichen Gründen im Handel tätig und damit exponierte Vertreter dieses zivilen Kanons (s. Kap. 3). Mit der Konzentration des Hasses auf sie eröffnete sich die Möglichkeit, eine traditionell missliebige Gruppe zu treffen, ohne die zivilen Werte, auf denen das ganze Wirtschaftsleben beruhte, insgesamt infrage zu stellen.

Ziel des Antisemitismus ist auch nicht eine kohärente Analyse der historischen Realität. Vielmehr wird mit seinen im Folgenden wiedergegebenen historischen Ausführungen ein

Argumentationsgerüst errichtet, an dem historische Informationen antisemitisch „infiziert" werden und die ganze Geschichte in einem vorgegebenen Licht erscheint. Heute würde man sagen, es geht um „Framing".

Es galt, durch eine Vielfalt von Abwertungen den Eindruck zu erwecken, „dass da etwas dran sein könnte." Es ist die Vorwegnahme des noch heute verwendeten Rezepts für die Verbreitung von Fake News.

2.3 Der Antisemitismus als gesellschaftliche Lehre

2.3.1 Quellen

Es werden hierzu die im „Handbuch der Judenfrage" von Theodor Fritsch[22] versammelten Argumente auszugsweise herangezogen. In dieser von einem der bekanntesten Antisemiten der Jahrhundertwende herausgegebenen Zusammenstellung finden sich Aufsätze unterschiedlicher Autoren.

Der Herausgeber *„Theodor Fritsch ist der Sohn eines verarmten, um Hof und Gut gekommenen sächsischen Bauern. Geboren 1852 bei Delitzsch, erlernte er in Bitterfeld Gelbgießerei und Maschinenbau... Nach Absolvierung der Gewerbe-Akademie in Berlin war er (...) als Techniker tätig.*

1879 machte sich Fritsch mit einem technischen Büro für das Müllergewerbe selbstständig (...) (und gewann) Einblick in die Notlage des infolge des schnellen Industrialisierungsprozesses „geradezu gottverlassenen" Berufsstandes der Kleinmüller aus

---

22 Theodor Fritsch, Handbuch der Judenfrage, kommentierter Faksimile-Nachdruck der 35. Aufl. Leipzig 1933

rund 50.000 Familienbetrieben, die von einem rasanten Niedergang bedroht waren (...) Er gründete den „Deutschen Müllerbund" und die Zeitschrift – „Der deutsche Müller"(...) (und die) „Mittelstandsvereinigung im Königreich Sachsen".

Er hatte schon früh Umgang mit jüdischen Familien. (...) Die Zuwendung zu den sozialen Fragen findet man bei Fritsch in Veröffentlichungen über die Bodenreform lange vor Adolph Damaschke.

1890 brachte Fritsch über die von ihm (...) gegründete „Antisemitische Volkspartei" (...) den ersten Abgeordneten in den Reichstag.

(...) 1924 erlangte (er selbst kurzzeitig) *ein Reichstagsmandat.*

(Geleitwort des Verlages, VIIf; gekürzt)

Die biografischen Daten sind hier dargestellt, um zu zeigen, dass der Verfasser kein dummer Mensch war – Seine Tätigkeiten als Ingenieur, Interessenvertreter, Publizist, Abgeordneter beweisen technische Intelligenz sowie soziale und mediale Kompetenz. In umfing der soziale Impuls einer durch den technisch-wirtschaftlichen Fortschritt existenziell bedrohten gesellschaftlichen Gruppe zu helfen, er suchte nach einer Erklärung und fand ihn aufgrund mangelnden Urteilsvermögens im traditionellen Antisemitismus, den er sodann zusammen mit anderen systematisierte.

2.3.2 Argumente

Die Argumente werden ausführlich wiedergegeben, da sie in ihrer Breite, Differenzierung und Unvernunft wenig bekannt sein dürften.

Rationalität und Weltherrschaft

„Nicht als weltlicher, an ein bestimmtes Vaterland gebundener Staat hat dieses Volk irgendwelche Bedeutung erlangt, sondern als „universaler Priesterstaat mit Weltherrschaftsaspirationen".

(...) Die Behauptung des auserwählten Juden-Volkstum ist ihre Religion.

Zum Wesen des Judentums gehört der enge Zusammenhang ihrer Religion wie z. B. ihrer Priesterkirche mit <u>Nomadismus</u>*,* <u>Mammonismus</u> *und* <u>Rationalismus</u>*. Vom und auf fremdem Volkstum zu leben, erscheint als göttliche Bestimmung des Nomadenvolkes...*

Rationalismus ist der Grundzug des Judaismus und Kapitalismus. Die jüdische Religion ist eine vertrags- und geschäftsmäßige, rechenhafte Regelung aller Beziehungen zwischen Gott und Mensch [...]" (54)

Rationalität hat den Fortschritt gebracht und Anspruch auf weltweite Geltung könnte man auch vom Katholizismus und anderen Religionen behaupten. Auch, dass er ein auserwähltes Volk der Getauften, mit der Lizenz zum Zugang ins Paradies bildet. Ebenso hat die Verbindung von Gottesdienst in dieser Welt und Belohnung im Jenseits zweifellos auch rechenhafte Züge.

Jedoch ist die Behauptung von Weltherrschaftsambitionen bei dem kleinen Völkchen schlicht lächerlich. Genauso könnte man im Übrigen diese dem Erfinder des Feuers, des Rades, der Schrift oder der Verwendung arabischer Zahlen unterstellen.

Über viele Seiten und Epochen hinweg wird der Geschichte des zerstreuten Judenvolks nachgegangen – Persien, Griechenland, römisches Weltreich – und ihre angeblichen Vorrechte (!) zur Bildung einer eigenen Gemeinschaft werden hervorgehoben.

Dies zeige ihr anmaßendes Wesen und die Undankbarkeit gegenüber der Mehrheitsgesellschaft, die immer wieder zu Konflikten führten. „*Der Judenhass und die Judenhetze sind so alt wie die Diaspora selbst. Diese privilegierten und autonomen Gemeinden innerhalb der Griechenstädte mussten sie so notwendig entwickeln, wie der Sumpf die böse Luft.*"

So wird das Opfer zum Täter erklärt.

Mittelalter, Christentum und Germanentum treten gemeinsam die Nachfolge des römischen Reichs an.

In die entartete, untergehende alte Kulturwelt traten zwei starke Lebenskräfte der Erneuerung ein: die Religion Jesu und das germanisch-deutsche Volkstum. Seitdem besteht die ganze Weltgeschichte in einem Ringen dieser beiden Kräfte gegen die römisch-jüdische-Misch- und Weltkultur; und man kann von einer Schicksalsgemeinschaft der Religion Jesu und des germanisch-deutschen Volkstums sprechen." (66)

Die christliche Religion als einen das Abendland und den Mittelmeerraum übergreifenden neuen Impuls zu begreifen, ist wohl historisch zu rechtfertigen. Aber ausgerechnet das germanisch-deutsche Volkstum mit dem Wirkungskreis „Weltgeschichte" zu versehen, ist geradezu lächerlich: Wo bleiben die Kelten, die Slawen, Iberer und die Romanen mit ihrer teilweise viel weiter entwickelten Kultur?

Der Verbreitung der Juden in Europa wird ausführlich nachgegangen. Dabei werden die Juden mit ihren besonderen wirtschaftlichen Fähigkeiten und Erfindungen erwähnt, dabei jedoch immer in ein negatives Licht gestellt:

Die Börse erschien wie Minerva, die völlig gerüstet hervorsprang; die Hauptnegotianten der ersten englischen Anleihe

waren Juden (...) Wie eine Geistesepidemie kam im 17. und 18.
Jahrhundert der Börsenschwindel über Holland, England und
später Frankreich. Wir denken an den Tulpenschwindel in Hol-
land, an den Südseeschwindel in England und an das Lawsche
System in Frankreich. „Durch den Aktienhandel wurde die
ganze Nation in einen wahren Taumel fesselloser Habgier und
bacchantischer Genusssucht hineingerissen. (78, 79)

Zunächst ist festzuhalten, dass die neue Institution der Börse
einen großen wirtschaftliche Aufschwung gebracht hat. Die bei
Neuem unvermeidliche mangelhafte Erfahrung und daher unzureichende Regulierung hat zu systemischen Folgen geführt,
die im Text personalisiert, mit „Schwindel" verteufelt und den
Juden zugerechnet werden. Beides zeigt ein mangelhaftes Verständnis wirtschaftlicher Vorgänge, was für die Vertreter des
Adels und seiner Ideologen typisch ist.[23] Max Weber sah den Anteil der Juden am Entstehen der Börse übrigens als gering an.

*... derselben Wurzel **entsprang** (...) der Puritanismus und die*
„Aufklärung". So nennt man das Zeitalter des Rationalismus,
wo die Menschen glaubten, alles errechnen und mit dem eige-
nen rechnenden Verstande regeln zu können. Dabei konnten
freilich die Naturwissenschaften gedeihen, und daraus ist viel
Segen erwachsen. Aber größer war der Fluch. Denn alles ande-
re wurde entseelt, weil man das Wertvollste, die unbesiegbaren
und unberechenbaren Kräfte leugnete..." (80)

Dabei bleibt „das Wertvollste" in dem ganzen Buch im Dunkeln.
Als unberechenbar sollte er sich erweisen, aber nicht als unbe-
siegbar.

Ein besonderer Feind der Antisemiten sind die Freimaurer:

---

23 s. Thorstein Veblen, Theorie der feinen Leute, 1899

Die Freimaurerei trat als eine Art Religion auf, und es mag zu ihrer Ausbreitung beigetragen haben, dass sie sich besonders gegen den römischen Papismus wandte. Auch entsprach die Forderung einer „natürlichen und vernünftigen Religion" der Geistesströmung der Zeit. Schon in dem Konstitutionsbuch des Jahres 1723 heißt es: „Der Maurer ist zu jener Religion verpflichtet, in der alle Menschen übereinstimmen." Zwar finden wir in den ersten Jahrzehnten keine Juden in den Logen, da sie ja nur als Halbbürger galten aber von Anfang an atmete alles jüdischen Geist (...) (81, 82)

Die Hauptgegner sind hier die Vernunft als Religion, „in der alle Menschen übereinstimmen", und die Humanität. Die schnelle Verbreitung ergibt sich aus den fortgeschrittenen wirtschaftspolitischen Verhältnissen in England.

Wenn – widerwillig – zugestanden werden muss, dass die Juden an der Entstehung der englischen Freimaurerei nicht beteiligt waren, so wird einfach eine „Infizierung" durch jüdischen Geist behauptet.

Die Juden in Deutschland

In Deutschland kam die Vielstaaterei den Juden zustatten, welche ein einheitliches Vorgehen gegen sie erschwerte. Besonders der 30-jährige Krieg gab ihnen die Möglichkeit, sich von neuem auszubreiten. Die Geldbedürftigkeit des Kaisers und der Fürsten öffnete ihnen die Tore; es erfolgte eine Masseneinwanderung von Osten. (83)

Es ist doch erstaunlich, welche wirtschaftlichen Fähigkeiten die Juden hatten. Dies hätte bei vernünftiger Sicht den Anstoß zu einer nüchternen Analyse geben müssen.

Die Hohenzollern

Das Kurfürstentum Brandenburg hatte im 17. Jahrhundert keine Juden. Wir müssen es als verhängnisvoll bezeichnen, dass der große Kurfürst Friedrich Wilhelm I, (...) die Einwanderung von 50 jüdischen Familien gestattete. Seinen verschwenderischen Sohn, den König Friedrich I, verleitete die ergiebige Geldquelle der Judenschutzbriefe, eine größere Zahl von Juden zuzulassen, und es sind uns laute Klagen über die sich daraus entwickelnden Missstände erhalten. (84)

Es ist doch erstaunlich, welche offensichtlich große Wirkung die Einwanderung von nur 50 Familien hatte. Sie und ihre Nachfolger waren an der wirtschaftlichen Entwicklung von Brandenburg also in entscheidendem Maße beteiligt, ernten dafür jedoch keinen Dank. Stattdessen wird den Juden als Gläubigern das undisziplinierte Leben der Kreditnehmer zur Last gelegt. Der arme Kurfürst sei von ihnen „verleitet" worden. Nicht schmeichelhaft für einen Germanen – wo bleibt dessen angebliche Willensstärke?

Juden in Berlin

(...) Wir denken an die letzten Jahrhunderte vor Christus, an das sogenannte hellenistische Zeitalter. (...) Es vollzog sich eine Annäherung zwischen Juden und Griechentum. Aber das Endergebnis war, dass die Griechen ihre Eigenart verloren und orientalisiert wurden; die Juden (...) blieben aber Juden.

Genau dasselbe wiederholt sich heute (...) zwischen „Aufklärung" mit ihren Ideen von Freiheit, Gleichheit, Brüderlichkeit, Toleranz, Humanität wurde sie die Leiter für den Aufstieg der Juden; sie verstand es meisterhaft, ihre Wünsche nach bürgerlich-rechtlicher Gleichstellung als eine Forderung der Toleranz und der gekränkten Menschenwürde hinzustellen. (85)

Hier findet sich in engster Zusammenfassung die Argumentation: Über fast 2.000 Jahre hinweg werden Ähnlichkeiten konstruiert.

Die Werte der Aufklärung, die eine zivile Welt als Merkmale menschlicher Weiterentwicklung anerkennen und die jedem zustehen, sind hier nur Erfindungen der Juden zur Besetzung von Machtpositionen in Deutschland und Berlin. Es ist ein offenes Bekenntnis zu Unfreiheit, Ungleichheit, Zwist, Intoleranz und Unmenschlichkeit – Der militärische Wertekanon in einer Extremform.

Dabei hatte das Judentum keinen oder nur geringen missionarischen Charakter und war für die einheimischen Religionen nicht gefährlich. Die Religion ist also nicht der Kernpunkt der Kritik, sondern eine nicht auf Landwirtschaft und Klassenherrschaft beruhende Wirtschafts- und Lebensweise. Mit ihren anderen, zivilen Werten – mobil, informiert, anpassungsfähig, weiträumig vernetzt, rational – ist sie eine Gefahr für die auf entgegengesetzten Werten beruhende Aristokratie.

Auf den folgenden 20 Seiten wird die Geschichte von Deutschland und seinen Nachbarländern unter der wahnhaften Sicht geschildert, dass erstens der menschliche Fortschritt keiner ist, sondern eine verhängnisvolle Entfremdung von germanischen Wurzeln, und zweitens, dass dahinter die Juden stehen. Dazu müssen ungesteuerte gesellschaftliche Entwicklungsprozesse einer einzigen, dazu sehr kleinen gesellschaftlichen Gruppe zugerechnet werden, was deren Einfluss dann ins Wahnhafte vergrößert. Es wird auch nicht erklärt, warum der gesellschaftliche Fortschritt gegen jede Vernunft als Rückschritt und verhängnisvoll angesehen wird. Die Qualität des germanisch-deutschen kulturellen Untergrundes wird – bis auf eine Ausnahme (s. u.) – nie näher beschrieben, sondern als überlegener Wert vorausgesetzt, als das leuchtende Gegenbild zum herabgewürdigten Fortschritt.

Nicht nur in das wirtschaftliche und politische Leben drang der jüdische Geist ein, sondern auch in Kunst und Wissenschaft. Schon vor 1850 sah der englische Jude D'Israeli die Verjudung unserer Hochschulen und Universitäten (...) Später stellten sich Juden auch im Lehrkörper der höheren Schulen ein. Und was wir zwischen 1918 und 1933 an den pädagogischen Akademien erlebt haben, lässt befürchten, dass die protestantischen Volksschullehrer jüdischen Geist in sich aufnehmen. – Philosophie und Geschichtswissenschaft sind verjudet (...)

Das Schlimmste aber ist die Verjudung unserer sittlichen Begriffe, die Auflösung des germanisch-deutschen Ehe- und Familienlebens, die Verherrlichung des Dirnentums." (106, 107)

Der Antisemit kommt nicht daran vorbei, dem hoch angesehenen Universitätsleben des 19. Jh. eine starke jüdische Komponente zuzuerkennen, die sich dann auch in den unteren Bildungseinrichtungen bemerkbar macht. Der Anteil der jüdischen Schüler in den weiterführenden Schulen und Universitäten lag im 19. Jahrhundert weit über dem der Protestanten und Katholiken (s. u.). Dort setzte man noch stark auf Glauben statt Wissen, in jüdischen Kreisen mehr auf Bildung, auch als Mittel zu gesellschaftlicher Anerkennung. So war der hohe jüdische Anteil an Schülern und Studenten unvermeidlich, ebenso wie anschließend höhere Positionen im Wirtschaftsleben. Wer dies alles als negativ ansah, hätte konsequenterweise auch die Rückentwicklung des Industriestaates Deutschland zu einem mittelalterlichen Agrarstaat propagieren müssen. Der hätte allerdings nicht nur lediglich eine weit kleinere Bevölkerung ernähren könnte, sondern wäre auch Spielball seiner wirtschaftlich und militärisch überlegenen Nachbarn geworden. Gerade das zu verhindern, war das Ziel der deutsch-nationalen und der freiheitlichen Kräfte, die gegen Napoleon aufgestanden waren. Es wäre das Ende eines deutschen Staates mit seiner deutschen Kultur gewesen, herbeigeführt ausgerechnet von einer sich nationalistisch darstellenden Bewegung.

Was mit der Auflösung des „germanisch-deutschen Ehe und Familienlebens" und der „Verherrlichung des Dirnentums" gemeint ist, wird hier nicht erklärt, obwohl es doch „das Schlimmste" ist. Unter „Judentum in der Medizin" finden sich dazu aber nähere Ausführungen:

„Aber die Psychoanalytiker sind noch nicht die schlimmsten. Weit übler ist, was sich um Magnus Hirschfeld, den Leiter des Instituts für Sexualwissenschaft, (...) schart.

Hier wird... ganz bewusst darauf hingearbeitet, diese deutsche Seele zu zerstören.

Hier finden sich die wissenschaftlichen Verteidiger der Homosexualität... Hier wird die Aufhebung des Paragrafen 175 gefordert, weil die Homosexualität nicht als Entartung (...) aufzufassen sei (...) Gewiss ist auch uns bekannt, dass in vielen Fällen die gleichgeschlechtliche Einstellung angeboren ist; wir wissen aber auch, dass in sehr vielen anderen Fällen erst die Verführung den jungen Menschen zum Homosexuellen macht. Wir wissen, dass die alten Kulturvölker ihrem Untergang entgegengingen, als die Knabenliebe in ihnen einen breiteren Raum einnahm (...) Hier ist das Verbrechen, das alle guten Leistungen der jüdischen Mediziner und Ärzte hundertmal aufwiegt. Was nützt es uns, wenn eine Anzahl von Kranken von einem jüdischen Arzt gerettet werden, und dafür die Seelen unserer Kinder zu Grunde gehen. (401,402)

Hier also liegt nach eigener Aussage der zentrale Punkt des Antisemitismus, wie auch aller autokratischer Ideologien: Die Unterdrückung der Sexualität. Es werden Auffassungen angegriffen, die nicht die Gesellschaft bedrohen, sondern nur den militaristischen Geist. Die angeblich freiere – jüdische – Sexualität wird für den Untergang der antiken Kultur verantwortlich gemacht, als ob die Juden die Knabenliebe der griechischen Kultur bestimmt hätten, und nicht gesellschaftliche Prozesse. Sie wird ins Zentrum gestellt, obwohl die Verführung nur bei einem Teil der deutschen Männer – natürlich spielen Frauen keine Rolle – erfolgreich sei! Die Rettung von Kranken durch medizinisches Wissen jüdischer Ärzte wir zunichte gemacht durch die Sexualwissenschaft von Magnus Hirschfeld, die „die Seelen unserer Kinder" zugrunde richtet.

Zum welthistorischen Kampf der Zeit (1933)

„In den Streit (zwischen Jesuiten und Freimaurer) mischten sich die Wirkungen und Drohungen der Pazifisten, Sozialisten, Völkerbundapostel. Letzten Endes sind es alles Konkurrenten, die dem Wahn einer einheitlichen Menschheit nachjagen; ihre Vollzugsorgane waren unsere drei international-demokratischen Parteien. Und hinter all den zahlreichen Organisationen stehen zwei Kräfte: Rom und Juda." (107,108)

Hier sind sie versammelt: Die Kräfte der Vernunft, des Friedens und des Fortschritts. Dass man noch nach dem schrecklichen Ersten Weltkrieg Frieden und Verständigung so offen angreifen konnte, zeigt die verbliebene Stärke des militärischen Kanons ebenso wie die Verwirrung der antisemitischen Propagandisten und ihrer Gefolgsleute.

Judentum und deutsche Kultur

(171 ff)

Ins Volk drang die antisemitische Bewegung erst nach dem Inkrafttreten des Gesetzes vom 3. Juli 1869 (...)

„Alle noch bestehenden, aus den Verschiedenheiten des religiösen Bekenntnisses hergeleiteten Beschränkungen der bürgerlichen und staatsbürgerlichen Rechte werden hierdurch aufgehoben."

Ein unaufrichtiges Gesetz! Denn es sprach vom religiösen Bekenntnis und meinte die jüdische Rasse. Daraufhin behaupteten später liberale und demokratische Politiker, die Judenfrage sei eine religiöse und die Glaubensfreiheit gefährdet, wenn den Juden nicht volle Gleichberechtigung verbliebe. Nach dem Inkrafttreten des neuen Gesetzes erfolgte eine Zunahme der Einwanderung polnischer, russischer, österreichischer, ungarischer und rumänischer Juden. (...) Liberalismus und Weltbürgerei verliehen damals alle Freiheiten: Gewerbefreiheit, Wucherfreiheit, Börsenfreiheit, Handelsfreiheit und Freihandel (...) (sie) gediehen mit den ansässigen Juden und bildeten mit ihnen eine geschlossene Solidarität, mit deren Hilfe sie das deutsche Volkskapital zu erheblichen Teilen aufsaugten.

Bis 1869 war die jüdische Bevölkerung Deutschlands noch nicht beträchtlich, formierte sich aber durch steigende Zuwanderung. Nach der Volkszählung von 1900 waren 587.000 Juden in Deutschland. (171, 172)

Die Religionsfreiheit gehört zu den ersten Forderungen der Aufklärung und ist heute im Grundgesetz garantiert. Da die Religion jedoch im 19. und 20. Jahrhundert an Bedeutung abgenommen hat, sich also unter religiösen Gesichtspunkten niemand mehr mobilisieren ließ, ist der Antisemitismus gezwungen, sich ein anderes diskriminierendes Merkmal zu suchen. Da kommt ihm die neue wissenschaftliche Beschäftigung mit der Abstammung gerade recht. Sie ermöglicht es, die feindlichen Gefühle rassisch und scheinbar wissenschaftlich zu belegen, was schreckliche Folgen hat.

Bei der Einwanderung ist zu berücksichtigen: Es war unter heutigen Gesichtspunkten eine relativ geringe Personenzahl und keine normale Einwanderung, sondern Flucht vor Pogromen im Zarenreich. Die Ankommenden wurden hier nicht durch eine auskömmliche Sozialhilfe unterstützt, fielen dem deutschen Steuerzahler also nicht zur Last, sondern mussten sich auf andere Weise ihr Geld verdienen. In erster Linie wurden sie von ansässigen Juden unterstützt. Sie haben das „Volkskapital" nicht „aufgesaugt" – wie soll das auch gehen – sondern vermehrt.

Ein Grund für die Ablehnung vieler Ostjuden in Deutschland waren deren archaische Auffassungen, ihr ärmliches Erscheinungsbild und ihre Lebensweise. Das hat oft auch einheimische Juden abgestoßen, u. a. die jüdische Familie Kafka in Prag.

Die Juden machten also nur 1 % der deutschen Bevölkerung aus. Von diesen zu erwarten, dass diese die 99 % angeblich germanischer Abstammung maßgeblich beeinflussen könnten, ist ebenso eine Überschätzung von deren Fähigkeiten wie eine Unterschätzung der „Widerstandskraft" der deutschen Bevölkerung. Wenn dem so wäre, müsste ja gerade ein Rassist die Deutschen als schwach und zu Recht als dem Untergang geweiht ansehen.

Damals war es eine große Kühnheit des Hofpredigers Adolf Stöcker (1835 – 1910) aus Halberstadt, mit seinem Kampf gegen die Sozialdemokratie einen neuen Kampf gegen das vordringliche und vordringende Judentum aufzunehmen... Nicht überall fand Stöcker Anklang (...) Das hessische Konsortium der evangelischen Kirche ermahnte die Geistlichkeit, an der „verhängnisvollen Missleitung der dunklen Instinkte des Deutschen Christenvolkes" nicht teilzunehmen, fügte aber doch hinzu, dass „große Notstände im Volksleben vorhanden, Börsenspiel, Mammondienst usw.", schwere Versündigungen namentlich an unserem Bauernstande begangen worden seien, die eine Bewegung wie die antisemitische erklärlich machen." Auch verkannte das Konsortium nicht, dass die antisemitische Agitation „aus einem treuen und wahren, für die Rechte des Christentums und Deutschtums und für das Wohl des Landvolks schlagenden Herzen komme". (174,175)

Die Rolle des Protestantismus ist in diesem Zusammenhang eine sehr traurige. Einschränkungen und Beschwichtigungen waren auch Sympathiekundgebungen, und nüchterne Analysen waren nicht Sache des hessischen Konsortiums, denn weder entstand der Antisemitismus aus christlichen Motiven, noch diente er dem Wohl des Landvolks.

Der wachsende Einfluss der Juden im deutschen Kaiserreich kann natürlich nicht anders als durch Korruption erklärt werden:

Unter Kaiser Wilhelm II wurden wieder andere Wege eingeschlagen. Reiche Juden verstanden es, seine Gunst und Freundschaft dadurch zu gewinnen, dass sie auf seine Lieblingswünsche eingingen, vor allem durch reiche Zuwendungen für „freiwillige" Stiftungen aller Art. Sie spendeten große Summen für den protestantischen Kirchenbau (!) in Berlin, für Wohlfahrtszwecke, für die Ausstattung der Museen. (103)

Die Unterstützung des protestantischen Kirchenbaus hatte offensichtlich wenig Erfolg. Von Zuwendungen für Museen hat ganz Deutschland und besonders Berlin profitiert, wir tun es noch heute.

„Einer der wichtigsten Förderer der Berliner Museen war James Simon. Ohne seine großzügigsten Schenkungen wäre Berlin um viele kulturelle Höhepunkte ärmer. Die Nofretete, das Ischtar-Tor oder die Prozessionsstraße von Babylon zum Beispiel verdankt die Museumsinsel ihm (...) Über 10.000 Kunstwerke spendete James Simon den Berliner Museen.[24]

---

24 Kaiserjude, Mäzen und preußischer Patriot, juedisches-europa.net, 28. 8. 23

Wenn es nur um die privaten Wünsche von Wilhelm II gegangen wäre, hätten die Juden ihm einige Jagdschlösschen oder eine sanitäre und elektrische Ausstattung seines unkomfortablen Schlosses finanzieren müssen.

„Unter Wilhelm II kamen Hofjuden auf, darunter Ballin, die beiden Rathenow, James Simon und andere mehr. Um zum Kaiser zu gelangen, klagten damals so manche, muss man erst um die Vermittlung der Hofjuden bitten. Ohne Ballin, den Direktor der Hamburg-Amerika-Linie, zu fragen, beschloss Wilhelm II namentlich in den letzten Jahren nichts und holte bei jeder Gelegenheit dessen Rat ein. Unheimlich wuchs ihr Einfluss.

Sich von Fachleuten beraten zu lassen, zeugt von Weitblick. Es besagt aber nicht, dass Wilhelm den Ratschlägen auch immer gefolgt ist. Dass manche klagen, bei wichtigen Personen nicht vorgelassen zu werden, ist normal. Wilhelm II war dessen ungeachtet ausgeprägter Antisemit und steigerte sich im Exil in die Vorstellung hinein, die Juden seien für die Niederlage im Ersten Weltkrieg verantwortlich. Dies ging bis zur Entwicklung von Ausrottungsfantasien („Gas").

Die jüdische Beziehungstechnik war hoch entwickelt.

In Berlin war die Korruption keck umfassend und konnte 1929 zum großen Teil ermittelt werden. Oberherren der Berliner Korruption waren sämtlich Juden. Den Schlingen der Barmats fiel ein deutscher Minister zum Opfer. Bürgermeister, Stadträte und Stadtbeamte waren von den Sklareks verführt worden. (178,179)

Die Namen sind diejenigen beteiligter jüdischer Familien an einem Prozess wegen Wirtschaftskriminalität 1924. Es ist nicht zu fassen: Da werden die braven Berliner Stadträte und Stadtbeamten doch verführt! Die Teutonen mussten (!) trotz ihres urgermanischen, geraden Charakters den Ränken der Fremden erliegen! Wenn die Juden geradeheraus gewesen wären, dann hätten die Stadträte vielleicht eine Chance gehabt.

Interessant sind auch die Ausführungen zum Wirtschaftsleben. Sie sind dadurch gekennzeichnet, dass sie zwar noch die Produktion der Bauern verstehen – der Bauer müht sich ab, damit was wächst, das sieht man. Was darüber hinausgeht, ist jedoch nur als Ausbeutung erklärlich. Der Handel und besonders Geldwirtschaft mit ihren großen Auswirkungen auf die Produktivität der Wirtschaft sind ihnen ein Buch mit sieben Siegeln. Obwohl auch sie Werte schaffen. Wie Simmel dargelegt hat, ist dies selbst heute, über 100 Jahre danach, noch wenig verbreitetes Wissen. (s. Kap. 3)

„Geldleihe zu Wucherzinsen, Beherrschung anderer Menschen durch die Kapitalmacht kennzeichnet den Zug des Judentums von dem Augenblick an, wo wir auf seine Spuren in der Geschichte stoßen. Schon vor der eigentlichen Zerstreuung in alle Welt beutete der Jude den Nichtjuden aus.

(...) Es waren andere Völker, die daselbst der Landwirtschaft, dem Ackerbau und der Viehzucht oblegen haben. Die Juden sind auch hier nur Händler, Wucherer und Ausbeuter gewesen, getreu ihrem Wesen und ihrer Auffassung, die sie arbeiten „im Schweiße ihres Angesichts" als Fluch empfinden ließ.

(...) Wie die großen Räuber in der Tierwelt nicht in erheblicher Anzahl zusammen leben können, weil sonst die Objekte ihrer Raublust zu schnell aus dem engen Lebensraum verschwinden würden, so ist die Zerstreuung der ausbeutenden Juden unter die Werte schaffende Menschheit der Erde eine Vorbedingung ihres rein parasitären Lebens...

Geld, Kapital, Besitzform, Zirkulationsweise und alles Dazugehörige haben ihre heutige Prägung vom Judentum erhalten.

Der Jude hat zum Geld ein ganz anderes Verhältnis als der Nichtjude (...) bildet es für den Juden die Basis seiner völkischen Existenz (...) und ein Instrument zur Beherrschung anderer Menschen. (288 – 290)

Und doch ist des Rätsels Lösung einfach. Banken und Börsen haben ein Pseudo-Geld geschaffen: Papierene „Werte", Wert-Repräsentanten, die es ermöglichen, die Werte ganzer Fabri-ken, Bergwerke, Häuserblocks in einem Bündel Papier fortzu-schleppen, durch einen Handgriff den Besitzer zu wechseln, gewaltige Objekte im Handumdrehen zu verhandeln (...) (291)

Die Kritik an Handel und Geldwirtschaft ist Kritik an der Grund-lage der gesellschaftlichen Entwicklung seit 6.000 Jahren. Und das von einer Seite, die zu dumm ist, einfache wirtschaftliche Zusammenhänge zu erkennen oder erkennen zu wollen.

Die wirtschaftlichen Neuerungen der Neuzeit im Finanzwesen gingen in Wahrheit jedoch von Norditalien aus, ganz ohne oder mit nur geringer Beteiligung von Juden.

Pazifismus und internationale Verbrüderung (198 f)

Ohne Zweifel gibt es einen berechtigten Pazifismus, also ein Streben, den Krieg zu verhindern, Mittel zu suchen, die diesem Zweck dienen können. Da aber nicht alle Völker auf der glei-chen Kulturstufe stehen, nicht denselben sittlichen und recht-lichen Anschauungen huldigen, so bleibt es immer zweifelhaft, ob solche Mittel letzten Endes erfolgreich sein werden. Solange dies nicht feststeht, hat jedes Volk aus Gründen der Selbsterhal-tung und der staatlichen Sicherheit die Pflicht, sich, soweit nö-tig, wehrhaft zu erhalten. Der Wehrwillen eines Volkes ist eine gesunde Lebenskraft, die biologisch begründet ist.

Der jüdische Pazifismus ist bestrebt, den Frieden um jeden Preis herbeizuführen, also ohne Rücksicht darauf, ob durch einen solchen Frieden ein Volk noch größeren Schaden nimmt als durch einen Verteidigungskrieg. Der jüdische Pazifismus ist Verzicht auf jede Gegenwehr eines Volkes mit Waffengewalt. Und damit dies umso erfolgreicher sei, sucht das Judentum den Wehrwillen im Volk im Keime zu ersticken. Aber bis jetzt nur im deutschen Volke. Dazu wird die alte deutsche Wehrmacht in beispielloser Weise verleumdet und ihr Andenken beschmutzt, der Tod fürs Vaterland als lächerlich und einfältig hingestellt. Darüber hinaus wird die internationale Verbrüderung als letztes und höchstes Ziel erklärt, als Ziel, dem sich alle nationalen Interessen ebenfalls bedingungslos unterzuordnen haben, denn es gibt keine nationalen Interessen mehr, sie haben ihre Geltung verloren, es gibt nur noch Menschheitsinteressen. (198,199)

Und wenn die Gegensätze zwischen Pazifismus und wehrhaftem Nationalismus bei uns in Deutschland so schroff wie nirgends sind, so hat auch das seinen Grund darin, dass eben nur durch unsere und des Zarentums Niederlage das Judentum eine Machtfülle gewann, die von dem Augenblick an bedroht wäre, da Deutschland wieder ein Machtstaat wie vor dem Kriege würde (...) In Deutschland entscheidet sich das jüdische Schicksal der Welt nicht zum wenigsten.[25] *Und darum muss das deutsche Volk wie kein anderes jüdisch-pazifistisch zersetzt und vergiftet werden."* (200)

Hier äußert sich der Antisemitismus ganz im Sinne des militärischen Kanons: Herrschaft durch Wenige sowie Gewaltbereitschaft, große Töne, aber keine Bereitschaft zur Übernahme der Verantwortung für die Kriegsmisere des Ersten Weltkrieges. Ein Zugeständnis des Militarismus an den Zeitgeist ist die

---

25 Im Original gesperrt

Beschränkung auf den Verteidigungskrieg, wo bis ins 19. Jh. hinein auch Angriffskriege sanktioniert waren.

Zweifellos bestand nach dem Ersten Weltkrieg ein großer Wunsch nach Frieden. Da sich jedoch die Kriegsschauplätze weitgehend im Ausland befunden hatten, war die deutsche Zivilbevölkerung nicht unmittelbar von den Kriegszerstörungen betroffen und konnte sich das Kriegsleid nicht in seiner ganzen Grausamkeit vorstellen. Im Zweiten Weltkrieg lagen die Dinge ganz anders. Dort waren die deutschen Städte durch Luftangriffe und durch die Kampfhandlungen in Deutschland selbst zu großen Teilen zerstört. Nach 1945 hätte solch eine den Frieden hinter angeblich nationalen Interessen zurückstehende Argumentation nicht mehr verfangen.

Mit „wehrhaftem Nationalismus" ist gemeint, was Norbert Elias mit militärischem Verhaltens- und Empfindungs-Kanon bezeichnet. Seine besonders starke Ausprägung in Deutschland erklärt Elias allerdings etwas anders: Die überkommene Adelsherrschaft kann sich am Ende des 19. Jh. nur durch eine besonders aggressive Ideologie zu erhalten versuchen. Nach ihrer Niederlage 1918 strebt sie damit eine erneute autoritäre Herrschaft an.

Die aggressive Einstellung wird als biologisch und damit unveränderbar bezeichnet – fälschlicherweise, wie die Entwicklung nach 1945 bewiesen hat. Und ausgerechnet mit dem nicht mehr existenten, zurückgebliebenen zaristischen Russland wird der Schulterschluss gesucht.

Die große Bedeutung des Judentums wird auch im statistischen Teil des Handbuchs gezeigt, allerdings ohne die naheliegenden Schlüsse daraus zu ziehen. Hier nur wenige der Beispiele:

„Am 16. Juni 1925 waren in Preußen tätig von der Gesamtbevölkerung und von den Juden in den Wirtschaftsabteilungen in Prozentzahlen:

Wirtschaftsabteilung	Gesamtbev. %	Juden %
Landwirtschaft	26,3	1,5
Industrie, Handwerk	36,6	21,9
Handel, Verkehr...	15,3	49,7
Öffentliche Verwaltung...	2,3	0,7
Kirche, freie Berufe	2,0	4,3
Gesundheitswesen	1,7	3,7
Häusl. Dienste, ohne feste Stellung	5,1	2,8
Ohne Beruf	10,7	15,4

Was ergibt sich daraus? Dass die Juden herrschen im Handel 49,7 % gegen 15,3 % der übrigen Bevölkerung, dass sie in der Industrie führend sind[26]*, im Rechtsanwaltsstand und im Arztberuf, während sie dort, wo es angestrengte und niedere Arbeit zu leisten gibt, fast vollständig fehlen: als Hausangestellte und als Bauern und landwirtschaftliche Arbeiter (...) In dieser Statistik sind wohlgemerkt auch die seit 1914 zugewanderten Ostenjuden inbegriffen, die doch sozial tieferstehenden Schichten zuzurechnen sind. Aber ihre Zahl hat sich in keiner Weise so ausgewirkt, dass in der Berufsgesamtschichtung des Judentums gegenüber früher auch nur der geringste Wandel bemerkbar wäre. (413, 414)*

---

26 Dies ist nicht nachvollziehbar. Die Zahlen ergeben nur einen Sinn, wenn sie die Anteile an der Gesamtbevölkerung bezeichnen. Also von den Juden (100 %) waren im Gesundheitswesen 3,7 % tätig, in Industrie und Handwerk 21,9 % gegenüber 1,7 % bzw. 36,6 % bei der Gesamtbevölkerung. Folglich waren sie in Industrie nicht führend. Die Darstellung verschleiert darüber hinaus die Winzigkeit der absoluten Zahlen.

Man kann nur sagen:

Ohne die Juden wären die deutsche Wirtschaft und ihr Erfolg gar nicht denkbar gewesen. Sie besetzen höherqualifizierte Berufe, die naturgemäß mit weniger körperlicher Arbeit verbunden sind.

Der Vorwurf, dass Juden im Bereich Landwirtschaft kaum anzutreffen sind, ist scheinheilig, denn man hatte ihnen traditionell Grundeigentum verboten.

Nach dem Ersten Weltkrieg eingewanderte Ostjuden haben sich offensichtlich perfekt integriert, zum Leidwesen der Teutonen, aber nicht in ihnen zugedachten niedrigen Stellungen, sondern in höher qualifizierten Berufen. Auf sie geht vermutlich auch der kleine Überhang der Berufslosen zurück.

Wenn man auf diese statistischen Daten nicht stolz sein kann, so liegt es nur am Neid der schlechter ausgebildeten und weniger motivierten deutschen Bevölkerung. Statt bei sich die Defizite zu suchen, werden gewundene Argumentationen erfunden: Die Juden arbeiten nicht gerne im Schweiße ihres Angesichts, weil es in der Tora steht! Dann müsste der Germane das gerne tun, könnte sich dann allerdings kaum beschweren.

Zu den psychologischen Gründen des Antisemitismus

Grund ist die Angst vor dem Verlust von Privilegien als Herrenmenschen, die religiös untermauert wird. Aus katholischer Sicht äußert sich dies folgendermaßen:

Christen sollen weder als Arzt noch als Krankenpfleger Juden gebrauchen, außer im Falle der Not. „Denn: die Kirche hält den durch den Empfang der Sakramente geheiligten Leib der

Christen in Ehren, den sie nicht in Behandlung der Judenärzte geben will."

(...) Der Jude darf kein öffentliches Amt bekleiden (...)

Es ist gegen die Grundsätze der Kirche, gegen das Wohl der Völker, dass Juden mit den Christen bürgerlich gleichberechtigt seien, darum darf man sie nicht emporkommen lassen. Innozenz III [27]nennt es einen absurden Gedanken, dass ein Lästerer Christi gegen einen Christen eine Machtbefugnis ausüben solle."

Der Christ darf nicht dem Juden als Hausdienstboten dienen. Zuwiderhandlungen werden unter Umständen mit Exkommunikation belegt (...)

Ehen zwischen Christen und Juden sind (...) streng verboten. (248)

So also steht es um die von den Christen vertretene „Gleichwertigkeit aller Menschen vor Gott" – aber nicht vor seinen Vertretern auf Erden.

In den Worten von Bismarck:

„In den Landesteilen, wo das Edikt von 1812 gilt, fehlen den Juden [...] keine anderen Rechte als dasjenige, obrigkeitliche Ämter zu bekleiden. Dies nehmen sie nun für sich in Anspruch, sie verlangen Landräte, Generäle, Minister, ja unter Umständen auch Kultusminister zu werden [...] Ich gestehe ein, dass ich voller Vorurteile stecke... und es will mir nicht gelingen, sie wegzudiskutieren. Denn wenn ich mir als Repräsentanten der

---

27 Innozenz III, 1198-1216 (!)

geheiligten Majestät des Königs gegenüber einen Juden denke,
dem ich gehorchen soll, so muss ich bekennen, dass ich mich
tief niedergedrückt [...] fühlen würde, dass mich die Freudigkeit
und das aufrechte Ehrgefühl verlassen würde, mit welchen ich
jetzt meine Pflichten gegen den Staat zu erfüllen bemüht bin. Ich
teile diese Empfindungen mit der Masse der niederen Schichten
des Volkes und schäme mich dieser Gesellschaft nicht [...]" (505)

Die Kirchen haben die antisemitische Hetze in einer weit über
ihre religiöse Kernaufgabe hinausgehenden Weise mitgetragen
und sie noch transzendental begründet. Demgegenüber begründet Bismarck seine Einstellung i.W. mit Vorurteilen. Im praktischen Leben hatte Bismarck gute Beziehungen zum jüdischen
Bankier Bleichröder, der ihm seine Feldzüge gegen Dänemark
und Österreich am Parlament vorbei finanzierte.

Zur deutschen Seele

Dieses geheimnisvolle Gebilde wird auf den fast 600 Seiten als
Kernschatz, den es zu bewahren gilt, oft erwähnt, jedoch nie näher erläutert. Unter *„Die deutsch-religiösen Bestrebungen der*
neueren Zeit" findet sich allerdings eine einzige solche Beschreibung.

„Grundlegende Schriften sind die Bücher von Frau Doktor M.
Ludendorff: „Deutscher Gottglaube", „Triumph des Unsterb-
lichkeitswillens", (...) „Erlösung von Jesu Christo" (...) Der durch
diese Werke sich hindurchziehende Grundgedanke ist die Ab-
lehnung des Christentums in seiner gegenwärtigen Erschei-
nungsform ebenso wie in seiner ganzen biblischen Grundlage.
Das Eindringen des christlichen Jahweglaubens führte eine
„Unheilszeit" über das deutsche Volk herbei. Dieser „artfremde
Gottglaube ist für unsere Seele Seelenmord und Untergang". Nie-
mals ist deshalb „das Christentum in das Erbgut des Deutschen"

übergegangen[28]. *Im Unterschied zum Christentum, das sich im Widerspruch zu den wissenschaftlichen Ergebnissen befindet, muss eine Religion geschaffen werden, „die die Gebildeten eines Volkes lebendig erhalten soll". Der Deutsche sieht vor allem die Seele selbst von Gott durchdrungen, sein innerstes Sein ist gut (...) Die deutsche Gottgläubigkeit ist eine Religion des stolzen, titanenhaften Heroismus mit der „Kraft, sich selbst zu erlösen", die „Selbstschöpfung in sich zu vollenden". Der Mensch kann und soll die „Zeitlosigkeit", d. h. die Ewigkeit, mitten in seinem endlichen Sein bewusst erleben. Dann erlebt er die persönliche Unsterblichkeit, begreift den Sinn des Todes. Freilich kann die Persönlichkeit über den Tod nicht hinaus leben. Man muss wissen, dass nach dem Tode ein Erleben des Jenseits unmöglich ist." (W. Kuenneth: „Die völkische Religiosität der Gegenwart", Seite 13). (538)*

Ein Wortgewuchere, das für sich spricht.

2.4 Die Verbreitung

Mit der extremen Ausformung des militärischen-Verhaltens-und-Empfindungs-Kanons und seinen den zivilen Werten entgegengesetzten Werten, Glauben und Unterordnung, Konfrontation statt Kompromiss (s. Teil 1) war eine Denkrichtung vorgegeben, jedoch der Antisemitismus in seiner aggressivsten Form weder zusammenhängend formuliert noch verbreitet. Dazu wurde er seit der Jahrhundertwende stärker propagiert und in zahlreichen Publikationen systematischer begründet.

Die Systematisierung entwickelt sich aus folgenden Zusammenhängen:

---

28 Man hat auch andere Religionen bis heute, trotz verfeinerter Methoden, noch nicht im Erbgut gefunden.

Die Verteufelung der Juden erforderte, sollte sie wirksam sein, einen langen Rückgriff in die Geschichte, bis in die Zeit vor Christus.

Da die Kritik des bisher erreichten Fortschritts nicht mit vernünftigen Argumenten möglich war, mussten ihm mythische Schilderungen entgegengehalten werden, die alles, was als positiv empfunden wurde, in ein schlechtes Licht tauchten. Zudem mussten die ungelenkten gesellschaftlichen Veränderungsprozesse personalisiert und als Intrigen der Juden präsentiert werden, die mit ihrer rationalen Einstellung das „Heiligtum der germanischen Seele" zerstörten. Man könnte mit gleichem Recht sagen, dass dies auch die Erklärung des Blitzes als elektrostatische Entladung mit anschließendem Donner mit der Seele der Wikinger macht, die an das Wirken des Gottes Thor glauben.

Die Schilderung der germanischen Seele selbst ist ein bemerkenswertes Beispiel für das „Zusammenbacken" dunkler Wortwucherungen und Ahnungen widersprüchlichster Art.

2.5 Wirkung

Dieser extreme Antisemitismus kann selbst in schwierigen Zeiten nicht auf viele Menschen überzeugend gewirkt haben. Seine Wirkung ist nur durch die massive Propagierung und den Terror der Nationalsozialisten vor und natürlich besonders nach 1933 erklärbar. Er kam als „Begleitgepäck" des nationalsozialistischen Versprechens von Ordnung, wirtschaftlicher Erholung und politischer Anerkennung zur Macht.

Heute bilden die als jüdisch stigmatisierten Werte die Grundlage unserer Verfassung in Art. 1 – 19 des Grundgesetzes.

3 Kampf der Diktaturen gegen die Wirtschaft

Eine weitere Quelle des Antisemitismus

3.1 Ausgangspunkt[29]

Die „satisfaktionsfähige Gesellschaft" der Kaiserzeit, deren Mitgliedschaft Voraussetzung für die Besetzung jeder Schlüsselposition in Staat und Wirtschaft ist, beruht auf einer besonders ausgeprägten Gegnerschaft zu den zivilen Werten, die im Wirtschaftsleben vorherrschen. Diese waren in der jüdischen Bevölkerung auf Grund ihres jahrhundertelangen Daseins als Kaufleute und in der Diaspora in besonders friedlicher Form präsent. Antisemitismus ist der „Hass des Kriegers auf das Friedliche", weil das Zivile seine Herrschaft zu untergraben droht.

Der systematische Antisemitismus der Kaiserzeit führte auf der Suche nach Argumenten, wie oben geschildert, diesen Gegensatz schon bis in die Antike zurück und sieht in der mittlerweile über die Jahrhunderte entwickelten Tendenz zu mehr Realitätssinn, Vernunft, Friedlichkeit und Nüchternheit ein gefährliches Grundübel.

Nach Georg Simmels „Philosophie des Geldes" ist die vom Wirtschaftsleben ausgehende Gefahr der Überwindung des militärischen Kanons kein Zufall sondern Folge seiner seit Jahrtausenden wirkenden Tendenz zu Rationalität und Gleichheit gewesen, besonders nach der Weiterentwicklung der Tausch- zur Geldwirtschaft. Damit hat die Auseinandersetzung eine welthistorische Dimension, die es ermöglicht, sie in die Entwicklung der

---

29 Quellen i. W.: Norbert Elias: Studien über die Deutschen, Etablierte und Außenseiter; Georg Simmel: Die Philosophie des Geldes, 1900.

75

Gesellschaftsformen und deren tragende Werten einzuordnen. Am Ende ist in Deutschland die den Antisemitismus erzeugende Gesellschaftsform, die aristokratische, nach 1933 auch die diktatorische Klassenherrschaft, mit der Gründung der Bundesrepublik 1949 durch eine demokratische Herrschaft mit ihren zivilen Werten im Grundgesetz (Art. 1–19) endlich überwunden. Diese Entwicklung ist verallgemeinerbar: Der Antisemitismus wird von Diktaturen gefördert, deren Ideologien immer den militärischen Kanon propagieren und propagieren müssen, weil Freiheit ihre Herrschaft bedroht.

3.2 Simmels Erkenntnisse

In den Jäger- und Sammlergesellschaften entwickelte sich langsam eine Trennung von Subjekt und Objekt mit einer wachsenden Naturbeherrschung, aber niedriger Produktivität. Die geringen Überschüsse wurden geraubt, verschenkt oder eingetauscht. Im Tausch entwickelte sich erst durch den Vergleich der Objekte ein Gefühl für deren Wert.

„[...] es ist immer erst die im Tausch sich verwirklichende Relation der Begehrungen zueinander, die deren Gegenstände zu wirtschaftlichen Werten macht." (92)

(...) ja bei manchen primitiven Völkern gilt der gewaltsame Raub sogar für vornehmer als das redliche Bezahlen. (...) beim Tauschen und Bezahlen ordnet man sich einer objektiven Norm unter, vor der die starke und autonome Persönlichkeit zurückzutreten hat, wozu sie eben oft nicht geneigt ist. Daher überhaupt die Verachtung des Handels durch sehr aristokratisch-eigenwillige Naturen.

Mit der Entwicklung zu Sesshaftigkeit und Ackerbau wird was wächst, selbst produziert und nicht nur geerntet. Es wachsen Überschüsse und die Besitzgier, die zu einer kriegerischen Herrscherklasse führt, die sich die Überschüsse ebenso aneignet wie andere Menschen mit all ihrem Leistungsvermögen. Die Sklaverei stellt davon die Extremform dar. In den Kategorien von Luhmann: Aus der segmentierten Gesellschaft entwickelte sich die stratifizierte Gesellschaft als dominierendes Gesellschaftssystem[30], das erst in der Neuzeit durch das funktional-differenzierte System abgelöst wird, in dem Individuen wie Organisationen nicht mehr einer zentralen Herrschaft unterliegen.

Das stratifizierte System bedarf zur Aufrechterhaltung der Herrschaft von Wenigen über die Mehrheit des aggressiven militärischen Verhaltens- und Empfindungskanons, der von einer die Ungleichheit rechtfertigenden Ideologie, der Religion, durchdrungen ist.

Im Bereich der persönlichen Zwangsverpflichtungen, von der Sklaverei über den Patriarchalismus der Hörigkeit bis hin zu denen der Dienstboten seiner Zeit, zeigt Simmel die Stufen von Tausch zur Geldeinführung als solcher zunehmenden Freiheit: Unbeschränkte Dienstbarkeit, Verpflichtung zu bestimmten Arbeitsleistungen, zu alternativen Sachleistungen, zu regelmäßigen Geldabgaben und zur Ablösung der Verpflichtung durch einmalige Geldzahlung.

Der Anspruch des anderen kann das persönliche Tun und Leisten des Verpflichteten zum Inhalt haben; oder er kann wenigstens

---

30 Das stratifizierte, das heißt in Schichten gegliederte, System hat geschichtlich über die längste Zeit hinweg die Form der Aristokratie gezeigt. Daneben aber auch Tyrannei, Priesterherrschaft, Diktatur. Sie entspricht etwa der „Klassenherrschaft" bei Marx ohne deren Zuspitzung auf die Wirtschaft.

das unmittelbare Ergebnis der persönlichen Arbeit betreffen; (...) es ist ein großer Unterschied, ob das Recht des Berechtigten sich unmittelbar auf die leistende Persönlichkeit erstreckt, oder nur auf das Produkt ihrer Arbeit; ... Das extremste Beispiel des ersteren Falles ist die Sklaverei; hier betrifft die Verpflichtung überhaupt nicht eine irgendwie objektiv bestimmte Leistung, sondern den Leistenden selbst; sie umschließt die Beteiligung aller überhaupt vorhandenen Spannkräfte des Subjekts. (429, 430)

Der Übergang zur zweiten (Stufe der geringeren Abhängigkeit) vollzieht sich, indem Dienste zeitlich beschränkt werden (...) Vollständig wird diese zweite Stufe erreicht, wenn anstatt der bestimmten Arbeitszeit und Kraft (Hand- und Spanndienste; HL) ein bestimmtes Arbeitsprodukt verlangt wird. (431)

Die wachsende Produktivität in den Hochkulturen führt zu mehr Produkten und größerer Produktvielfalt, die durch Tausch ihre Interessenten finden. Allein schon durch den Tausch erhöht sich der Wert der materiell unveränderten Tauschobjekte, weil jeder etwas erhält, was er benötigt und etwas abgibt, was er nicht benötigt.

Der Raub, vielleicht das Geschenk, erscheint als die primitivste Stufe des Besitzwechsels, auf der also der Vorteil noch ganz auf der einen, die Last ganz auf der anderen Seite ruht. Wenn sich über dieser nun die Stufe des Tausches als Form des Besitzwechsels erhebt, (...) als Folge der gleichen Macht der Parteien, so ist dies einer der ungeheuersten Fortschritte, die die Menschheit überhaupt machen konnte. (440, 441)

Darüber hinaus aber bewirkte er eine Vermehrung der absoluten Summe empfundener Werte. Indem jeder nur in dem Tausch gibt, was ihm relativ überflüssig ist, und in den Tausch nimmt, was ihm relativ nötig ist, gelingt es durch ihn, die zu jedem gegebenen Zeitpunkt der Natur abgewonnenen Werte zu immer höherer Verwertung zu bringen. (442, 443)

Der Objektwert ist also nur im Rahmen seiner Umgebung mit ihren Verwendungsmöglichkeit festzustellen, und nicht wie nach Marx durch die hineingesteckte Arbeit.

Es entwickelt sich der Wirtschaftsbereich Handel mit Werten, die denen der Herrscherklasse entgegen stehen:

Dem Tausch liegt wegen seiner Freiwilligkeit ein Verhältnis der <u>Gleichheit</u> zugrunde und nicht die Hierarchie von Herrschen und Dienen.

Der Tausch, der uns als etwas ganz Selbstverständliches erscheint, ist das erste und in seiner Einfachheit wahrhaft wunderbare Mittel, mit dem Besitzwechsel die Gerechtigkeit zu verbinden; indem der Nehmende zugleich Gebender ist, verschwindet die bloße Einseitigkeit des Vorteils, die den Besitzwechsel unter der Herrschaft eines rein impulsiven Egoismus oder Altruismus charakterisiert (...) (442, 443)

Darüber hinaus regt der Tausch den Geist an: „Wo bekomme ich was? Und zu welchem Wert? Wie hängt dieser zusammen mit Wetter, Politik oder dem Zeitpunkt?" Als Händler muss man Informationen sammeln und verarbeiten und Kausalitäten erkennen; flexibel, nüchtern und emotionslos sein.

Die steigende Verwandlung aller Lebensbestandteile in Mittel, die gegenseitige Verbindung (...) zu einem Komplex relativer Elemente ist nicht nur das praktische Gegenbild der wachsenden Kausalerkenntnis der Natur (...) sondern, (...) so wird damit auch die praktische Welt mehr und mehr zu einem Problem für die Intelligenz; oder genauer: die vorstellungsmäßigen Elemente des Handels wachsen objektiv und subjektiv zu berechenbaren rationellen Verbindungen zusammen und schalten dadurch die gefühlsmäßigen Betonungen und Entscheidungen mehr und mehr aus (...) (690)

Die Charakterlosigkeit aber des Intellekts wie des Geldes pflegt über diesen reinen, negativen Sinn hinaus zu wachsen. (...) Die eigentümliche Abflachung des Gefühlslebens, die man der Jetztzeit gegenüber der einseitigen Stärkung und Schroffheit früherer Epochen nachsagt; die Leichtigkeit intellektueller Verständigung, die selbst zwischen Menschen divergentester Natur und Position besteht (...) (691)

Nun ist offenbar eine solche Existenz nur bei nicht gewöhnlicher Intellektualität von irgendwelchem Erfolge, ja Möglichkeit, und zwar in jener Form, die man als „Schlauheit" bezeichnet – womit man die Lösung der Klugheit von jeder Festgelegtheit durch die Normen der Sache oder der Idee und ihre vorbehaltlose Dienstbarkeit für das jeweilige persönliche Interesse meint (...) (692, 693)

Schließlich kommt hinzu, dass die Geschäfte im <u>Frieden</u> und bei ungestörten Beziehungen bis in weit entfernte Gebiete hinein am besten laufen und der Handel eine besänftigende Wirkung auf die Psyche ausübt; bei zu heftigen Reaktionen geht der Handelspartner weg. Das schränkt Aggressionen, die noch zu Dantes Zeiten üblich waren, ein.

(...) wie Dante noch sagt, gewissen theoretischen Gegnern durfte man nicht mit Gründen, sondern nur mit dem Messer antworten; die Tendenz zur Versöhnlichkeit, (...) bis zur Idee des Weltfriedens, die besonders in den liberalen Kreisen, den historischen Trägern des Intellektualismus und des Geldverkehrs gepflegt werden: Alles dies entspringt als positive Folge jenem negativen Zug der Charakterlosigkeit.[31] (692)

---

31 Charakterlosigkeit hier als Fehlen oder Verzicht auf den Ausdruck von Affekten. Also das, was N. Elias als „Prozess der Zivilisation" in der Neuzeit als „Modulation der Affekte" zur Rücksichtnahme als etwas Positives erkannt und benannt hat.

Die Einführung des Geldes hat den Warenumlauf wie die Warenproduktion erheblich beschleunigt und gleichzeitig noch rationaler gemacht. Die immer länger werdenden Ketten der Produktion und Verteilung sind verbunden mit einer immer schwächeren emotionalen Verbindung unter den beteiligten Personen, bis dass mit dem anonymen Markt die emotionalen Verbindungen mit den Produzenten ganz wegfallen.

(...) seit die Geräte nicht mehr unmittelbar aus den Rohstoffen, sondern auf dem Wege über soundso viele Vorbearbeitungen hergestellt werden; (...) hat die Abhängigkeit von dritten Personen ganz neue Gebiete ergriffen. Von je mehr sachlichen Bedingungen vermöge der komplizierteren Technik das Tun und Sein der Menschen abhängig wird, von desto mehr Personen muss es notwendig abhängig werden. Allein diese Personen erhalten ihre Bedeutung für das Subjekt ausschließlich als Träger jener Funktionen, Besitzer jener Kapitalien, Vermittler jener Arbeitsbedingungen; was sie außerdem als Personen sind, steht in dieser Hinsicht gar nicht infrage. (448–450)

Während der Mensch der früheren Stufe die geringere Anzahl seiner Abhängigkeiten mit der Enge der persönliche Beziehungen, oft persönlicher Unersetzbarkeit derselben bezahlen musste, werden wir für die Vielheit unserer Abhängigkeiten durch die Gleichgültigkeit gegen die dahinter stehenden Personen und durch die Freiheit des Wechsels mit ihnen entschädigt. (453, 454)

So sehen wir die eigentümliche Parallelbewegung der letzten 300 Jahre: dass einerseits die Naturgesetzlichkeit, die sachliche Ordnung der Dinge, objektive Notwendigkeit des Geschehens immer klarer und exakter hervortritt, und auf der anderen Seite die Betonung der unabhängigen Individualität, der persönlichen Freiheit, des Fürsichseins gegenüber allen äußeren und Naturgewalten eine immer schärfere und kräftigere wird. (462)

Es wird nicht mehr gehandelt, was man selbst benötigt oder entbehren kann, sondern was Marktchancen hat.

Die Vertreter des Handels werden schon in der Antike immer mächtiger (Krösus) und zwingen den Adel, sich nicht allein auf seine Unterdrückungsmacht zu beschränken, sondern sich auch wirtschaftlich zu betätigen. Wegen der diametral entgegengesetzten Werte – hier Unterdrückung und Aneignung, dort Gleichheit und Tausch – geschieht das widerwillig und kombiniert mit der Abwertung des Wirtschaftens als minderwertiger Tätigkeit. Das Wirtschaften ist dem Adel unsympathisch, vielleicht auch, weil er mehr spürt als erkennt, dass eine Gesellschaft nach den Werten der Wirtschaft zum Ende seiner Herrschaft führen würde.

Daher überhaupt die Verachtung des Handels durch sehr aristokratisch-eigenwillige Naturen. Daher begünstigt aber auch der Tausch die Friedlichkeit der Beziehungen unter den Menschen, weil sie in ihm eine intersubjektive, ihnen gleichmäßig übergeordnete Sachlichkeit und Normierung anerkennen. (94)

Ähnlich liegt es mit der späteren Entwicklung, die die patriarchalische Verfassung in den Rechtsstaaten mit Gleichberechtigung aller Bürger vor dem Gesetz überführte. Auch sie bedeutete eine Lösung des Seins vom Haben und des Habens vom Sein. Die Stellung wird nicht mehr durch den Landbesitz bestimmt, der Besitz andererseits nicht mehr durch die Zugehörigkeit zur adligen Klasse. (494)

Seit Beginn der Neuzeit haben sich die Naturbeherrschung und das Geldwesen mit neuen Innovationen explosionsartig ausgedehnt und den Menschentyp des emotional kontrollierten, rationalen, distanzierten, breit informierten und geistig beweglichen – also den aufgeklärten – Menschen gegen alle Widerstände der Herrschenden und ihrer politischen und religiösen Ideologen – weitgehend – durchgesetzt.

Es geht also um weite Zeiträume und umfassende Veränderungen. Das damit grundlegend Neue wird am besten deutlich in Luhmanns Kategorien der Beobachterpositionen im Erkennen der Umwelt: Von der 1. Ordnung – eng, vorprogrammiert und emotional – zu der 2. Ordnung – breit, Neues aufnehmend und rational. Die 1. Ordnung korreliert zum stratifizierten, die 2. Ordnung zur funktional-differenzierten Gesellschaftssystem.

Mit dem Vordringen der Vernunft geht die Ausdehnung des Geld- und Finanzwesens, der Bildung, Wissenschaft, Medien und Kultur Hand in Hand. Es ist der Wirtschaftsbereich „Dienstleistungen", der sich bis in unsere Zeit hinein mit immer neuen Differenzierungen, guten und sehr guten Erwerbschancen und hohen Positionen weiter ausdehnt.

3.3 Schlussfolgerungen

Daraus ist zu schließen: Wer hat in diesem Wirtschaftszweig guten Chancen? Der auf Krieg und Unterdrückung gepolte Adlige oder der an seiner Scholle hängende Landmann? Offensichtlich beide nicht! Sondern Chancen hat jemand, der schon lange den neuen vielfältigen Anforderungen gerecht werden kann, sie vielleicht über mehrere Generationen hinweg verinnerlicht hat. Davon gibt es nicht viele in den stratifizierten Gesellschaften, aber bei den Juden häufen sich diese Fähigkeiten, weil ihnen in der Diaspora andere Erwerbszweige als der Handel verschlossen worden waren und sie unter den Bedingungen weitgehender Unsicherheit und Rechtlosigkeit auf ausgeprägte Friedlichkeit, Einfühlung in das Gegenüber und die frühzeitige Vermeidung oder Entschärfung von Konflikten orientiert sein mussten.

Diese dem Handel inhärente Tendenz zu dem, was wir heute zivile Werte nennen, die nach 1945 zunächst für die Bundesrepublik, nach 1990 für Deutschland maßgeblich wurden, arbeitet Simmel wunderbar heraus. Der Antisemitismus, um 1900 schon reich „erblüht", zeigt sich so als eine im Wesentlichen gegen die Freiheit gerichtete, rückwärtsgewandte und aggressive Ideologie. Zu ihrer beschränkten Sicht gehört, dass sie strukturelle Zusammenhänge nicht nüchtern analysieren kann, sondern voller Emotionen an traditionelle Vorurteile anknüpfend mit den Juden personifiziert. Sie erfindet Argumente zur Rechtfertigung der Adelsherrschaft und Abwertung des Zivilen, seien sie noch so unsinnig und menschenfeindlich.

Mit dem Erfolg der Juden im 19. Jh. aus den oben geschilderten objektiven Gründen der Entwicklung der Wirtschaft und der Berufe wie Bankier, Kaufmann, Arzt, Wissenschaftler, Rechtsanwalt, Journalist und Verleger kam zu den traditionellen Vorurteilen noch Neid auf deren Erfolg hinzu, und bald darauf auch – das konnte Simmel nur ahnen – das Begehren von jüdischem Vermögen. Diese wurde von Politikern, allen voran den Nazis, zur Rechtfertigung des Raubes und der Verteilung an Volksgenossen (Korruption) in Programme geformt.

3.4 Ergebnis

Mit dieser Analyse ist eine Basis gegeben, um den Antisemitismus, auch den modernen, besser einzuordnen.

3.4.1 Wirtschaftsentwicklung gegen Stratifizierte Systeme

Die Ablösung der Adelsherrschaft war gemäß den der Wirtschaftsentwicklung immanenten Regeln absehbar; auch, dass dieses ein langer, in den verschiedenen Ländern unterschiedlich verlaufender Prozess sein würde.

3.4.2 Verwandlung der Herrschaftsformen

Nicht absehbar waren die Formen der Ablösung: Die Zuspitzung der Adelsherrschaft in extremem Militarismus in Deutschland mit der Erweckung und Systematisierung des Antisemitismus. Die Ablösung der traditionellen Rechtfertigung der Blutsverwandtschaft durch quasireligiöse Formen der Wissenschaft: Marxismus im Kommunismus, Rassentheorie im Nationalsozialismus und neue Mischformen im Faschismus und Franquismus sowie im wiederbelebten Zarismus von Putin, inklusiv der Rechtfertigung durch die orthodoxe Kirche.

3.4.3 Kampf des militärischen gegen den zivilen Wertekanon

Der Antisemitismus richtet sich nicht gegen eine Menschengruppe, sondern gegen die Freiheit des Geistes überhaupt, gegen die Gleichheit der Menschen und die Humanität, den zivilen Wertekanon. Die Juden sind dabei nur die Personifizierung dieser Werte. Er will unseren Kulturstand zurückdrehen auf eine voraufklärerische, aggressive, durch Autoritäten eingeengte Weltsicht hin zugunsten einer kleinen Gruppe von Herrschenden. Dies widerspricht den Bedingungen der Wirtschaft und wäre, neben ihrer Inhumanität, auch mit wirtschaftlichen Einbußen verbunden.

3.4.4 Neue Zusammenhänge

Diese einzelnen unterschiedlichen Erscheinungsformen verbindende Erkenntnis erklärt seine Propagierung im Kaiserreich, in Diktaturen von Hitler und Stalin ebenso wie bei islamistischen Fundamentalisten bei den Arabern, im Iran, in Afrika und Asien.

3.4.5 Neue Ansätze für die Bekämpfung des Antisemitismus

Die aufgezeigte Quelle des Antisemitismus eröffnet den Zusammenhang der Einzelerscheinungen und ordnet ihn in die Jahrtausende während Bekämpfung des Strebens nach Freiheit, Gleichheit und Menschlichkeit ein.

Die bisher unzureichende Erklärung der strukturellen Gründe für den Antisemitismus führt dazu, dass heutige Diktaturen nicht als strukturell antisemitisch erkannt werden, wie auch die angestrebte Diktatur der Palästinenser im eigenen Staat. Bei denen und ihren Sympathisanten wie dem BDS[32] dominiert eine angebliche Dekolonialisierung. Dazu passt es nicht, die freiheitliche Sicht- und Lebensweise im demokratischen Staat Israel anzuprangern und vor den menschenfeindlichen Diktaturen der Nachbarstaaten die Augen zu verschließen. Zudem legt die Initiative an Israel idealistische Maßstäbe an, die in jeder historischen Situation unerreichbar sind.

---

32 Boycott, Divestment and Sanctions

4 Überprüfung anhand der Erklärungen von Wolffsohn und Aly

4.1 Zwei Erklärungen

Michael Wolffsohn bearbeitet in „Eine andere jüdische Weltgeschichte"[33] Muster des Antisemitismus während der gesamten Diasporazeit, also nach 70 nach Christus, heraus. Dazu gehört vor allem, wie die Juden lebten, nämlich überwiegend in Städten, und dass die Oberschichten der Staaten Juden wegen ihrer wirtschaftlich bedeutenden Rolle gerne sahen. Die Unterschicht habe sie dagegen wegen ihres Glaubens und der Möglichkeit, sich ihrer Habe zu bemächtigen, in Krisenzeiten verfolgt und ermordet.

In Götz Alys „Europa gegen die Juden – 1880–1945"[34] werden die Erkenntnisse von Wolffsohn bestätigt, ergänzt und noch schärfer herausgearbeitet. Nach ihm ist es der besondere Erfolg der Juden im Zuge der wirtschaftlichen und gesellschaftlichen Modernisierung aufgrund ihrer besseren Bildung und flexibleren Einstellung, der Neid und Hass hervorruft und das Bild des unangepassten, traditionellen Ostjuden, der nach seiner Vertreibung aus dem Zarenreich in Westeuropa eine besondere Abneigung hervorruft und den Judenhass verstärkt.

Wie diese Ergebnisse mit dem oben herausgearbeiteten Merkmal jüdischer Existenz in der Diaspora mit ausgeprägten friedlichen Verhaltensformen und dem Kontrast zum vorherrschenden militärischen Verhaltens- und Empfindungskanon zusammenpassen, der Antisemitismus fördert, wird im Folgenden untersucht.

---

33 Bonn 2022, Sonderausgabe der Bundeszentrale für politische Bildung. Herderverlag 2022
34 S. Fischer Verlag, Frankfurt, 2017

4.2 Die beiden Erklärungen im Einzelnen

4.2.1 Wolffsohn

„Die längste Zeit lebten und leben die meisten Juden in Städten [...] Auch die diasporajüdische Gemeinschaft lebte und lebt überwiegend in Städten und dort meist geballt in einem Stadtteil oder wenigen anderen. Die Gründe sind ökonomisch (Handel), kulturell (Zusammenhalt als Kommunikationsgemeinschaft durch gemeinsame Alltagsgepflogenheiten) oder religiös (kurze Wege zur Synagoge jüdischerseits und christlicherseits Abgrenzung) sowie politisch (Kontrolle)" (33)

Bemerkenswert ist die internationale und interkonfessionelle Soziologie des Antijudaismus: Nicht nur auf deutschem Boden und nicht nur in der christlichen Welt, auch in der islamischen und polytheistischen Welt. Bis in die erste Hälfte des 20. Jahrhunderts einte nicht nur religiös legitimierte Diskriminierung der Juden die einheimischen Ober-, Mittel- und Unterschichten. Die Oberschichten, die katholischen und später evangelischen sowie die islamischen, stellten sich schützend vor die Juden. Weniger aus „christlicher Nächstenliebe" als vielmehr aus wirtschaftlicher Vernunft. Durch Schutzgelder bereicherten sie sich persönlich an den Juden und sie brauchten die allgemein besser gebildeten Juden volkswirtschaftlich. Vom relativen Wohlstand, zumindest ihrer Klientel, hing das politische Überleben der Obrigkeit ab. Wenn und weil Unter- und Mittelschichten, ethnische oder andere Minderheiten gegen die Obrigkeit rebellierten und, noch schlimmer, obsiegten, drohte den Juden meistens mörderische Gefahr (...) Jenes Obrigkeitsmuster gilt historisch für Deutschland ebenso wie für Spanien oder das osmanische Reich, selbst in den vermeintlich „goldenen Zeiten". (60)

Für die allgemeinen Reformen sowie die rechtliche Gleichstellung der Juden gilt: im Prozess beschleunigter wirtschaftlicher und gesellschaftlicher Veränderungen benötigt man alle nur denkbaren und möglichen Akteure, besonders qualifizierte, und dafür nahm man „sogar" Juden „in Kauf". Das deutsche Muster gleicht im Prinzip mehr oder weniger dem französischen, englischen, habsburgischen usw. Ironie der Geschichte: Die Liebe zum Mammon unterstellten Antisemiten gerne „den" Juden. In Windeseile schafften die Juden aufgrund Jahrtausende alter Geistes- und Bildungsübungen den Sprung vom Getto ins allgemeine Bürgertum, dessen Bildungsavantgarde sie wurden, was nicht zuletzt Neid auslöste. Bessere Bildung bedeutete schließlich auch bessere Verdienstmöglichkeiten. Sollten „ausgerechnet" diese „Neuankömmlinge", „sogar" jüdische, besser verdienen

(...) Die zweite industrielle Revolution seit dem späten 19. Jahrhundert wollte die nichtjüdische Mittelschicht selbst gestalten. Wie stets zuvor erstarkte die „Juden-raus!"-Welle. Erinnert sei an die deutsche Gründerkrise seit 1873 und besonders an den Berliner Antisemitismusstreit von 1878/79, der bis in den Kaiserhof drang, an die Pogrome in Russland 1881/82, 1903 und 1905 oder an die Dreyfus-Affäre in Frankreich seit 1894. Doch ganz ohne Juden ging es immer noch nicht, zumindest nicht in der innovativen Wissenschaft und somit Wirtschaft (...) Die Namen der ganz großen kennt jeder. (62, 63)

Es geht folglich nicht der Adel bei den antisemitischen Prozessen voran. Sie sind gewaltsame Nebenerscheinungen bei der Verschärfung innergesellschaftlicher Konflikte und Kämpfe und damit Ausdruck der dabei verstärkten aggressiven Einstellungen. Der für den Antisemitismus zum Ende des 19. Jh. genannte Wille, die „zweite Industrielle Revolution selbst gestalten (zu wollen)", ist mit dem Existenzkampf der Aristokratie mittels Militarisierung und Förderung des Nationalismus eng verbunden.

Die Folgen des sich immer wiederholenden Prozesses von Hereinlassen ins Land – Vertreibung – wieder Hereinlassen – wieder

Vertreibung – fasst Wolffsohn im Begriff „Leben auf Widerruf" zusammen und widmet ihm einen eigenen langen Abschnitt mit seiner Beschreibung in den Ländern des Orients und Okzidents (Seite 53-242).

Innovation: nicht nur in Deutschland und nicht nur damals ist die Verbindung (mit den Juden; HL) auffallend. Zufall? Keineswegs. Lange Zeit waren alle Positionen, erst recht Spitzenpositionen, in etablierten Fachrichtungen und Berufen „besetzt". Nur dem traditionellen, sprich: nichtjüdische Nachwuchsreservoir war Aufstieg vorbehalten (...) Um aufzusteigen, mussten „die" Juden neue Wissens- und Wirtschaftsbereiche entdecken oder entwickeln. Sie waren somit funktional unverzichtbar. Nur Leistung und „Lieferung", nicht die Herkunft zählte auf dem neuen Gebiet. (63)

Er kommt zu dem Schluss: *Die Bilanz jüdischer Geschichte im Orient: besser als im Okzident, doch schlecht genug.*

- *Jüdisches Leben war hier wie dort, in islamischer Zeit ebenso wie in vorislamischer, christlicher ebenso wie vorchristlicher, Existenz auf Widerruf.*
- *Der Widerruf erfolgt eher selten in normalen Zeiten des Wohlstands und relativen Wohlstands, in diesem gehört die Diskriminierung von Juden (und Christen) als Bürger zweiter Klasse zum Alltag. Es herrschte funktionale Toleranz. Sie endete eruptiv in Krisenzeiten und führte nicht selten zu liquidatorischen, mindestens zum gewalttätigen Antijudaismus*
- *Jederzeit gab es über den jeweiligen aktuellen „Anlass" bzw. Auslöser der Gewaltaktionen hinaus eine dauerhafte, strukturelle, jederzeit abrufbare Rechtfertigung: den Antijudaismus der Heiligen Schriften. In der islamischen ebenso wie in der christlichen Welt (...)*
- *Den Juden ging es immer nur dann gut, wenn sie als Funktionsträger gebraucht wurden.*

- *Gebraucht wurden sie meist aufgrund ihrer im Vergleich zur übrigen örtlichen Bevölkerung besseren Ausbildung und Weltkenntnis als Modernisierer (...) Die jeweilige Obrigkeit brauchte und schützte daher „ihre" Juden (...) solange es funktional, vor allem ökonomisch opportun erschien.*
- *Wie im Okzident drängten meistens die Unter- und Mittelschichten zu Diskriminierung „ihrer" Juden. Lebensgefährlich wurde es für die Juden, wenn die Obrigkeit dem Druck von unten nachgab oder selber glaubte, sich der Juden besser zu entledigen. Die antijüdischen Aktivisten bekamen grünes Licht, und wie im Okzident schlug dann der diskriminatorische Antijudaismus/Antisemitismus in den liquidatorischen um.*
- *Erstaunlich (...): Selbst in der seriösen (...) wissenschaftlichen Literatur wird die bedrückende Fülle antisemitischer Diskriminierungen und Liquidierungen im Orient kaum thematisiert."* (137, 138) Dazu im Folgenden: Juden in der arabischen Welt.

Machtlosigkeit in Wort und Wirklichkeit folgte, abgesehen von selbstbestimmten Zwischenspielen, der Zerstörung des ersten Tempels. Erst recht des zweiten Tempels, kulminierend im Bar-Kochba-Aufstand. Dann wieder – abgesehen von kurzlebigen jüdischen Staaten außerhalb Zions – totale Machtlosigkeit bis, ja bis zum modernen, ab 1897 institutionalisierten und ab 1948 etatisierten bzw. zum Staat Israel gewordenen Zionismus. (294)

Die Zerstörung des zweiten Tempels erfolgte bekanntermaßen 70 n. Chr. Der damit charakterisierte zweite Teil jüdischen Lebens außerhalb eines eigenen Staates dauerte mit seiner „Machtlosigkeit" also rund 1900 Jahre. Die dabei entwickelten Werte und Lebensregeln und ihre Vermittlung in Familie und Gemeinde wären unabhängig von der religiösen Erziehung näher zu untersuchen.

Eine besondere Tragik des Antisemitismus in Deutschland ergibt sich nicht nur aus der Besonderheit des Holocausts, sondern auch daraus, dass die Juden in Deutschland ab 1900 nur 1 % der Bevölkerung ausmachten und davon unter 10 % eine jüdische Orientierung zeigten. Dagegen waren fast 90 % nichtjüdisch orientiert und fühlten sich mit Deutschland oft sehr verbunden, dessen Wirtschafts- und Geistesleben sie auch erheblich bereichert hatten. Dieses rückt das Motiv des Neides gegenüber dem der Religion und Kultur in den Vordergrund, weil eben bei vielen Juden aufgrund ihres Erfolges „viel zu holen war". Aber wie begründen? Wenn nur noch eine kleine Minderheit sich religiös jüdisch empfand, lief der traditionell religiöse Antisemitismus ins Leere und es musste eine andere Begründung her: die rassistische.

4.2.2 Aly

Aly gibt das Programm seines Buchs auf Seite 15 an:

Erstens soll untersucht werden, warum die in die jeweiligen nationalen Mehrheitsgesellschaften integrierten Juden deutlich bessere Überlebenschancen hatten als diejenigen, die traditionell gekleidet waren und den jiddischen oder sephardischen „Jargon" sprachen (...) Zweitens soll dargelegt werden, in welchem Umfang Funktionsträger der Verbündeten oder von Deutschland besetzten Staaten die Judendeportation guthießen, weil sie das Ziel verfolgten, die Bevölkerung an den national umstrittenen Rändern des eigenen oder gerade erweiterten Staates „ethnisch zu säubern". Drittens (...) wie sich in der ersten Hälfte des 20. Jahrhunderts antisemitische Zielsetzungen mit der allgemeinen Politik ethnischer Homogenisierung verbanden. Viertens: Wie weit viele europäische Regierungen die Deportation der Juden unterstützten oder wenigstens tolerierten, weil sie sich davon neue wirtschaftliche Chancen für das jeweilige sogenannte Staatsvolk versprachen (...)

Um die Voraussetzungen für die mörderische Praxis der Deutschen besser zu verstehen, muss der in Europa weit verbreitete Nationalismus vor und nach dem Ersten Weltkrieg in die Analyse einbezogen werden. (15)

In Kapitel vier wird eine zentrale These direkt in der Überschrift beschrieben: *„Die Behäbigen hassen die Rührigen".*

Dies wird durch viele Zitate von Historikern belegt. Der deutsche Naturforscher Carl Vogt, der sich der 1848-Revolution angeschlossen hatte und als radikal demokratischer Abgeordneter in die Frankfurter Nationalversammlung gewählt worden war, versucht seinen Landsleuten zu erklären, „welche Eigenheiten die Juden auszeichnen, die er „überall in derselben Weise wieder gefunden" habe: „arbeitsam, intelligent, sparsam, zuweilen bis zum Geiz, aber mildtätig, wenig zu Gewalttätigkeiten und Verbrechen gegen Personen geneigt und der Trunksucht nicht ergeben". (75)

Besser kann man den zivilen Kanon kaum beschreiben.

Auf die Frage nach den Gründen für den Antisemitismus erklärt er: „[...] meines Erachtens liegt der Schwerpunkt der ganzen Frage nicht im religiösen Gebiete, sondern in dem instinktiven Hasse der Unbefähigten gegen die Befähigten, der Armen gegen die Reichen, der Behäbigen gegen die Rührigen." (76)

(...) In Übereinstimmung mit Rudolf Virchow, Theodor Mommsen, Werner Siemens, Johann Gustav Droysen und Ludwig Bamberger erkannten sie Neid und Habsucht als zentrale Ursache des Antisemitismus, ein Faktum, das Ludwig Börne schon 1821 hervorgehoben hatte. Auch Righini meinte, die Juden seien zwar nicht intelligenter als die Christen um sie herum, wüssten jedoch mit ihren Gaben sehr viel mehr anzufangen. Ihre Tatkraft, ihr zielgerichtetes Handeln, ihr hartnäckiges und zugleich bewegliches

Vorwärtsstreben störe die nichtjüdischen Mitmenschen, speziell
„die wirtschaftlichen Konkurrenten": „Aus dieser Spannung er-
wächst Neid und dieser Neid ist der tiefste, der allgemeinste und
vielleicht der wichtigste Grund für den Antisemitismus." (76)

Am Beispiel Frankreichs, das den Juden bereits 1791 die Bürger-
rechte gegeben hatte, wird der Antisemitismus des 19. Jahrhunderts zunächst auf ein Mitwirken katholischer, antirepublikani-
scher Kräfte zurückgeführt: *„Drumont verstand sich als katholi-*
scher Monarchist, dem die Ergebnisse der französischen Revolu-
tion als Unheil galten, das möglichst schnell gegenrevolutionär
getilgt werden sollte. Die Pariser Weltausstellung von 1889, ze-
lebriert zur 100-jährigen Wiederkehr der Revolution, schilderte
er als bedrohliche internationalistische Invasion, den eigens er-
richteten Eiffelturm als babylonischen Frevel: „Von seiner geist-
losen Höhe herab soll er das Paradies unserer Väter vernichten,
das Paris unserer Erinnerungen, die alten Häuser und Kirchen,
Notre-Dame, den Arc de Triomphe, das andächtige Gebet, Ruhm
und Ehre". Drastisch malte er aus, wie eine jüdische Flutwelle
von Osten her (...) zunächst Deutschland überschwemmt, dann
„die Vogesen überschritten" habe und nunmehr über Frankreich
hereinbreche. Von einer Flut konnte nicht die Rede sein, wohl
aber von einem beständig anwachsenden kleinen Zustrom. In-
folge der russischen und rumänischen Pogrome wanderten bis
zum Beginn des Ersten Weltkriegs 30.000 – 40.000 osteuropäi-
sche Juden in Frankreich ein. Fast alle zogen nach Paris. Dort
stellten sie 1914 fast die Hälfte der jüdischen Einwohner. Sie fie-
len wegen ihrer Kleidung, Sprache und Gebräuche auf. Zudem
erschienen sie als besonders unstete Gruppe, weil viele auswan-
dernde Juden auf dem Weg nach Amerika Zwischenstation in
Paris einlegten. Wie Heinrich von Treitschke oder Adolf Stoecker
in Deutschland entfaltete Drumont seine Agitation in einer Phase
wirtschaftlicher und sozialer Umbrüche und zuwandernder ost-
europäischer Juden. (114,115)

Der akademische Erfolg der Juden wird insbesondere durch die überproportional hohen Anteile an gymnasialer und universitärer Bildung für alle europäischen Staaten nachgewiesen. Darauf folgt später zwangsläufig eine überproportional hohe Besetzung von Berufen mit hoher Qualifikation, wie Ärzte, Juristen, Forscher, Journalisten und ausgebildete Künstler. Daraus folgte auch in allen Staaten die Ablehnung der Juden, allerdings in unterschiedlich starker Aggressivität.

Wie eingangs erwähnt, sieht Aly diese Entwicklung in der Herausstellung der nationalen Identität, die nach dem Ersten Weltkrieg durch Wilson und die Demokratisierung ein Wirksamkeit als scheinbare Interessenvertretung der Mehrheit entfaltete. Dabei wurde die bei der Bildung der zahlreichen Staaten nach dem Ersten Weltkrieg auch immer vorausgesetzte Verpflichtung zum Schutz von Minderheiten nicht eingehalten oder konnte später, nach Einwanderung der großen Zahl vertriebener Ostjuden, auch nicht mehr gehalten werden, weil sich der Antisemitismus schon stark verbreitet hatte.

Ein von Aly in vielen Staaten beschriebenes Muster geht von zunächst in der Gesellschaft entstehenden Pogromstimmungen aus, die oft von den staatlichen Autoritäten geduldet oder sogar unter Beteiligung von Polizei und Militär angeheizt wurden und besonders schlimme Formen annahmen.

Einer besonderen Erklärung bedarf der Antisemitismus bei den Sozialisten und Kommunisten, insbesondere später im kommunistischen Sowjetsystem.

Bei den ersteren war dies insoweit verständlich, als sie die Juden als Exponenten des zu bekämpfenden kapitalistischen Systems ansahen. Daraus ergeben sich auch die antisemitischen Äußerungen von Karl Marx.

Im Sowjetsystem war diese Verbindung nicht mehr vorhanden und so war der Antisemitismus zunächst auch geringer: *„Zwar verübten damals auch Soldaten der Roten Armee Pogrome, doch wesentlich seltener. Meist ließen sie die Juden in Ruhe. Deshalb schlugen sich 100 tausende von ihnen auf die Seite der Sowjetmacht – notgedrungen, um „allgegenwärtiger physischer Ausrottung" zu entgehen. (...) „Bevor man sich als angeblicher Bolschewik umbringen ließ, schloss man sich lieber tatsächlich den Bolschewiki an."* Isaak Babel erwog darüber hinaus ein *psychologisches Bedürfnis, „das zumal junge Juden auf die Seite der Roten trieb: der „Hunger nach Freundschaft und Kameradschaft", das beglückende Gefühl von „Schutz und Treue in der Kameradschaft", diese „beste aller menschlichen Eigenschaften", die den Juden „so lange verwehrt geblieben war".* (209, 210)

Allerdings wurden Juden nun auch aus anderen Gründen verdächtigt und verfolgt:

„Weil Juden nur ausnahmsweise den angeblich revolutionären (und deshalb politisch geadelten) Klassen der Arbeiter und Bauern angehörten, war es nach bolschewistischer Ansicht erforderlich, deren Berufsstruktur zu „normalisieren": weg vom individuellen Handwerker hin zum Industriearbeiter, weg vom Händler hin zum Bauern, weg vom aufsteigenden Bürger hin zum verlässlichen Staatsangestellten [...]", so Lenin. *Offiziell wurde der Antisemitismus verboten, auch verfolgt, jedoch nicht ansatzweise besiegt. Mäßig versteckt hielt er sich (...) in den ukrainischen und weißrussischen Teilen der Sowjetunion, die deutsche Armeen 1941 im Handstreich besetzten. Weil Juden als größere und kleinere Revolutionsführer und Vollstrecker des Kreml hervortraten, konnten im Westen der Sowjetunion überkommene Vorurteile mit zeitbedingten angereichert werden. Jetzt wurde die alte Unzufriedenheit mit der russischen Zentralgewalt erstmals auf Juden gemünzt und mit der Feindschaft gegen den für viele Menschen so zerstörerischen*

Kommunismus verbunden. Die Hassfigur des Judenbolsche-wisten war geboren. (210, 211)

Diese Hassfigur hat bei Hitler eine große Wirkung entfaltet. Er sah Deutschland sowohl vom westlichen Judentum des Kapitalismus wie auch vom bolschewistischen Judentum auf der anderen Seite verfolgt, das für ihn durch einen hohen Anteil jüdischer Intelligenz in den Führungskräften des Bolschewismus gekennzeichnet war.

4.3 Vergleich mit der These der „Verhaltens- und Empfindungs Kanons

Woffsohns zusammenfassende Kennzeichnung des Diasporale-bens als „Leben auf Widerruf" macht die ständige, existenzielle Bedrohung deutlich, gewinnt noch an Konkretheit, wenn man das praktische Leben bedenkt: Wie verhält sich jemand, der so-zial ausgegrenzt wird und keine Hilfe von der Obrigkeit erwarten kann? Natürlich vorsichtig, Konflikte vermeidend, durch Freund-lichkeit und Witz entschärfend, einfallsreich, auf Ausgleich be-dacht, aber beharrlich, mit einem Wort: zivil. Und „zivilisiert", im Gegensatz zum vorherrschenden, aggressiven, militärisch ge-prägten Verhalten. Diese Werte kennzeichnen nach dem bei Aly zitierten Carl Vogt die Eigenheiten der Juden (siehe oben). Mit dem Überbegriff „zivilisiertes Verhalten" wird deutlich, dass die-se Verhaltensformen sich von denen der Minderheit der Juden auf die Mehrheit der europäischen Gesellschaften ausgedehnt haben und somit die Juden Vorreiter waren. Das bedeutet, heute wäre keine geringe, sondern erhöhte Wertschätzung angebracht.

Dieses für die Juden notwendige und vernünftige Verhalten wurde in den Kreisen der traditionell in militärischen Werten erzogenen Mehrheiten als Reaktion negativ bewertet und zu antisemitischen Klischees umgedeutet: Feige, weich, nachgiebig, undurchsichtig, schleimig.

Die Geringschätzung von Juden traf sie als die exponiertesten Vertreter friedlicher, ziviler Werte, die schon in den vorangegangenen Jahrhunderten aristokratischer Herrschaft auch deswegen beargwöhnt und isoliert worden waren. Hinzu kam ihre traditionelle Rolle als Sündenbock aus religiösen Motiven.

Das passt weitgehend zu den Erklärungen von Wolffsohn. Lediglich, dass im Kaiserreich der Militarismus der <u>Oberschicht</u> sich gegen die Juden richtete, obwohl die Oberschicht – so Wolffsohn – traditionell eher eine Duldung der Juden aus wirtschaftlichem Interesse gefördert hatte, scheint nicht zu passen.

Die Erklärung besteht darin, dass die Aristokratie mit der Ableitung ihres Herrschaftsanspruchs aus dem „blauen Blut" traditionell rassistisch war. Nun kam hinzu, dass sich der militärische Kanon in seiner extremen Form als Rettungsmittel gegen die Erstarkung des Bürgertums und der Arbeiterschaft den Unterschied der gesellschaftlich leitenden Werte überspitzte und teilweise unbewusst auch gegen die Juden als traditionelle Sündenböcke richtete. Er richtete sich natürlich auch und in erster Linie gegen das aufgeklärte, nüchterne, friedliche und weniger illusionsbelastete Denken großer Teile der deutschen Bevölkerung. Zur effektiven Verwaltung des Staates war man auf bürgerliche Spitzenkräfte angewiesen und man versuchte nach Elias, sie in das höhere Beamtentum und die Wissenschaft mittels der Etablierung der „satisfaktionsfähigen Gesellschaft" einzubinden, die durch die Unterwerfung unter den militärischen Kanon. gekennzeichnet ist.

Da es im Zuge der Industriellen Revolution mit ihren gewaltigen Umbrüchen und auch unter der Stabilisierung im späten Kaiserreich immer eine große Zahl von wirtschaftlichen Verlierern gab, waren die wirtschaftlich verunsicherten Teile der Gesellschaft für die Verbreitung von Antisemitismus empfänglich. Dabei handelte es sich in der Unterschicht um Arbeiter und

Arbeiterinnen, in der Mittelschicht um Kleinunternehmer in Handwerk, industrieller Produktion und Handel. Der exponierte Antisemit und Herausgeber des „Handbuchs der Judenfrage", Theodor Fritsch, war Mühleningenieur und erlebte den wirtschaftlichen Niedergang tausender kleiner Mühlenbetriebe unmittelbar (s. o.).

Das traditionelle Unvermögen und die Unwilligkeit, wirtschaftliche Zusammenhänge als Strukturen zu erkennen, führte zur Suche nach einem personalisierten Sündenbock. Die Wahl fiel auf die Juden, indem diese nach Abklingen der religiösen Motivation nun mit der kapitalistischen Wirtschaftsweise und dem damit verbundenen, Opfer fordernden Konkurrenzkampf identifiziert wurden.

Im Kaiserreich half also der militärische Verhaltens- und Empfindungskanon von oben den Verunsicherten der Unter- und Mittelschichten bei der Suche nach Sündenböcken durch die Verbreitung und Systematisierung antisemitischer Vorurteile und Argumente. Der Blick des Antisemitismus geht dabei zeitlich in Jahrhunderte vor u. Z. zurück und bezeichnet den geistigen wie materiellen Fortschritt als Niedergang. Räumlich weitet er sich auf das gesamte Abend- und Morgenland aus und umfasst schließlich die ganze Welt im Wahn der „Weltverschwörung".

Dieses Material wurde in der Weimarer Republik mit ihren elenden wirtschaftlichen Verhältnissen zu einem System der Welterklärung ausgebaut und verbreitet.

Das hätte gegen Ende der Weimarer Republik und zu Beginn der Nazizeit für die nachfolgenden Verbrechen noch nicht ausgereicht. Es kamen als entscheidende Argumente hinzu, dass auch im sowjetischen Kommunismus keine Sicherheit gefunden werden konnte, weil dieser ebenfalls durch den jüdischen Geist kontaminiert sei und es darüber hinaus durch die in allen Ländern des Westens verbreitetet „Wissenschaft" der Rassen seit Mitte des 19. Jh. zusätzlich eine Weihe der Objektivität gab. Mit der „Rassenwissenschaft" wurde dem vorgefundenen Antisemitismus eine religiöse Form gegeben, die alle moralischen Widerstände überwand.

4.4 Erweiterung der Sichtweise

Gerade für die Überwindung des Antisemitismus ist eine differenzierte Bewertung erforderlich, damit nicht alle antisemitischen oder auch nur möglicherweise antisemitischen Äußerungen mit dem Argument des Holocausts belastet werden. Denn ansonsten wird das Thema dadurch möglicherweise tabuisiert und einer sachlichen Auseinandersetzung entzogen. Wie die Beispiele Fontane, Döblin und Orwell (s.u.) zeigen, gibt es eine Vielzahl von Abstufungen zwischen spontanen Gefühlen und durchgeplanten Taten.

4.4.1 Ausgrenzungsstufen

In allen Gesellschaften gibt es in unterschiedlichem Maße Abgrenzungen und Ausgrenzungen von Minderheiten. Sind die Unterschiede klein, werden Minderheiten, wie Elias und Scotson in „Etablierte und Außenseiter" beschreiben, sogar unbewusst geschaffen. Das Konfliktniveau ist dann jedoch relativ niedrig. Es ist also möglich und notwendig, eine Differenzierung der Abgrenzung vorzunehmen.

	Stufen, Quellen	Beispiel
7	Rassistischer Antisemitismus (ab Ende 19. Jh.)	Zugesprochene negative Eigenschaften sind unabhängig von Verhalten und Kultur, damit unabänderlich. Schutz erfordert Trennung oder Beseitigung
6	Systematischer Antisemitismus (ab Ende 19. Jh.)	Zielgerichtete Ausdehnung der Vorurteile auf die Geschichte und die Welt. Bildung eines Systems von Argumenten mit dem Anschein von Wissenschaftlichkeit.
5	Erratischer Antisemitismus	Ungeordnete traditionelle Vorurteile auf allen Gebieten
4	Religiöser christlicher und muslimischer Antisemitismus. Mit Aufklärung abnehmend	„Christusmörder"... Großes Gewaltpotenzial in religiös geprägten Gesellschaften. Mobilisierbar
3	Aktive Abgrenzung der Minderheiten gegen Umfeld	Juden, Sekten... private Außenkontakte nicht erwünscht. Gegenreaktion: *„Wer sich abgrenzt, wird abgegrenzt"*
2	wg. tatsächlicher oder vermuteter Andersartigkeit	Religion, Kultur, Aussehen, Dialekt, Traditionen – in toleranten Gesellschaften geringe Abgrenzung
1	ohne Grund oder aus Tradition	Elias, Scotson: „Etablierte und Außenseiter", Nachbardörfer, -städte –, Regionen (Köln-Düsseldorf, Ostfriesen...)

Wolffsohn unterteilt die Formen der Abgrenzung in diskriminatorische und liquidatorische. Die ersteren sind für die Betroffenen unangenehm, mit Nachteilen verbunden, ausgrenzend und
auch sporadisch mit Gewalt verbunden, die letzteren sind jedoch
auf die Vertreibung oder Vernichtung ausgerichtet und haben
deshalb eine andere Qualität.

Zu den diskriminatorischen Formen gehören die Gruppen 1-3,
zu den liquidatorischen Formen die Gruppen 4-7.

Klar ist, dass in autoritären Gesellschaften Gewalt und Ausgrenzung stärker präsent sind als in aufgeklärten und demokratischen Gesellschaften. Nach den Erfahrungen von Elias und
Scotson erscheint es unwahrscheinlich, dass selbst in den letzteren die Gruppen 1-3 in absehbarer Zeit, „überwunden" werden
können. Dagegen ist klar, dass die Gruppen 4-7 durch Aufklärung und Repressionen bekämpft werden können und müssen.

Der Zusammenhang der Abgrenzungen mit zivilisiertem Verhalten liegt auf der Hand: Das zivilisierte Verhalten ist in seiner Breite
etwa verbunden mit der Verminderung religiöser Einstellungen,
einer breiteren Sichtweise auf die Realität und Prozessen der Aufklärung, Eingehen auf andere, Empathie, Argumente statt Vorurteile und Interessenausgleich. Damit fallen die Positionen 4-7
weg oder werden zumindest stark geschwächt, und übrig bleiben
weniger abgrenzende und gewalttätige Positionen der Stufe 1-3.

4.4.2 Verbindung mit Gesellschaftssystem

Der Antisemitismus hat sich entwickelt in den aristokratischen
Systemen der vergangenen zwei Jahrtausende. Mit welchen Gegebenheiten seine Herausbildung wie auch die Entwicklung der
zivilen Verhaltensweisen der Juden in der Diaspora zusammen-
hängt, wird im Folgenden dargestellt.

Aristokratie bzw. stratifiziertes Gesellschaftssystem

Militär. Kanon (vorherrschend)	Ziviler Kanon (geduldet)
Verbreitung durch kleine Herrscherklasse	Unterdrückung durch kleine Herrscherklasse
Mehrheit ortsgebunden, Landwirtschaft. Feststehende Rechte	Minderheit mobil, Handel. Geringere Rechte, auf Widerruf, internationales Netzwerk
Glauben und Indoktrination als Herrschaftsmittel notwendig. Bildung gefährlich, da sie die Herrschaft hinterfragen könnte.	Aufmerksamkeit in der Gesellschaft, zurückhaltendes Verhalten, Wissen und Bildung überlebensnotwendig.
Basis: Landwirtschaft, wirtschaftlicher Erfolg und Entwicklung beschränkt, örtliche Netzwerke	Basis: Handwerk und Handel, größere wirtschaftliche Erfolge durch internationale Netzwerke und Wissenschaft.
Industrialisierung: weniger Beschäftigungsmöglichkeit in Landwirtschaft, Arbeitslosigkeit u. gering qualifizierten Tätigkeiten.	Industrialisierung: Neue Beschäftigungsmöglichkeiten in Handel und Dienstleistungen für höher Qualifizierte.
Immobiles Verhalten, unkreativ: Niedergang.	Mobiles Verhalten: kreativ, Aufstieg und Reichtum.
Wirtschaftskrise: Neid auf Reiche, Hass.	Wirtschaftskrise: mehr Bildung, Auswanderung.

Ergebnis:

Der Gegensatz vom militärischem Verhaltens- und Empfindungskanon der Mehrheitsgesellschaft und dem zivilen Kanon der Juden in der Diaspora erweist auch vor dem Hintergrund der Analysen von Wolffsohn und Aly seine Erklärungskraft als Grund für den Antisemitismus.

5 Zeitzeugen

Die neue Erklärung des Antisemitismus im 19. Jahrhundert im extremen militärischen Kanon der Gesellschaft als eine Abwehr gegen Aufklärung und Demokratie soll nun mit Blick auf die Schilderung von Zeitzeugen überprüft werden.

5.1 Fontane als Beobachter

Die Konflikte im Preußen des 19. Jh.

Begonnen wird mit Fontane als dem scharfen Beobachter Preußens und Europas mit seinen Veränderungen im praktischen Leben. Quelle ist dabei das Fontane-Lexikon von Nürnberger und Storch[35].

5.1.1 Ergebnis

Fontane kommt hier ausführlich zu Wort, weil er die Unbeständigkeit und Widersprüchlichkeit des preußischen Systems zu den starken wirtschaftlichen und ideologischen Tendenzen auf verschiedenen Ebenen anschaulich schildert.

Der Ausbau des Eisenbahnnetzes mit innerdeutschen und innereuropäischen Verbindungen zeigt die Zunahme der Bedeutung des Handels, was den Provinzialismus des konservativen Preußens unterhöhlen wird. Ähnliches gilt für die Weltoffenheit des

---

35 Helmuth Nürnberger, Dietmar Storch, „Fontane-Lexikon", Namen – Stoffe – Zeitgeschichte, Carl-Hanser-Verlag, 2007

Seehandels, die in Fontanes Werk an mehreren Stellen in das Bild der im Wind wehenden Fahnen der Seehandelsstädte gefasst wird. Die Industrialisierung mit der Zunahme der Fabriken mit ihren Schloten und Rauchwolken nimmt Fontane wahr, bezieht sie aber nicht in seine Geschichten ein. Er erkennt aber ihre gesellschaftlichen Folgen in der Zunahme der Bedeutung der Arbeiterschaft und der Aufgabe, sie in die Politik einzubeziehen (s. u.).

Er setzt dem Provinzialismus seinen Kosmopolitismus entgegen.

Er erkennt auch die notwendige Beteiligung des „Vierten Standes", der Arbeiterschaft, an der politischen Willensbildung und schätzt die SPD als Vertreterin vernünftiger Forderungen sehr hoch ein. Dagegen wird die preußische Politik nach 1800, besonders von Kaiser Wilhelm II, stark kritisiert, da sie bis in die höchsten Staatsspitzen hinein ganz auf die Herstellung von Untertanen ausgerichtet sei. Er bezeichnet dies mit dem scharfen Begriff des Byzantinismus. Es herrsche nicht mehr wie im alten Preußen Friedrich des Großen das Recht, sondern die Polizeiwillkür. Dagegen setzt er seine Bewunderung der angelsächsischen Demokratien USA und England.

Sinnbild der Entwicklung zur Militarisierung sei die Bedeutung des Reserveleutnants, also des untersten Rang im Offizierskorps, der im Zivilleben als Respektsperson gilt! Die von Fontane teilweise auch geachteten alten preußischen Tugenden Disziplin, Verantwortung und Aufklärung, seien zu einer rein formalen Haltung geworden, denen die innere Überzeugung meist fehle. So habe die Trennung der Menschen in Adlige und Nicht-Adlige mit unterschiedlichen Wertvorstellungen, die dem natürlichen Gefühl der Menschen widerspreche, großes Leid hervorgerufen und bildet in mehreren seiner Werke das Hauptthema. Die dem Adel entsprechende Zweckheirat ist immer noch in diesen Kreisen vorherrschend, gerät jedoch mit ständeübergreifenden Liebesbeziehungen zunehmend in Konflikt und zeigt ihre Unbeständigkeit.

Fontane zeigt auch, wie der militärische Verhaltens- und Empfindungkanon in der Schule durch brutale Disziplinierung, die Unterdrückung der menschlichen Gefühle, besonders des Mitleids, der Betonung von überkommenem Wissensgut und durch das religiöse Einreden eines schlechten Gewissens weitergegeben wird. Hiergegen setzt Fontane seine liberale Auffassung von Erziehung als Hilfe des jungen Menschen zu Eigenständigkeit, was den heutigen Erziehungsvorstellungen entspricht.

Sein Ideal ist der selbstbestimmte Mensch, der bei seinen Entscheidungen zwar die herrschenden Gesetze und Sitten prüft, sie aber nicht zu seinem absoluten Maßstab macht und gegebenenfalls auch dagegen verstößt. Dabei ist er bereit, die Folgen zu tragen. Dieser Persönlichkeit setzt er als zivilem Helden in „John Maynard" ein Denkmal.

Seiner Hochschätzung der Juden drückt er in seinem Gedicht zum 75. Geburtstag aus, indem er auf die ausbleibenden Glückwünsche der preußischen Adelsfamilien pfeift, der zahlreichen Gäste mit biblischen Patriarchen-Namen Dank sagt und endet: „... kommen Sie, Cohn."

Insgesamt machen die Werke Fontanes deutlich, wie aggressiv, militaristisch, unmenschlich und hohl der wilhelminische Staat war. Dass er dennoch so große Teile der Bevölkerung hinter sich brachte, lag an der Tradition des Untertans, an staatlicher und religiöser Propaganda und der Funktionalisierung der Rüstungspolitik als Ablenkung auf ein klassenübergreifendes Ziel. Deutschland hat es in zwei Weltkriegen schwer büßen müssen.

5.1.2 Zitate und Anmerkungen

Zitate *kursiv*

Adel

„Wer den Adel abschaffen wollte, schaffe den letzten Rest von Poesie aus der Welt." (An die Mutter 1860)

In den siebziger Jahren führt der Theaterkritiker der „Vossischen Zeitung" sich ausdrücklich nicht mehr als Verteidiger der Feudalpyramide, und im Schlusswort zu „Spreeland" äußert sich Fontane unverhohlen kritisch: „Wirklich, es lebt in unserem Adel nach wie vor ein naives Überzeugtsein von seiner Herrscherfähigkeit und Herrscherberechtigung fort, ein Überzeugtsein, das zum Schaden ebenso wohl des Ganzen wie der einzelnen Teile noch auf lange hin das Zustandekommen einer auf Prinzipien und nicht bloß auf Vorurteil und Interesse basierten Tory-Partei verhindern muss." Vertreter des Bürgertums würden „auch bei konservativer Schulung und Naturanlage" durch den „Pseudokonservatismus unseres Adels, der schließlich nichts will als sich selbst und was ihm dient", immer wieder „in peinlichste Verlegenheit und hellste Verzweiflung" gestürzt. Andererseits: Sie sind „doch anders und besser als ihr Ruf, diese soviel verklagten „Junker", anders und besser, und es ist nur Pflicht und Wahrheit, wenn ich an dieser Stelle versichere, dass ich in einer langen Gesprächsreihe mit ihnen eine Zahl allerglücklichster Stunden verdanke, Stunden voller Anregung und Belehrung". Die zunehmende Enttäuschung über das, was er als des Interesse, wenn nicht Boykott des Adels an seiner Produktion empfand, hat sich in bezeichnender Weise in seinem Gedicht – „Als ich 75 wurde" niedergeschlagen: nicht im Adel, sondern im gebildeten (jüdischen) Bürgertum hat er, wie er erkennt, seine Leser gefunden. (20, 21)

Wie auch aus weiteren Kommentaren hervorgeht, hat die Veränderung der Sichtweise von Fontane mit der „Verknöcherung" des Adels in der Restauration des 19. Jahrhunderts und besonders unter Wilhelm II zu tun. Dies entspricht der von Norbert Elias herausgestellten Militarisierung der Gesellschaft durch die Entwicklung der „satisfaktionsfähigen Gesellschaft".

Antisemitismus

„Unter Tränen wachse ich immer mehr aus meinem Antisemitismus heraus, nicht weil ich will, sondern weil ich muss." (An die Tochter 1890)

„Im Ganzen existierte damals von dem, was man jetzt Antisemitismus nennt, kaum eine Spur...", äußert Fontane (...) rückblickend auf den Vormärz. (...) In den folgenden Jahren wird die Zahl der jüdischen Literaten, Kritiker und Verleger, mit denen er zu tun hat, entsprechend dem immer noch wachsenden Anteil der Juden am deutschen Geistesleben stetig zunehmen, und in der ganz überwiegenden Mehrzahl stellen ihn diese Kontakte, wie er auch ausdrücklich bekennt, vollauf zufrieden. Dabei unterlaufen Fontane auch gravierende Fehleinschätzungen aktueller politischer Vorgänge.

„Es ist auch kein Ende davon abzusehen und es wäre besser gewesen, man hätte den Versuch der Einverleibung nicht gemacht. Einverleiben lassen sie sich, aber eingeistigen nicht. Und das alles sage ich (muss es sagen), der ich von den Juden bis auf diesen Tag nur Gutes erfahren habe." (33, 34)

Fontane differenziert seine Einstellung von eher traditionellen Vorbehalten zur Anerkennung durch die praktische Erfahrung. Die Einstellungen waren noch nicht wie heute vom Holocaust belastet.

Fontane ist mit diesem nachlassenden, nur auf Vorurteilen beruhenden Antisemitismus der Repräsentant einer gesamtgesellschaftlichen Entwicklung, die nur durch großen propagandistischen Aufwand und mit neuen Argumenten rückgängig gemacht werden konnte.

Dabei hat seine Feststellung, dass Juden sich nicht „eingeistigen" lassen würden, mehr Wahrheit als Fontane wissen konnte und uns auch heute allgemein bewusst ist. Die Juden hielten zurecht an ihren kulturellen Eigenarten (s. o.) fest und wurden nach zwei Weltkriegen darin bestärkt, da die Deutschen, stark durch Preußen und den Militarismus geprägt, die große geistige Wende erst vollziehen und sich den von den Juden vertretenen zivilen Verhaltens- und Empfindungskanon[36] in der offenen Gesellschaft zu eigen machen mussten.

Bildung

„Ich bin fast zu dem Satz gediehen:‚Bildung ist ein Weltunglück'. Der Mensch muss klug sein, aber nicht gebildet. Da sich nun aber Bildung, wie ein Katarrh bei Ostwind, kaum vermeiden lässt, so muss man beständig auf der Hut sein, dass aus der kleinen Affektion nicht die galoppierende Schwindsucht wird." (An die Tochter 1895)

Der Unbildung hat er niemals das Wort geredet, wohl aber allem Bildungsdünkel und der Abwertung von Bildung zur unverbindlichen Phrase und zum Klassenmonopol eines aufstiegsorientierten Bürgertums, das auch schon Zwang und Militärpflicht mit darunter subsumierte. Was ihn wegen der

---

36 Nach: N. Elias, Studien über die Deutschen. Ausdruck der Widerspiegelung gesellschaftlich herrschender Werte im Individuum.

Überbetonung von Schulwissen abstieß, war der Konformismus einer erstarrten Bildung, die die Nachahmung an die Stelle des Individuellen und Ursprünglichen gesetzt hatte.

So habe „die verfluchte Bildung alles natürliche Urteil verdorben". (An die Tochter 1891, 61, 62)

Hier wird die Ambivalenz der Bildung generell und besonders in Preußen unter der Militärherrschaft deutlich: Anstatt sie zur Ausprägung eigener Urteilsfähigkeit zu benutzen, was tendenziell die Herrschaftsverhältnisse infrage gestellt hätte, wurde sie – traditionell – zur Indoktrination eines die aristokratische Herrschaft legitimierenden Wissenspaketes gemacht. Fontane findet seine Bestätigung auch in Thorstein Veblens „Theorie der feinen Leute" von 1899, wo der Bildungskanon ausdrücklich als Mittel zur Machtsicherung der Eliten aufgeführt wird.

Darüber hinaus ist bemerkenswert, dass er die Gefahr der staatlich vermittelten Bildung für das Urteilsvermögen erkennt, dass nämlich die transportierte Ideologie zur Verblendung führen kann.

Byzantinismus

(...) In Wahrheit aber liegt es so, dass die preußische Welt seit König Friedrich Wilhelm I beständig wachsende Fortschritte, nicht in „Männerstolz vor Königskronen", sondern umgekehrt im Byzantinismus gemacht hat (Quelle: „Von 20-30") (...) Doch verabscheute er die in der Gesellschaft des wilhelminischen Deutschlands mehr und mehr um sich greifende Servilität und Untertanenmentalität. So zeige sich nach außen hin „ein toter, bei uns nie dagewesener Byzantinismus", und „Salamanderreiben" und Nachplapperei seien an die Stelle „selbstständigen Denkens" getreten (1880). Nicht nur klagte er über einen

selbstsüchtigen Adel, über verlogene Kirchlichkeit und Reserveoffizierskult; vor allem war ihm die kriecherische Liebedienerei, „dieser gräuliche Byzantinismus", wie er jetzt obenauf sei, Bismarck und die Sozialdemokratie ausgenommen, „grenzenlos zuwider". (1896). Nicht zuletzt trugen dazu auch die neoabsolutistischen Bestrebungen Wilhelms II bei, der Alleinherrscher im Reich sein wollte und auf ein längst obsolet gewordenes Gottesgnaden pochte. (82)

Hier werden auch Nebenerscheinungen der zunehmenden Militarisierung unter Wilhelm II angesprochen. Der Untertanengeist bezieht sich nicht nur auf das allgemeine Volk, sondern hat sich bis in die höchsten Kreise ausgedehnt, mit Ausnahme der Sozialdemokratie, die anderen, zukunftsweisenden Werten folgt.

Eisenbahn

Fontane sah in dem neuen, modernen Massenverkehrsmittel, wodurch das ehedem aristokratische Privileg des Reisens demokratisiert wurde, *„eine Manifestation des Zeitgeistes, der frei brausend vorwärtseilt". Der „helle Pfiff der Lokomotive" habe für Leben und Bewegung gesorgt (Fünf Schlösser). Zwar musste auch er sich zunächst an die neue „Art des Reisens mit ihrem veränderten Zeit- und Raumempfinden" gewöhnen, doch nutzte er das neue Verkehrsmittel häufig und ohne Vorbehalte, dessen politische, sozialpsychologische und wirtschaftliche Bedeutung, er rasch erkannte. Aufmerksam verfolgte er den Bau und die Inbetriebnahme von Bahnstrecken, die das Wirtschaftsleben selbst im heimatlichen Neuruppin deutlich belebten. Fontane, der nach eigenem Bekunden lieber fuhr als zu laufen, ließ auch seine Romanfigur häufiger die Eisenbahn benutzen. Zuletzt erkannte er (...) die weltpolitische Bedeutung der am Ende seines Jahrhunderts im Bau befindlichen transsibirischen Eisenbahn: „die*

Eisenbahn, die Weltverkehrsverhältnisse haben neue Welt-
lagen geschaffen" (118)

Der allgemeine Trend der Wirtschaft zu mehr Gleichheit und stär-
kerer Verflechtung wird von ihm anhand der Eisenbahn erkannt,
die neue Weltlagen schafft. Damit ist sie auch ein Element, das auf
die Abschaffung adliger Privilegien und ihrer Ideologie für das
einfache Volk, die Wertschätzung des Örtlichen, des Sesshaften
gerichtet ist. Ein Strang des Antisemitismus stellt der unsesshaf-
ten, umtriebigen Art des jüdischen Lebens das traditionelle und
favorisierte ländliche, bodengebundene Leben gegenüber. Das
wird nun durch die Eisenbahn – und nicht durch die „bösen Juden" grundlegend geändert.

England

Vermittelt durch individuelle Erlebnisse, die bis in Fontanes
Kindheit zurückreichen, durch Literatur, durch die große Wert-
schätzung Englands als Schutzmacht unterdrückter Nationen,
als Zuflucht der aus politischen Gründen Verfolgten, als Vorbild
eines auf wohlbehüteten Rechten gegründeten bürgerlichen Le-
bens im Europa der Restaurationszeit, hat diese Neigung Leben
und Schaffen des jungen Fontane stark bestimmt (...).

Ungeachtet auch negativer persönlicher Erfahrungen behielt
England aufgrund seiner gesellschaftlichen und zivilisatori-
schen Vormachtstellung im 19. Jahrhundert für Fontane eine
fortdauernde Faszination, die noch in Fontanes letztem Roman
wahrnehmbar ist (...) England steht für Erfahrung von „Welt"
schlechthin, denn „an der Themse wächst man sich anders aus
als am Stechlin." (122, 123)

Die „zivilisatorische Vormachtstellung" bezieht sich nicht nur auf die wirtschaftliche und militärische Vormacht, sondern auch auf ein zivileres Verhalten.

Erziehung

„Legt man den Akzent auf die Menge, versteht man unter Erziehung ein fortgesetztes Aufpassen, Ermahnen und verbessern, ein mit der Gerechtigkeitswaage beständig abgewogenes Lohnen und Strafen, so wurden wir gar nicht erzogen; versteht man aber unter Erziehung nichts weiter, als „in guter Sitte ein gutes Beispiel geben" und im übrigen das Bestreben, einen jungen Baum bei kaum fühlbarer Anfestigung an einen Stab, in reiner Luft frisch, fröhlich und frei aufwachsen zu lassen, so wurden wir ganz wundervoll erzogen. („Meine Kinderjahre") (128)

Fontane charakterisiert hier wunderbar den Unterschied zwischen der preußischen Erziehung und der heute favorisierten demokratischen, unautoritären Erziehung zur Selbstständigkeit. Dies zeigt am deutlichsten, wo Fontane steht.

Fahne/Flagge

In seinem erzählerischen Werk werden Fahnen wiederholt erwähnt. Sie vermitteln nicht nur gesellschaftliche und politische Orientierungen und Positionen, sondern besitzen oftmals auch symbolischen Verweischarakter.

In der geschilderten Hafenstadt an der Ostsee, in die Fontane seine Kindheitserinnerungen an Swinemünde hat einfließen lassen und die so heiter anmutet, stehen „die Flaggen, die darüber wehen", für Urbanität und Weltoffenheit. Auch in Kessin, einer weiteren Reminiszenz an Swinemünde, sieht man an

Festtagen „ganz Europa von unseren Dächern flaggen und das
Sternenbanner und den chinesischen Drachen dazu", so Instet-
ten während Effi bekennen muss, dass man in den havellän-
dischen Städten „immer Schwarz und Weiß und allenfalls ein
bisschen Rot dazwischen" flagge. (132)

Ähnlich wie die Eisenbahn stehen die Flaggen für Weltoffenheit,
die gegen eine bodenständige Genügsamkeit gerichtet ist, wie sie
die Aristokratie den Bürgern, ganz besonders ihren unmittelbaren Untertanen, einreden will. So ist auch Instetten in Effi Briest
eingestellt, der sich zwar der Weltoffenheit seiner Dienststadt
rühmt, die Vertreter der Weltoffenheit jedoch ganz abschätzig und
ignorant aufzählt: Das Dilemma der überkommenen Hierarchie.

Gesinnung

Für Fontane war Gesinnung, mit der er niemals spielte, ein
wesentliches Fundament der sittlichen Grundhaltung des Men-
schen, aus der alles eigenverantwortliche, ethisch bestimmte
Verhalten erwächst. Nicht auf Meinungen kam es ihm an, son-
dern auf Gesinnung...

Für Fontane hieß das (...) aus dem „höheren Gebot von Situa-
tion und Gewissen" zu handeln und alle daraus resultierenden
Konsequenzen auf sich zu nehmen und dies, ohne die Gesetze
und Konventionen der Gesellschaft etwa für unverbindlich zu
erklären. Vielmehr gelte es, sich an ihrem Anspruch zu messen,
um ihnen entweder zu folgen oder sie zu verwerfen. (176)

Es ist folglich die Gesinnung des autonomen Individuums und
nicht mehr des Untertanen. Ersteres nimmt die Entscheidung
und die Konsequenzen auf sich, letzteres flüchtet sich in die
Befolgung höherer Befehle. Fontane vertritt hier dementsprechend den zivilen Kanon gegenüber dem militärischen Kanon.

Hansestädte

Unter den bürgerlichen Gemeinwesen gehörten Fontanes Sympathien insbesondere den einstigen Reichs- und Hansestädten mit ihrer alten, von fürstlicher Gewalt unabhängigen Freiheitstradition im Zeichen des „Rolands". Vor allem die auf Seefahrt und Handel ausgerichteten Hafenstädte Hamburg, Bremen und Lübeck galten ihm als Träger hanseatischer Tradition, die die Erinnerung wach hielten an die Zeiten einer blühenden Stadt- und Bürgerkultur an Nord- und Ostsee. (...) Neben deren „Reichtum, Macht und Kultur" verschwand „die Lehmkatenherrlichkeit" der kurbrandenburgischen Städte, wie Fontane befand. Im Gegensatz dazu standen für ihn im Barockstil gestaltete Residenzen des fürstlichen Absolutismus wie etwa Kassel, von denen ein „Zug von Unfreiheit, von Gemachtem und Geschraubtem..." ausgehe. (197)

Fontanes Wertschätzung beruht auf seiner Achtung der Menschen. Sie zeigt auch, welche ständige Herausforderung die Tradition der Hansestädte mit einer bürgerlich-selbstständige Gestaltung des Gemeinwesens für eine aristokratische Herrschaft darstellen.

Humor

Friedrich Wilhelm sagt (vielleicht mit Bezugnahme auf seine Politik), „dem Mutigen gehört die Welt", ich sage – dem Humor!" (Brief 1850)

Humor war und blieb ein ebenso wesentlicher wie nie versiegender Quell der humanen Gesinnung Fontanes, der diese Eigenschaft an Shakespeare, Sterne und Thakeray so sehr zu schätzen wusste und nicht verschwieg, dass ihm, wie im Falle von Gerhart Hauptmanns Friedensfest, die „Tristheit in unserem jungen

Realismus (...) zu lange" dauere, während ihm, was „an Humor"
vorhanden sei, „zu knapp bemessen" erscheine. (220)

Im Humor kommt eine gewisse Distanz zur Realität zum Ausdruck, die von autoritären Regimen ungern gesehen ist, da sie sie infrage stellen kann. Deren Gegenmittel ist, da der Humor kaum verboten werden kann, ihn in der Öffentlichkeit zu kanalisieren und Zonen abzugrenzen, „über die man nicht lacht" oder „keine Witze macht". In Zusammenhang mit dem Antisemitismus zeigt gerade der jüdische Humor die Distanz zur Welt und Selbstironie – ein Mittel der Behauptung in einer problematischen Umgebung.

Irrungen und Wirrungen

(...) der fast 70-jährige erhob keine Anklage, sprach vielmehr nur das aus, was alle wussten und was totgeschwiegen wurde. Er führte Menschen verschiedener Stände in einem Erzählwerk zusammen und schuf mit Lehne Nimpsch eine seiner gewinnendsten Gestalten: eine junge Frau aus dem Volk, von vollkommener Natürlichkeit und Sicherheit des Empfindens, an Tiefe des Gefühls Rinaeckers etwas oberflächlicher Frau (...), an Takt seinen abgebrühten Offizierskameraden weit überlegen. (228)

Dies ist also in vielerlei Hinsicht eine Abwertung der Bedeutung des Adels, da sie eine Frau ist, da sie bürgerlich ist, da sie dessen Moralvorstellungen souverän missachtet, also stark autonom ist, und da sie realistisch ist, weil sie sich den gegebenen Machtverhältnissen klaglos, wenn auch sicher nicht ohne Schmerzen, unterordnet.

Die aristokratische Zweckehe dominiert noch über die individuelle, demokratische Liebesehe. Verstöße werden tabuisiert. Sie ist also schon in einer Verteidigungsposition.

Lehne verkörpert den zivilen Verhaltens- und Empfindungskanon in Opposition zu Militärischen, der bereits als formalistisch und überholt dargestellt wird.

John Maynard

„*(...) Wir müssen dem alten Balladenton eine neue Stoffwelt, oder der alten Stoffwelt einen neuen (...) Balladenton zuführen. Am besten ist es, wenn wir beides auffrischen und die alte Ballade nur als einen Erinnerungsklang im Ohr behalten (...)*"

Bei Fontane verliert der tapfere Steuermann bei dem Brand das Leben, aber seine Aufopferung rettet das der Passagiere. Anders als in der Ballade „die Brücke am Tay", die die Menschen nur als hilflose Opfer eines verhängnisvollen Geschehens zeigt, feiert „John Maynard" die rettende Tat, die vor der Hingabe des eigenen Lebens nicht zurückschreckt. (234, 235)

Traditionell waren die Helden der Balladen Adlige und Krieger entsprechend der antiken Stiltrennung. Diese überwindet Fontane in mehrfacher Weise: Der Steuermann ist Zivilist, und er handelt nicht auf Befehl sondern nach eigenem Pflichtgefühl, er ist nicht ein Opfer des Geschicks, sondern aktiv tätig an seiner Geschichte, also ein Ermutiger zu selbstständigem Handeln. Er ist ein ziviler Held und widerspricht damit auf unterschiedlichen Ebenen dem militärischen Kanon. Er zeigt, dass es auch im Zivilleben Helden gibt. Eine solche Einstellung ist für die Adelsherrschaft potentiell gefährlich.

Kolonialismus

„Die ganze Kolonisationspolitik ist ein Blödsinn:‚bleibe zu Hause, nähre dich redlich.' Jeder hat sich da zu bewähren, wohin ihn Gott gestellt hat, nicht in einem fremden Nest." (Brief 1897)

Ebenso wenig wie den Anspruch Deutschlands, Weltpolitik zu treiben, mit dem Wilhelm II die europäische Gleichgewichtspolitik Bismarcks zugunsten einer Politik der „freien Hand" suspendierte, billigte Fontane den Wettlauf um Kolonien, sei es in Afrika oder Asien (...) Auch in moralischer Hinsicht ließ das rücksichtslose Vorgehen des deutschen Kolonialpioniers C. Peters in Ostafrika Fontanes Bedenken erheblich wachsen (...) Doch richtete sich seine Politik gegen den Kolonialimperialismus der europäischen Mächte insgesamt, denen er zugleich vorwarf, ihre Missionsbestrebungen mit wirtschaftlichen Interessen zu verflechten. (249)

Die Kolonialpolitik der Eroberungen folgt der aristokratischen Notwendigkeit der Aneignung von Raum und Menschen. Sie hat sich im 19. und 20. Jahrhundert als wirtschaftlich wenig erfolgreich und, wie sich den kritisch denkenden Bürgern wie etwa Fontane zeigt, als wenig sinnvoll und unmoralisch dargestellt. Sie wurde von Bismarck und der Wirtschaft nur zögerlich und aufgrund der Propaganda zur Lenkung der Bevölkerung auf ein gemeinsames Ziel hin (u. a. die „Flottenpolitik") verfolgt, und hat sich alsbald als überholt erwiesen. Deutschland verlor seine Kolonien 1918, Großbritannien und Frankreich verloren sie 40 Jahre später, nachdem sie schon seit 1918 mehr oder weniger ein Verlustgeschäft darstellten.

Die Kolonialpolitik ist reinster Ausdruck des militärischen Kanons. Die Niederlande hat demgegenüber gezeigt, wie fremde Länder mittels des Handels die Wirtschaft beleben und Wohlstand schaffen konnten.

Kosmopolitismus

In seiner Zeit war Fontane ein weitgereister Autor. Er ver-
brachte mehrere Jahre in England, besuchte zweimal Italien,
lernte Paris und Wien kennen und reiste durch Frankreich, die
Schweiz, Dänemark, Belgien und Böhmen. „Erst die Fremde
lehrt uns, was wir in der Heimat besitzen", so leitete Fontane die
erste Auflage seiner „Wanderungen" ein. (...) Wie sehr jedoch
provinzielle Enge Vorurteile pflegen und den Blick auf die Welt
verstellen kann, lässt Fontane (...) in „Effi Briest" durchblicken,
wo man in der Oberförsterei das „Preußenlied" anstimmt mit
dem Bedauern, dass man „so etwas (...) in anderen Ländern
nicht" habe. (255, 256)

Die Kritik an einem spießigen, weltabgewandten und doch über-
heblichen Preußentum durchzieht die ganze „Effi Briest". Fontane zeigt dort nicht zuletzt in der Erkenntnis von Instetten und
seinem Freund, dass sie mit dem militärischen Geist von Befehl
und Gehorsam einem falschen Ideal, der Inhumanität, gedient
hätten.

Mitleid

„Schopenhauer hat ganz recht: „das Beste was wir haben ist
Mitleid". (Brief 1893)

Im Gegensatz zu „all den anderen Gefühlen" galt Fontanes Mit-
leid als „vielfach ganz echt". Für seine persönliche Anteilnahme
am Elend und Leid der französischen Zivilbevölkerung im Krie-
ge von 1870/71 finden sich zahlreiche Belege. „Mitleidenschaft"
habe (...) für Fontane zwar bereits vor seiner Rezeption Scho-
penhauers „eine wichtige Rolle" gespielt. Wohl aber habe ihn
dessen Konzept des Leidens, dessen soziale Implikation auf das
Mitleid verweise, nachhaltig beeindruckt. (...) „Und mitleidig

sein ist noch viel mehr als bloß gütig sein und ist eigentlich das Beste, was die Menschen haben." (312)

Das Mitleiden mit anderen ist der Hauptfeind des militärischen Kanons. Denn nur durch die Ausschaltung dieses Gefühls schon in der Kindheit sind die von ihm geforderten Aggressionen überhaupt möglich.

Parlamentarismus

„Wir haben jetzt eine konstitutionelle Monarchie, und [...] kein Mensch wird behaupten wir wären nicht reif dafür, oder unsere Unreife wäre der Quell aller Wehen dieser Zeit." (Brief 1848)

Fontane, dessen politische Überzeugung, sei es als Radikaldemokrat in der Revolution von 1848, als Wahlmann für die Konservativen 1862, oder als Anhänger der Nationalliberalen in den siebziger Jahren mehrere Richtungswechsel erfahren hatte, bekannte rückblickend, in seinen „alten Tagen immer demokratischer geworden" zu sein.

Nicht nur der Sturz Bismarcks, sondern auch ein wachsender Demokratisierungsdruck „von unten" und das zunehmend neoabsolutistische Gebaren Wilhelms II ließen Fontane Aufgaben und Bedeutung des Reichstags allmählich in einem positiveren Licht erscheinen, (...) wenn Fontane sogar von „Wahlkrempel" sprach, so, weil er der Auffassung war, hinter einer „Volkswahl" müsse – wie im Falle der beiden großen angelsächsischen Demokratien England und Amerika – auch eine Volksmacht stehen, fehlt die, so ist alles wurscht." (Brief 1898). Im eingeschränkten Parlamentarismus des wilhelminischen Deutschland sah er lediglich „Gnadengeschenke", die „jeden Augenblick" zurückgenommen werden könnten, wodurch „all unser politisches Tun nichts als Redensartenkram und Spielerei" sei

(Brief 1895) – dessen ungeachtet schloss demokratisches Verhalten noch für den 78-jährigen Fontane jene echte „Vornehmheit" mit ein, „die wie nichts anderes den Menschen befähigt, gerecht zu sein". (Brief 1897) (341, 342)

Eine angemessene, demokratische und wirksame Vertretung ist für Fontane offensichtlich die Voraussetzung zur Durchsetzung humaner Werte. Zeitweise Ablehnungen oder Skepsis beziehen sich auf ein zu wenig an Demokratie und nicht auf demokratische Mitbestimmung als solche. Dabei ist sicher zu berücksichtigen, dass die für eine Demokratie erforderlichen Bildungsvoraussetzungen der Menschen zu seiner Zeit nur in Ansätzen gegeben waren und sich in Zukunft stark verbessert haben.

In seinem Verhältnis zum Parlamentarismus wird deutlich, in welche Richtung die gesamte Entwicklung seiner Zeit verläuft und auf welch anachronistische Weise sie durch den Militarismus Wilhelms II aufgehalten werden soll.

Politik

Gleichwohl war und blieb sein normativer Anspruch an den Einzelnen wie an den Staat hoch, in dem er keine „zwei Sorten von Anständigkeit" gelten lassen wollte, wonach das, „was ein anständiger Mensch nicht dürfte, auch einem anständigen Staat nicht erlaubt sei. (Brief 1887) (352)

Dies stellt ein Statement gegen den militärischen Wertekanon dar, wo dies nach innen wie nach außen unterschiedlich ist.

Polizeistaat

Anders als England, dessen Freiheitstradition einen Polizeistaat niemals zuließ, „weil es keiner zu sein braucht", wie Fontane betonte, war Preußen nach dem Ende der napoleonischen Herrschaft, gipfelnd in den Karlsbader Beschlüssen, mehr und mehr dazu geworden. Auf dem Boden der Revolution stehend, setzte sich der junge Radikaldemokrat 1849/50 in seinen politischen Beiträgen für die „Dresdner Zeitung" kritisch mit dem Vormärzlichen Preußen auseinander. Entschieden wandte er sich gegen die noch immer andauernde Polizeiwillkür, die sich anmaßte, unter Missachtung der Legalität in die Privatsphäre des Einzelnen einzudringen, Eigentum und individuelle Freiheit zu beschränken und jede freie Meinungsäußerung zu unterbinden. Sein Fazit: „die Grundlage unseres Staates ist nicht mehr das Recht, sondern die Polizei." (351, 352)

Fontane ist trotz seiner Beschreibung vieler Adelsgeschlechter schon als junger Mensch ein Demokrat, erkennt die äußeren Zwänge klar, bewahrt sich aber eine Unvoreingenommenheit gegenüber den Vertretern des Adels.

Reserveleutnant

„Im Ganzen aber darf man sagen, es gibt in Preußen nur sechs Idole und das Haupt-Idol, der Vizliputzli des preußischen Kultus, ist der Leutnant, der Reserve-Offizier. Da haben sie den Salat." (Brief 1893)

Ihm widerstrebt der in nahezu alle Lebensbereiche hineinwirkende Mechanismus von Befehl und Gehorsam mit seiner Einschränkung von bürgerlicher Freiheit und Selbstbestimmung. Sowohl in all seinem Brief- als auch in seinem Romanwerk hat

*sich Fontane über „die bis zur Karikatur getriebene Militäran-
schauung" kritisch geäußert.* (376)

Diese bereits zu Anfang des 19. Jahrhunderts in Preußen starke Militarisierung des Lebens wird nach Norbert Elias „Studien
über die Deutschen", unter Kaiser Wilhelm II nochmals verstärkt und im Gegensatz zu den die Freiheit von Napoleon er-
kämpfenden freiheitlichen Helden wird der Untertan zum Idealbild gemacht, hier in Form des Reserveleutnants. Die unterste (!)
Stufe einer Offizierslaufbahn, zudem nur als Reserve, genießt
im zivilen Leben bereits hohes Ansehen, ist dort Respektperson
und nicht etwa ein armes Würstchen, weil er militärischen Drill
ertragen und Befehle ungefragt ausführen muss.

Sozialdemokratie

*Schon als „Wanderer" durch die Mark Brandenburg beobachte-
te Fontane die wirtschaftlichen und sozialen Auswirkungen von
industrieller Revolution und Gründerjahren, die in der Trans-
formierung der biedermeierlichen preußischen Residenz in das
moderne „Industrieberlin" kulminierten. (...) Dennoch schloss er
keineswegs die Augen vor den sich auftürmenden wirtschaftlichen sozialen und politischen Problemen und hielt die Integrie-
rung des dritten Standes in die bestehende Gesellschaftsordnung für eine der vordringlichsten politischen Aufgaben. Von
daher war der Aufstieg der Sozialdemokratie seiner Aufmerksamkeit gewiss, der er allerdings eher andeutungsweise begegnet als etwa in klar umrissenen Stellungnahmen. (...)*

*Die Forderungen der SPD empfand er durchaus als legitim und
hielt eine Auseinandersetzung mit ihnen auf geistiger Ebene
für zwingend geboten. Dies umso mehr, als die Arbeiterschaft
„Ideen" vertrete, die zum Teil ihre Berechtigung hätten und „die*

man nicht totschlagen oder durch Einkerkern aus der Welt
schaffen könne. (Brief 1878)

Klassenkampf, und das hieß für ihn die Infragestellung der bür-
gerlichen Gesellschaft auf revolutionärem Wege, lehnte Fonta-
ne stets ab, gleichwohl bejahte er die Teilhabe der aufstreben-
den Arbeiterschaft an der künftigen politischen und sozialen
Ausgestaltung des bestehenden Staates. Er hoffte auf die wach-
sende Zukunftsfähigkeit des Vierten Standes, vertreten vor
allem durch die Sozialdemokratie. (...) Zu ihrem Parteigänger
wurde er nicht, (...) Vielmehr vertrat er einen „modern anmu-
tenden Pluralismus", der die „Gleichberechtigung von Lebens-
kreisen, Klassen und Völkern" anstrebte und jede Form einer
Alleinherrschaft ausschloss. (420, 421)

Nicht nur in der Beurteilung der Verhältnisse des 19. Jahrhunderts erwies sich Fontane als weitblickend, sondern auch in der
des 20. Jahrhunderts, in dem die Geschichte der Klassenherrschaft eine Abfuhr erteilt hat.

5.2 Döblin – Die Judenstadt in Warschau 1926[37]

5.2.1 Zeitrahmen

In den 30–40 Jahren seit der Zeit Fontanes war für das Judentum viel geschehen. 1896 war Herzl's Manifest „Der Judenstaat"
erschienen, 1897 der Gründungskongress der zionistischen
Weltorganisation in Basel. 1905–1914 folgte die zweite Vertreibung der Juden aus Russland und Polen. Die Ansiedlung der

---

37 Alfred Döblin, Das Lesebuch, Fischer, Frankfurt 2009. Reise in Polen,
   Warschau 1926, Die Judenstadt von Warschau, S. 296–308

Juden in Palästina erfolgte seit Beginn des 20. Jahrhunderts, die Grundsteinlegung von Tel Aviv fand im Jahre 1909 statt.

1914–1918 tobte der Erste Weltkrieg. Am 2. November 1917 erfolgte die „Balfour-Erklärung" Großbritanniens und damit die Grenzziehung eines jüdischen Staates. 1919–1923 erfolgte die dritte Vertreibung der Juden überwiegend aus Russland. 1924–1931 schloss sich die vierte Vertreibung aus Polen und der Sowjetunion unter dem neuen Regime der Bolschewiki an.

Die Beobachtungen Döblins beschreiben also die Juden in Warschau in einer äußerst bedrängten Situation, da Land und Stadt über Jahrzehnte Flüchtlinge aus Russland aufnehmen mussten und die Juden gleichzeitig auch von Polen zur Ausreise gedrängt wurden. Der allgemeine, traditionelle Antisemitismus, der stark religiös geprägt ist, erhält durch das Erscheinen nicht-christlicher, religiös sehr konservativer, verelendeter Menschengruppen einen starken Auftrieb. Häufig vorkommende Pogrome sind im Bewusstsein, so etwas wie der Holocaust ist allerdings noch undenkbar.

Döblins Beobachtungen sollen hier unter dem Gesichtspunkt betrachtet werden, ob die Erklärung des Antisemitismus mit seiner Verschärfung zum Ende des 19. Jahrhunderts aus der wachsenden militaristischen Kultur, nicht nur Deutschlands, sondern auch des zaristischen wie bolschewistischen Russlands zu erklären ist, und ob die zivile Kultur der Juden aus ihrem Leben in der Diaspora und als Handelsvolk eine gute Erklärung findet.

5.2.2 Zitate und Anmerkungen

Vormittags durch die „Krakauer Vorstadt". Viele Offiziere. In der Nähe ist der Generalstab; das Land befestigt sich stark; es hat Erinnerung. Die Offiziere grüßen mit zwei Fingern, bequem; die Untergebenen wenden salutierend den Handteller nach vorn. (...) In den Schaukästen der Fotografen an den Straßen hängen Bilder von ihnen; sie tragen reichlich Orden, bunte Ordensbänder.

Die Polen haben noch nicht lange Militär, sie sind lecker danach. Elektrische fahren vorbei; rote Wagen mit Anhängern, gezeichnet an den Flanken mit dem Wappen Warschaus: ein Weib mit Fischleib und Fischschwanz, eine Undine, Sirene. Sie schwingt einen Säbel, hält ein Schild (...)

Soldatenmusik, langsam, feierlich getragen, eine Beerdigung und sie marschieren an mit blitzenden Blasinstrumenten; ein Soldat, barhäutig, trägt ein großes Kreuz, Priester in weißem Ornat; der blumengedeckte Leichenwagen. Die Menschen auf den Trottoires ziehen die Hüte. (292)

Der Stolz und das Lebensgefühl des befreiten Volkes sind groß (...)

Man hat Straßen und Plätze der Stadt umbenannt, die Erinnerung an das alte Unglück und die Erniedrigung beseitigt. (294)

Das Militär ist im Stadtbild präsent und wird nach der neuerworbenen Unabhängigkeit des Staates auch geschätzt. Es zeigt vielleicht eine gewisse Lässigkeit (Grüßen), auf jeden Fall kein preußisch-marionettenhaftes Auftreten.

Die „Krakauer Vorstadt" weiter nach Süden. Sonderbar das Gemisch dieser Menschen: elegante, großbürgerliche und aristokratische Geschöpfe, Studenten und Studentinnen mit weißem Stürmer und roter Schnur. Stark das Überwiegen von grobgekleideten Kleinbürgern, von Bauern und Bäuerinnen in roten geblümten Kopftüchern (...)

Ich stehe an einer Haltestelle, studiere die sehr höflichen Tafeln der Straßenbahn, die alle vorüberfahrenden Linien und ihre

Route angeben. Da kommt im Gedränge auf mich zu ein einzel-
ner Mann mit bärtigem Gesicht, in schwarzem klobigen Kaftan,
schwarze Schirmmütze auf dem Kopf, lange Schaftstiefel an
den Beinen. Und gleich dahinter, laut sprechend, in Worten die
ich als Deutsch erkenne, ein anderer ebenso schwarzrockiger,
ein großer, mit breitem rotem Gesicht, rote Flaumhaare an den
Backen, über der Lippe. Redet heftig auf ein kleines armselig
gekleidetes Mädchen ein, wohl seine Tochter; eine ältere Frau
mit schwarzem Kopftuch, seine Frau, geht bekümmert neben
ihr. Es gibt mir einen Stoß vor die Brust. Sie verschwinden im
Gedränge. Man beachtet sie nicht. Es sind Juden. Ich bin ver-
blüfft, nein, erschrocken. (295)

Die erste Begegnung mit konservativen Juden in der polnisch
bürgerlichen, national beflügelten Umgebung ist erschreckend,
obwohl Döblin selbst Jude ist. Erweckt durch die fremde Kleidung und ihr grobes, unzivilisiertes Auftreten – es sind keine
„rassischen" oder religiöse Vorbehalte. Man kann sich vorstellen, dass auch andere Personen unangenehm berührt sind.

Die Judenstadt von Warschau

350.000 in Warschau, halb so viel wie in ganz Deutschland.
Eine kleine Menge verstreut über die Stadt, die Masse haust
im Nordwesten beieinander. Es ist ein Volk. Wer nur Westeuro-
pa kennt, weiß das nicht. Sie haben ihre eigene Tracht, eigene
Sprache, Religion, Gebräuche, ein uraltes Nationalgefühl und
Nationalbewusstsein.

Aus Palästina, ihrem Stammland, wurden sie vor zwei Jahr-
tausenden geworfen. Dann trieben sie sich in vielen Ländern
herum, teils wandernd, teils gejagt, Händler, Kaufleute, Geldleu-
te, geistig immer in enger Berührung mit dem Wirtsvolk, dabei
fest an sich haltend. Teile bröckelten ständig ab, im Ganzen blieb

das Volk. Und jetzt ist die Masse seiner Menschen größer als vor zwei Jahrtausenden. Man presste sie von Süden nach Norden, aus Spanien heraus, wo sie zu Hunderttausenden siedelten, aus Frankreich nach Deutschland, in das Polen- und Russenland hinein. Immer warf sich ökonomischer Hass über sie, Abneigung gegen das fremde Volk, Widerwille, Furcht vor ihrem fremden Kult. Dieses Polen nahm sie im 13. Jahrtausend auf.

Die Existenz als mehr oder weniger verachtete Minderheit in der Diaspora und ihre „regelmäßigen" Vertreibungen müssen Veränderungen in der Einstellung zum Leben und im Verhalten zur Folge haben s. u. In der Aufnahme der Vertriebenen klingt Dankbarkeit mit.

Das Zusammenleben in osteuropäischen Städte wie auch in einer „Großstadt" innerhalb von Warschau hat gegenüber einer dispersen Ansiedlung den Druck zur Integration vermindert und alte Merkmale konserviert.

Sie gerieten in ein Land, das städtearm war, zwischen Bauern und Adel, übernahmen die Funktionen eines Bürgerstandes. Das Privileg eines Herzogs Boleslav schützte sie, ließ ihnen ihre Rechtsprechung und innere Verwaltung. Das Privileg wurde mehrfach, auch durch Kasimir den Großen, bestätigt, zuletzt durch den Polenkönig Stanislaus August im 18. Jahrhundert. Einen hohen Grad wirklicher Autonomie besaßen sie nie. Das Wort ging früh um: „Polen, der Himmel des Adels, das Paradies der Juden, die Hölle der Bauern". Jedes Jahrhundert erlebte dabei seine Judenhetzen. Die neue Nationalzeit nahm ihnen die Privilegien. Die Minoritäten- und Autonomiepolitik tritt jetzt in anderem Kleid auf.

Die Situation in Deutschland war zum Anfang des 11. Jh. nicht viel anders: Auch Deutschland war städtearm, hatte aber durch die Römer Städte, die sich, wenn auch wesentlich verkleinert, erhalten hatten. Besonders die Schum-Städte am Rhein – Speyer, Worms, Mainz – werden bis zum 13. Jh. zu Zentren der jüdischen Kultur. Ebenfalls geschützt von den Fürsten, bis durch die Kreuzzüge die Judenfeindlichkeit zunimmt und die Vertreibung nach Osten erfolgt.

In dieser Stadt Warschau setzte sie sich an in der Abrahamsgasse im Zentrum, waren vom Handel ausgeschlossen nach dem Magdeburger Recht, das Warschau hatte: Handeln dürfen nur Städter und Christen. Sie wurden mehrfach aus der Stadt verjagt, lebten auf den Dörfern unter dem Schutz des Adels. Noch auf dem großen Reichstag 1788 forderten Warschauer Magistratsdeputierte die Verschärfung aller Judenerlasse. Aber sie blieben vom Adel geschützt. „Es gibt gewisse ökonomische Notwendigkeiten, gegen die alle anderen Faktoren nichts ausmachen." Mit dreieinhalb Millionen Menschen wächst das Volk heute in Polen (...) (296, 297)

Die Vertreter von Warschau, also Bürger – Handwerker und Kaufleute – sind offensichtlich aus Konkurrenzgründen gegen die Juden. Diese sind jedoch wichtig für die Wirtschaft. Sie entwickeln i.w. mittels Handel und Wirtschaft den Staat.

Die Breite Nalewki ist die Hauptader der Judenstadt. Nach links und rechts laufen von ihr lange Straßen ab mit neuen Querstraßen und Gassen. Und alles gefüllt und wimmelnd von Juden. Elektrische durchfahren die Nalewkistraße. Ihre Häuser haben Fronten wie die meisten Häuser Warschaus, willkürlich, unsauber. Höfe tauchen in alle Häuser hinein. Ich gehe auf einen; er ist viereckig wie ein Markt von lauten Menschen, Juden, meist im Kaftan, erfüllt. In den Quergebäuden Möbelgeschäfte, Fellgeschäfte. Und wie ich ein Quergebäude durchgehe, stehe ich wieder auf einem wimmelnden Hof, voller Kisten, mit Pferdegespannen; von jüdischen Lastenträgern wird auf- und abgeladen. Große Geschäftshäuser beherbergt diese Nalewki. Bunte

Firmenschilder zeigen zu Dutzenden an: Felle, Pelze, Kostüme, Koffer. In Läden und oberen Stockwerken Geschäfte. Nach der Stadt zu, im Süden an den Dluga, offene große moderne Läden: Parfümerien, Stempel, Manufaktur. Ich lese die sonderbaren Namen Waiselfisch, Klopfherd, Blumenkranz, Branntwain, Farszstandig, Goldkopf, Gelbfisch, Gurbesztand. Man hat den Menschen des geächteten Volkes Spottnamen angehängt. Ich lese weiter: Goldluft, Goldwasser, Feldgras, Oksenberg. Jüdische Frauen gehen in der Menge; sie tragen schwarze Perücken, einen kleinen schwarzen Schleier darüber, vorn eine Art Blume. Einen schwarzen Schal haben sie um. Merkwürdig, ein großer, modern gekleideter junger Mann mit seiner eleganten Schwester; stolz geht er und trägt eine Judenkappe auf dem Kopf. Auf dem Pflaster Familien im Gespräch: zwei jüngere Männer in sauberem Kaftan mit ihren modern gekleideten, polnisch pikant geschminkten Frauen. Ein Knabe in Matrosentracht dabei, „Torpedo" steht auf seiner Mütze. Ein polnischer Schutzmann leitet auf dem Damm den Wagenverkehr. Dieses Nebeneinander zweier Völker. Junge Mädchen schlendern Arm in Arm einher, sehen wenig jüdisch aus, lachen, sprechen jiddisch, tragen sich bis auf die feinen Strümpfe polnisch. Aufrecht spazieren sie. Die Schultern der Männer sind schlaff, die Rücken krumm, der Gang schleppend.

Das Stadtviertel war ursprünglich den anderen der Stadt sehr ähnlich. Jetzt ist es durch die aus Russland vertriebenen Juden überfüllt, aber voller Leben. Die Geschäfte zeigen die Differenzierung des Warenangebots, die von den Juden auf der aufgezwungenen Suche nach neuen Erwerbsmöglichkeiten notgedrungen vorangetrieben wird.

Vormittags. Die auffällige Masse alter weißbärtiger Männer, viele schmutzige, zerrissene Kaftane. Aus blassen und gelben, bärtigen Gesichtern blicken sie. Heftiges Geschäftsleben auf Trottoir und Damm; es lehnen auch viele an den Mauern mit

ganz ruhigem, stumpfem Ausdruck. Nebeneinander hocken
fünf ganz zerlumpte Männer vor einem Hausflur, Stricke um
den Leib gebunden: Träger. Kritische Zeitungen werden aus-
gerufen. Aus den großen tiefen Läden steigen Männer, schlep-
pen Säcke. Wie grausig zerlumpt sie sind, Stiefel mit hängen-
den Sohlen, Ärmel ausgerissen, Nähte geplatzt. Ein Junge
führt einen Mann mit weißen toten Augen; sie betteln. Eine alte
schmierige Frau drängt sich an die Passanten heran, hält die
Hand hin. Vor einem amtlichen Papyrossikasten am Straßen-
bord hocken drei ältere Juden, plaudern, rauchen. Wie viele he-
rumstehen, sich umblicken, warten, warten, warten. (297, 298)

Dies zeigt ein erschreckendes Bild der Armut und des Kampfes
um das Überleben.

Die gewaltigen Stofflager. Ich lese die Namen: Seidenstrumpf,
Butterfass, Tuchwarger, Spiegelglas. Dann Jakob Natur, Israel
Gesundheit. Alle Dutzend Häuser ein jüdischer Obsthändler;
Früchte unter einem Glaskasten. Ein Mann trägt durch die Mas-
se ein Packstück unter einem Arm. Die wehenden langen Bärte,
schwarz und viele rötlich blond. Vorwiegend ein schmächtiger,
langnasiger Typus. In im dunklen Hintergrund der Läden sit-
zen immer mehrere, manchmal auf Tischen, Essen, debattie-
ren. (...) Die Gesegiastraße kreuzt die Lewki, ist schmal, sehr
lang, von der Straßenbahn durchfahren. Juden in Droschken
mit Kaftan fahren um die Ecke, elegante Damen neben ihnen;
Droschken, die Säcke transportieren (...)

Die Dzikastraße. Das kleine Goldwarengeschäft: ein blühen-
des Judenfräulein steht an der Tür, die üppigen roten Haare
gelockt. In einer Gänseschlachterei arbeitet im Schaufenster
eine kleine derbe Frau bis an die Ellenbogen in Blut, nimmt
eine Gans aus. Tapezierer, Bäcker, Metzger, Tandgeschäfte. Ein
fliegender Buchhändler mit jüdischen Schriften. Haufen von
Kindern (...) Verblüffend ein ganz schmaler, hoher Laden, nur

eine Stube, die nach der Straße hin offen ist. Darin raucht auf einer Bank ein ganz alter Mann, und sein Laden ist von oben bis unten vollgestopft mit schrecklichem Abfall, mit rostigem alten Eisen: Schlüssel, Ringe, Drähte, Schlösser (...) Einige Alte tragen gedrehte Schläfenlocken; in ihren schweren rockartigen Kaftanen sehen sie von hinten wie Weiber aus (...) Von denen, die hier stehen, haben viele einen träumenden Ausdruck; sie sind wie unaufgeweckt. (299, 300)

Dies zeigt eine große Vielfalt jüdischen Lebens an und deutsche Namen.

Die große Synagoge in der Tlomacki (...) Es ist Sonnabendvormittag. Sie strömen die Treppe hinauf. Hier gehen nur wenige in Kaftan und Kappe. Das ist die Synagoge des Mittelstandes, zugleich der Aufgeklärten, Emanzipierten, auch Assimilierten. (301)

Viel junge Leute stehen herum, dabei fast ein Dutzend Soldaten, und nachher werden es noch mehr. Sie sind allesamt keine vornehmen Leute, graben sich ungeniert mit dem Finger in der Nase, während sie sprechen. (302)

Das Auftreten von armen Juden, die als „unkultiviert" und strenggläubig bezeichnet werden, hat schon vor dem Ersten Weltkrieg auch die Familie Kafka in Prag gestört. Das Zurückgebliebene hat sie als assimilierte Juden abgestoßen. Nur Franz war von der Ursprünglichkeit ihrer Lebensweise, die eine Schauspieltruppe besonders ausgeprägt vorführte, fasziniert. Es sind Reaktionen, die nicht antisemitisch waren, sondern sich auf veraltetes Verhalten und Aussehen bezieht. Es ist kein Wunder, dass das damals massenhafte Auftreten konservativer bis archaischer Juden in Polen, Deutschland, besonders in Berlin, und in anderen europäischen Ländern, wo ihre Zahl allerdings kleiner war, Befremden und Abneigung hervor gerufen hat. Weltwirtschaftlich schwierige Bedingungen wurden zum Vorwand genommen, einen zu dieser Zeit schon systematisch begründeten und propagierten Antisemitismus neu anzuheizen. Damit wurde aus der kulturellen Abneigung eine rassistische Verteufelung.

In der Bibliothek des Gaon höre ich wieder von dem mächtigen Mann. Der alte Bibliothekar breitet Bände vor mir aus. Die ganz zerlesenen Folianten: das ist der Talmud, das gelbliche Papier zeigt im oberen Mittelteil den Text der Mischna und Gemara, dann umringen ihn die Kommentare in kleiner Schrift, besonders Raschis. Ein schön weißledern gebundener, mächtiger Volumen gibt Fotografien des Venezianertextes vom babylonischen Talmud, zwei Bände. Der Name des deutschen Judaisten Strack[38] fällt. Hier hat der Gaon[39] gelebt; ein kleiner dicker Band von seiner Hand liegt da, Kommentare zum Talmud (...)

Ich kann mich nicht enthalten zu denken, wie ich hinausgehe: Welch imposantes Volk, das jüdische. Ich habe es nicht gekannt, glaubte, das, was ich in Deutschland sah, die betriebsamen Leute, wären die Juden, die Händler, die im Familiensinn schmoren und langsam verfetten, die flinken Intellektuellen, die zahllosen unsicheren unglücklichen feinen Menschen. Ich sehe jetzt: das sind abgerissene Exemplare, degenerierende, weit vom Kern des Volkes, das hier lebt und sich erhält. Und was ist das für ein Kern, der solche Menschen produziert wie den (...) reichen Baal-schem, die finstere Flamme des Gaon von Wilno. Was ging in diesen scheinbar kulturarmen Ostlandschaften vor. Wie fließt alles um das Geistige. Welche ungeheure Wichtigkeit misst man dem Geistigen, Religiösen zu. Nicht eine kleine Volksschicht, eine ganze Masse geistig gebunden. In

---

38 Herrman Leberecht Strack, 1848–1922, ev. Theologe und Orientalist, Kämpfer gegen den Antisemitismus ab Ende 19.Jh.
39 Elijah Ben Salomon Salman, Gaon von Wilna, 1720–1797, aschkenasischer Gelehrter

*diesem Religiös-Geistigen ist das Volk so zentriert wie kaum
ein anderes in seinem. Die Juden hatten es leichter darin als
andere, hatten sich nicht mit Staatsformen, Revolutionen, Kriegen, Grenzverbesserungen, Königen, Parlamenten herumzu-
schlagen. Die Sorge darum haben ihnen die Römer, zwei Jahrtausende zurück, abgenommen. Und sie haben sich eigentlich
darüber nicht beklagt. Sie haben nicht darum an den Wassern
Babylons gesessen und geweint. Es drehte sich für sie immer
um den Tempel. Sie brauchten den Staat nur für den Tempel.
Nur auf Zion steht der richtige Tempel. Unter dieser Idee, als
der Staat nicht kam, ist langsam die Verwandlung des ganzen
Volkes eingetreten. Lautlos hat der Verzicht auf Land und Staatlichkeit das Volk durchdrungen. Und sie haben sich selbst zum
Tempelvolk gemacht. Zum Volk, das den Tempel in sich trägt.
Ein beispielloser Vorgang. Nur unter so künstlichen, langwir-
kenden Bedingungen war es möglich.*

*Wenn man jetzt die Geschichte rückwärts schraubte und ihnen
wirklich Zion gäbe? Und es drängt darauf hin: die künstlichen
alten Bedingungen lassen sich nicht mehr aufrechterhalten.
Ihre Strenge lässt nach. Die Neuzeit, die Wirtschaftsnot drängt
die Juden aus der Abschließung. Die Rückwärtsbewegung, sie
ist im Gange. Die Tragödie der Erfüllung ist im Gange. Der
Tempel, den sie finden werden, wenn, wenn sie ihn suchen,
wird nicht der Tempel sein. Die Religiösen, Geistigen wissen es.
Sie sagen: nur der Messias kann den Tempel geben. Die echt-
testen Juden warten schon lange nicht mehr auf den „Staat".
Man kann sich nur im Geistigen erhalten, darum muss man im
Geistigen bleiben. Das Politische kann nicht das Himmlische
erfüllen, Politik schafft nur Politik. Ihnen gibt die „neue" Zeit
keine Probleme auf.*

*Aber die äußeren Umstände, politische, ökonomische, von heu-
te und die Not der Massen sind Tatsachen. Der alte Organismus
wird seiner Umwandlung großen Widerstand entgegensetzen.*

„Staat", „Parlament" steht am Horizont – gegen den Gaon[40] und den Baal-schem[41]. (304, 305)

Das deutsche Judentum stellt nur eine kleine, deutsch-kultivierte Minderheit im Judentum dar. Das größere, vielfältigere, lebendigere – auch befremdende – Judentum im Kampf um seine Existenz wird Döblin hier erst klar. Es ist konzentriert auf seine Religion, hat damit den Zusammenhalt über die zwei Jahrtausende erhalten, hat eine andere, nichtstaatliche Orientierung. Damit spricht Döblin an, dass die Diaspora neue Sichtweisen und Verhaltensformen geprägt haben muss. Als ein Beispiel nennt er, dass sie in die Erhaltung eines Staates keine Energien zu stecken brauchten. Das entspricht der Überlegung, dass die besonders friedliche jüdische Kultur innerhalb ihres eigenen Staates nicht hätte entstehen können, zum einen, weil sie dort notgedrungen Energien in die Wehrhaftigkeit – Aggressivität – hätten stecken müssen und eine Aristokratie nicht losgeworden wären, zum anderen, weil ihr Staat sie geschützt hätte, so dass die Entwicklung besonders friedfertiger Verhaltensformen ihnen gar nicht in den Sinn gekommen wäre. Das gelang – nur – unter den Bedingungen der „langwirkenden" Diaspora.

Döblin sieht auch, dass mit der Entstehung eines jüdischen Staates wesentliche Teile der jüdischen Kultur verloren gehen werden („Die Tragödie der Erfüllung"). Man sieht es an Israel: Ein ziviler, auf Handel und Bildung gestützter Staat muss sich seiner aggressiven, religiös fanatischen Nachbarn erwehren und selbst aggressiv werden. Er ist darüber hinaus zur teilweisen Abkehr von überkommenen, religiösen Lebensweisen und zu mehr Rationalität gezwungen.

---

40 Talmudinterpreten der jüdischen Akademien in Babylon im 7-11 JH. n. Chr.
41 Chassidischer Wanderprediger

Ich weiche einem zionistischen Agitator aus, mit dem ich schon eine Unterredung verabredet habe. Mich besucht (...) ein junger jüdischer Literat. Ich durchdenke mit ihm ihre Sache. „Vor dem Krieg", spricht der junge Mensch auf dem Sofa, „war die Intelligenz unseres Volkes zu großem Teil assimiliert, dann haben sie sich zurückgewandt: Die Bürgerlichen wurden Zionisten; andere Poale Zion[42]*. Die Sozialisten wichen der jüdischen Frage aus." (...)*

Und nun, wie steht es mit euch von heute? Ich habe den Namen Bialik[43] *gehört „Ach, eine Parteisache. Er schreibt Hebräisch, das genügt. Er ist mittelmäßig, schwach, spießbürgerlich. Es gibt Judenkünstler und jüdische Künstler*[44]*. Das muss man unterscheiden. Der Unterschied gilt für alle Nationen. Wir haben viele Judenkünstler. Sie malen Gettobilder, Motive aus der Geschichte. Es ist nichts damit. Man muss Talent haben, sich dem Talent verantworten; das ist alles." Skeptisch, aber ohne Schärfe spricht der frische Mann von Palästina (...)" Vielleicht gelingt es ihnen, da einen Staat zu gründen. Vielleicht; für wie viele. Und was werden sie erreicht haben. Sie werden Soldaten, Staatsmänner, Industriearbeiter stellen; die wird die Welt dann mehr haben. Aber Spinoza, Bergson werden sie nicht züchten.*

Die Zukunft der Welt liegt da nicht. Die Welt muss aufgemenscht werden. Es ist nicht nur bei den Juden schrecklich. Auch den Deutschen, Polen, Franzosen, Engländern und Amerikanern geht es schlecht. Was ist mit ihrer Kultur? Sie imponiert uns nicht. Wir haben im Krieg viel gesehen. Alles muss aufgemenscht werden. Langsam. So wird auch die große jüdische Schwierigkeit behoben. Ohne Zerstörung der Substanz." (305, 306)

---

42 Wichtige zionistisch-sozialistische Bewegung in Europa, Palästina, Nord- und Südamerika seit 1901

43 Chaim Nachman Bialik, Dichter, Lehrer, Essayist, herausragender -Denker des kulturzionistischen Judentums seit 1900. Gestorben 1934, Wien.

44 Vergleich: Judenwitze- über Juden, jüdische Witze – von Juden

Die Skepsis gegen eine jüdischen Staat wird hier von einem jungen Mann geäußert, einem, der idealistisch denkt und die Notwendigkeit des Staates infolge der weitergehenden Verfolgung, bis hin zum Holocaust, nicht ahnt. Der Staat wurde dann zur Überlebensnotwendigkeit.

Klarsichtig ist er, wenn er die Vermenschlichung der Staaten überall fordert. Was ist das anders als die Überwindung des militärischen Verhaltens- und Empfindungskanons durch den Zivilen? Noch waren die Staaten durch das Militärische des Ersten Weltkrieges geprägt, innenpolitisch durch die scharfen Auseinandersetzung von Konservativen und Demokraten, von Bürgern mit dem gewalttätigen Kommunismus, außenpolitisch mit den Vorbereitungen auf Auseinandersetzungen mit der Sowjetunion. Der militärische Kanon beherrschte das Denken und verstärkte den durch die große Zahl Geflüchteter ohnehin vermehrten Antisemitismus in Europa. Erst nach einer weiteren Katastrophe, die durch ihn ausgelöst wurde, gelang seine Zurückdrängung im Westen. Im sozialistischen Lager blieb er – gegen jede ideologische Logik – über 1990 hinaus virulent und führte zu Auswanderungswellen ins neue Israel.

Tapfere Menschenherden habe ich gesehen. Bedrückte Menschenherden. Dass man nicht im Anbeten erliegen darf, ist mir unendlich klar. Dass man verändern, neusetzen, zerreißen darf, zerreißen muss, ist mir unendlich klar. Der Geist und der Wille sind legitim, fruchtbar und stark.

Es gibt eine gottgewollte Unabhängigkeit. Beim Einzelmenschen, bei jedem einzelnen. Den Kopf zwischen den Schultern trägt jeder für sich. (307)

Döblin sieht die Macht der Aufklärung, die zur Infragestellung religiöser Gewissheiten hin zum Individualismus führen müssen. Dies ist „gottgewollt". Aber wie die geistigen Schätze, die

Erfahrungen über die Jahrhunderte dieses besonderen Volkes bewahren?

Die Antwort gab die Geschichte: Indem die westlichen, aufgeklärten Völker wesentliche Werte des Judentums aufnahmen und ihre Kultur grundlegend veränderten, und zwar durch den zivilen Kanon: Gleichberechtigung, Friedlichkeit, Austausch, Freiheit der Gedanken… Dies ermöglichte auch die Entfaltung jüdischer Geistesgrößen wie Einstein. Die Freiheit der USA schaffte die zeitgemäßen Bedingungen der Verbindung von jüdischem Bildungsdrang und Aufklärung.

5.2.3 Ergebnis

Die kurzen, präzisen Beobachtungen und Reflexionen Döblins über die Juden in Warschau bestätigen die vorherigen Analysen:

Er sieht in der Diaspora wesentliche Elemente des europäischen Judentums entstanden. Die Konzentration auf das Geistige, die Freiheit von staatlicher Politik, die Unterordnung unter fremde Mächte und der Lebenswille, d. h. die wirtschaftliche Betätigung kombiniert mit dem traditionellen Wissensdrang. Zum Glück können sie sich mit dem Handel und später in Kultur und Wissenschaft auf Gebieten betätigen, die Neuerungen Platz boten, in der Neuzeit stark expandierten und Tendenzen zu Gleichheit und Freiheit förderten (Simmel).

Die aristokratische Herrschaftsform in Europa, die mit Ungleichheit, Gewalt und geistiger Unterordnung prinzipiell den Werten des Judentums in der Diaspora entgegengesetzt ist, zerstört sich im 20. Jh. selbst und macht den Weg frei für die Übernahme der jüdisch-zivilen Werte. Eine Entwicklung, die über das Vorstellungsvermögen von Döblin wie seiner Gesprächspartner – wie von allen Menschen – hinausging. Das von seinem Gesprächspartner erhoffte „Aufmenschen" hat sich erfüllt – nicht zuletzt erkennbar an den sozialen Entwicklung der Staaten und auch am Umgang mit Flüchtlingen. Nicht die Nationalstaaten sind heute Ziel der Politik, sondern die Verwirklichung von Menschenrechten. Das von US-Präsident Wilson propagierte Selbstbestimmungsrecht der Nationen, zur Zeit von Döblins Beobachtungen noch ganz am Anfang, hat sich als geschichtlicher Irrtum erwiesen.

5.3 George Orwell

Antisemitismus in Großbritannien[45]

5.3.1 Anlass

Wenn die These richtig ist, dass der deutsche Antisemitismus als Folge der extremen Militarisierung im Kaiserreich und Nationalsozialismus wiederbelebt worden ist, müsste er in dem zivilisierteren Großbritannien deutlich schwächer ausgeprägt sein. Orwell, der berühmte Verfasser von „1984", hat seine Beobachtungen unmittelbar nach dem Krieg gemacht. Obwohl die Not des Krieges noch nicht überwunden war und die Erfahrungen der Engländer mit Juden stark von der Flüchtlingswelle nach 1933 bestimmt waren, kann man einen viel weniger aggressiven, eher „traditionellen" Antisemitismus feststellen.

5.3.2 Zitate

Soweit bekannt ist, leben in Großbritannien etwa 400.000 Juden und hinzu kommen einige 1000, aber nicht mehr als ein

---

45 George Orwell, Warum ich schreibe, Essays, 1945, Die großen Essays, Anaconda, 2022 Seite 114–130

paar 10.000, die nach 1934 hierher geflüchtet sind. Die jüdische Bevölkerung verteilt sich weitgehend auf ein halbes Dutzend großer Städte, und die meisten Juden arbeiten als Angestellte in der Lebensmittel-, der Bekleidungs- oder der Möbelbranche. Einige wenige Großunternehmen, wie zum Beispiel Imperial Chemical Industries, ein oder zwei der führenden Zeitungen und mindestens eine große Warenhauskette sind ganz oder teilweise in jüdischem Besitz. Aber es wäre sehr weit hergeholt zu behaupten, die britische Wirtschaft würde von Juden dominiert.

(...) Ich beginne mit diesen Hintergrundinformationen, die jedem, der gut informiert ist, längst bekannt sein dürften, um zu betonen, dass in England faktisch kein „Problem" mit der jüdischen Bevölkerung besteht. Die Juden sind weder zahlreich noch mächtig, und nur in dem Umfeld, was man salopp als „intellektuelle Kreise" bezeichnet, haben sie nennenswerten Einfluss. Dennoch ist mittlerweile allgemein anerkannt, dass Antisemitismus zunimmt, dass er durch den Krieg deutlich zugenommen hat, und dass auch Menschen, die ansonsten tolerant und aufgeklärt sind, davor nicht gefeit sind. Das nimmt keine gewalttätigen Formen an (dafür ist man in England generell viel zu höflich und gesetzestreu), kann aber durchaus boshafte Züge annehmen und unter Umständen politische Folgen haben. Hier einige Beispiele für antisemitische Äußerungen die ich in den letzten ein bis zwei Jahren gehört habe (...) Es folgen Beispiele, bei denen auf Juden unter anderem mit Begriff „der auserwählten Rasse" Bezug genommen wird oder generell eine Abneigung geäußert wird ohne Begründung, oder auch die Klischees transportiert werden, dass Juden sich schlecht benehmen und selbstsüchtig seien, oder nicht zu körperlicher Arbeit neigten und *„jedem in den Hintern kriechen, der ihnen einen Tritt gibt"*.

Die Beispiele zeigen aus Sicht von Orwell zwei Phänomene: *„Erstens (...) ist Menschen, die über einen gewissen Grad an Intelligenz verfügen, Antisemitismus peinlich und sie legen Wert auf* *einen Unterschied zwischen „Antisemitismus" und „Abneigung gegen Juden". Zweitens ist Antisemitismus etwas Irrationales. Den Juden werden bestimmte Verhaltensweisen unterstellt (...) und diejenigen, die so etwas behaupten, sind absolut überzeugt davon. Dabei ist offenkundig, dass mit solchen Unterstellungen lediglich tief verinnerlichte Vorurteile zum Ausdruck kommen.*

(...) Tatsächlich hat sich durch den Krieg Antisemitismus nur noch verstärkt und vielen ganz normalen Leuten sogar noch einen Vorwand dafür geliefert. Zunächst einmal sind die Juden eine der Bevölkerungsgruppen, von denen man mit absoluter Sicherheit sagen kann, dass sie von einem Sieg der Alliierten profitieren. Von daher scheint die These, dass „das ein jüdischer Krieg sei" in gewisser Weise plausibel, zumal die Anstrengungen, die sie in diesem Krieg selbst unternommen haben, nur selten gewürdigt werden. Das britische Empire ist ein riesiger, heterogener Verbund, der vor allem durch gegenseitiges Einverständnis zusammengehalten wird, und manchmal muss man die weniger verlässlichen Beteiligten mehr umschmeicheln als die loyalen. Berichte über Heldentaten jüdischer Soldaten oder die Erwähnung einer beträchtlich großen jüdischen Armee im Nahen Osten würden in Südafrika, den arabischen Ländern und andernorts ablehnend zur Kenntnis genommen. Da ist es leichter, das gesamte Thema unter den Tisch fallen zu lassen und die einfachen Leute auf der Straße weiter glauben zu lassen, Juden wären außerordentlich geschickt darin, sich vor dem Kriegsdienst zu drücken. Außerdem sind Juden vor allem in genau den Branchen tätig, die sich in Kriegszeiten zwangsläufig unbeliebt bei der Zivilbevölkerung machen. Meistens verkaufen Juden Lebensmittel, Kleidung, Möbel oder Tabak, also genau die Waren, die generell knapp werden, folglich überteuert sind, die man nur auf dem Schwarzmarkt oder über Beziehungen bekommt. Auch wurde der weitverbreitete Vorwurf, Juden würden sich bei Luftangriffen extrem feige

verhalten, durch die großen Luftschlachten von 1940 in gewisser Weise noch unterstrichen. Dabei war es infolgedessen, dass das jüdisch geprägte Viertel Whitechapel am schwersten bombardiert wurde, vollkommen normal, dass scharenweise Juden von dort flüchteten und sich über ganz London verteilten. Wenn man einzig und allein von solchen in Kriegszeiten auftretenden Phänomenen ausgeht, ist leicht vorstellbar, dass Antisemitismus etwas scheinbar rationales ist, das lediglich auf falschen Annahmen beruht. Und natürlich betrachten Antisemiten sich selbst als rational denkende Menschen. (117,118)

Orwell schildert weiter, dass bei einem Unfall in der U-Bahn, bei dem es zu einer Panik mit über 100 Toten gekommen war, sich noch am selben Tage das Gerücht verbreitete: *„Dafür sind die Juden verantwortlich". Wenn Menschen so etwas glauben, ist natürlich klar, dass sie Argumenten nicht mehr zugänglich sind. Der einzig sinnvolle Ansatz ist herauszufinden, warum die Leute solche absurden Geschichten bei einem bestimmten Thema einfach glauben, obwohl sie zu anderen Themen durchaus vernünftige Ansichten haben. (119)*

Man kann wohl festhalten, dass auch in einer Gesellschaft mit viel stärkeren zivilen Traditionen als der deutschen, es einen irrationalen Antisemitismus gab, über den die Menschen sich oft gar nicht im Klaren waren. Diesem war leider darüber hinaus schwer beizukommen. Orwell führt ihn in den genannten Fällen auf Missinterpretationen von Geschehnissen zurück, die ihnen leicht den Anstrich sachlicher Richtigkeit geben könnten.

Dass diese Missinterpretationen besonders die Juden betreffen, muss auf einen tieferliegenden, zeitlich vorausgehenden Werterahmen zurück gehen, der in der Praxis eine entsprechende Aufmerksamkeit für Geschehnisse erzeugt und sie in vorgefasste Spuren einordnet.

Norbert Elias hat mit seinem Co-Autor J. L Scotson in „Etablierte und Außenseiter" die Neigung zu Abgrenzungen und Vorurteilen in einer englischen Stadt näher untersucht. Sie haben festgestellt, dass Vorurteile im Anderssein von Mitbürgern gesucht werden und, wenn es fast keine Unterschiede gibt, bereits die etwas längere Ansässigkeit in einem Stadtviertel die Neigung zu Überlegenheitsgefühlen und Abwertung neuerer Mitbewohner hervorgerufen hat. Es handelt sich also um ein sehr tief sitzendes menschliches Bedürfnis, Gruppen zu bilden, denen man einen höheren Wert als anderen zumisst. Ähnliches war in Deutschland bis in die Nachkriegszeit zwischen vielen benachbarten Dörfern üblich.

Dass dabei verstärkt die Juden ausgegrenzt werden, hängt natürlich in erster Linie mit der historischen, gezielten religiösen Diffamierung zusammen. „Sie haben die falsche Religion..."

Das hat es auch, in meist weniger starker Ausprägung, bis in die Neuzeit zwischen Katholiken und Protestanten, Katholiken und Calvinisten gegeben.

Im Fall der Religionen hat es immer, nicht nur bei Juden, mit dem Bewusstsein des „auserwählten – Volkes bzw. Glaubens" zu tun, und mit der Forderung, sich nicht oder wenig mit anderen Menschengruppen zu mischen, also Freundschaften zu pflegen und zu heiraten. „Ihr, die ihr glaubt! Nehmt euch die Juden und Christen nicht zu Freunden!" (Koran, 5, 21)

Man könnte in den darauffolgenden Verhaltensreaktionen eine soziale Gesetzmäßigkeit sehen: „Wer sich selbst ausgrenzt, wird von den anderen ausgegrenzt."

Der Antisemitismus in Großbritannien hat sich vermutlich auch deshalb in Grenzen gehalten, weil die Zahl der Juden sehr gering war und es nicht zu eigenen, jüdisch geprägten Gebieten mit weniger entwickelten, teilweise archaisch anmutenden Vertretern gekommen ist, wie es etwa in Osteuropa der Fall war.[46]

Interessant ist, dass einer Anerkennung der jüdischen Bemühungen im Krieg Rücksichtnahmen des Weltreichs auf Länder mit starken Vorurteilen gegenüber den Juden entgegenstanden.

Darüber hinaus ist es erstaunlich, dass der Antisemitismus, aus Gründen die Orwell sehr sachlich analysiert, mit dem Krieg zugenommen hat.

Unter gebildeten Menschen gilt Antisemitismus als Todsünde und fällt in eine ganz andere Kategorie als rassistische Vorurteile sonstiger Art. (119) Daraus ergibt sich nach Orwell eine gewisse Spaltung des Bewusstseins zwischen einem unbewussten Antisemitismus und dem Gefühl, dass man sich den leidenden Juden gegenüber korrekt und solidarisch verhalten müsse. Es fehle neuerdings an einer Aufarbeitung des Antisemitismus. *„Die Judenverfolgung in Deutschland hat nämlich auch dazu geführt, dass Antisemitismus in England nie eingehend erforscht wurde. Vor ein bis zwei Jahren gab es in England lediglich eine kurze, wenig aussagekräftige Studie, und falls es überhaupt noch weitere Untersuchungen zu diesem Thema gegeben hat, bleiben die Ergebnisse streng unter Verschluss. Gleichzeitig wurde aus Rücksicht alles unterdrückt, was jüdische Befindlichkeiten hätte verletzen können. Nach 1934 waren „Judenwitze" auf wundersame Weise von Postkarten, aus Zeitungen und von den Bühnen der Varietétheater verschwunden, und ein jüdischer unsympathischer Protagonist in einem Roman oder einer Kurzgeschichte galt als antisemitisch. Auch bezüglich des Palästinakonflikts war es in aufgeklärten Kreisen*

---

46 Nach Wikipedia sind 2015 „von den rund 60,46 Millionen Einwohnern Großbritanniens... etwa 360.000 jüdischen Glaubens." Also etwa 0,6%

ein Muss, die jüdischen Anliegen als gerechtfertigt zu betrachten und die Forderungen der Araber beiseite zulassen. (...) Durch Hitler war eine Situation entstanden, in der die Presse einer Zensur zugunsten der Juden unterlag, während im privaten Umfeld Antisemitismus auf dem Vormarsch war, in gewissem Ausmaß auch bei vernunftbegabten, intelligenten Menschen. 1940 wurde das besonders durch die Internierung der Flüchtlinge spürbar. Natürlich sah sich jeder, der sich Gedanken machte, dazu verpflichtet, dagegen zu protestieren, dass massenhaft beklagenswerte Ausländer eingesperrt wurden, die größtenteils deshalb nach England kamen, weil sie Feinde Hitlers waren. Im privaten Umfeld hörte man aber auch ganz andere Töne. Eine Minderheit der Flüchtlinge legte ein überaus unverschämtes Verhalten an den Tag, aber die Stimmung, die gegen alle gemacht wurde, hatte zwangsläufig eine antisemitischen Beiklang, da die meisten von ihnen Juden waren. (121)

Das Empfinden, dass Antisemitismus beachtenswert und beschämend ist, also etwas, womit man als zivilisierter Mensch nichts zu tun hat, ist hinderlich für eine wissenschaftliche Aufarbeitung, denn viele Menschen werden wohl einräumen, dass sie Angst vor einer eingehenden Untersuchung dieses Themas haben. D.h., sie haben Angst, dass sich dabei nicht nur herausstellen würde, wie weit verbreitet Antisemitismus ist, sondern auch, dass sie sich selbst damit infiziert haben. (122)

Um diesen Standpunkt nachvollziehen zu können, muss man ein paar Jahrzehnte zurückschauen, und zwar in die Zeit, als Hitler noch ein arbeitsloser Maler war, den niemand kannte. Dann würde man feststellen, dass Antisemitismus heutzutage zwar hinreichend erwiesen ist, in England aber vermutlich weniger häufiger vorkommt als vor 30 Jahren. Denn als Gedankenkonstruktion im Sinne einer rassistischen oder religiösen Doktrin konnte sich Antisemitismus in England nie durchsetzen. Sonderliche Vorbehalte gegen die Ehe mit Juden oder gegen Juden in

hochrangigen Positionen des öffentlichen Lebens hat es nie gege-
ben. Aber vor 30 Jahren galt es mehr oder weniger als Naturge-
setz, dass Witze über Juden gemacht wurden und dass sie – auch
wenn sie an Intelligenz uns überlegen galten – „charakterliche"
Schwächen hatten. Theoretisch war ein Jude nicht von gesetz-
lichen Einschränkungen betroffen, aber faktisch blieb er von vie-
len Berufen ausgeschlossen. Marineoffizier zum Beispiel hätte er
wahrscheinlich nicht werden können, und auch andere prestige-
trächtige Ränge und Einheiten wären ihm wohl versperrt gewe-
sen. Ein jüdischer Junge hatte es an einer Privatschule sicherlich
auch nicht leicht. Wohlhabende Juden pflegten sich hinter aristo-
kratischen englischen oder schottischen Namen verbergen. (123)

Für eine Juden, der in Whitechapel aufgewachsen war, schien
es normal, dass er beleidigt oder zumindest verhöhnt wurde,
wenn er sich in eines der benachbarten christlichen Elendsvier-
tel wagte. Witze in Varietétheatern oder Witzblättern waren
fast immer böswilliger Art. (124)

Dazu die Originalanmerkung des Autors: *Interessant ist ein*
Vergleich der „Judenwitze" mit einer anderen Art von Sketchen
in Varietétheatern, nämlich den „Schottenwitzen", die auf den
ersten Blick ähnlich scheinen. Manchmal gibt es eine Hand-
lung, bei der beide gleichermaßen schlecht wegkommen (zum
Beispiel über einen Juden und einen Schotten, die zusammen in
einen Pub gingen und verdursteten), aber normalerweise wer-
den dem Juden bloß Schlauheit und Habgier zugeschrieben,
wohingegen dem Schotten auch körperliche Stärke zugedacht
wird. So zum Beispiel bei dem Witz, in dem ein Jude und ein
Schotte zu einer Veranstaltung gehen, von der es heißt, dass
man keinen Eintritt zahlen muss. Unerwartet findet dann doch
eine Kollekte statt, und daraufhin fällt der Jude in Ohnmacht
und der Schotte trägt ihn hinaus. Hier vollbringt der Schotte
den körperlichen Kraftakt, seinen Begleiter hinaus zu tragen.
Wäre es umgekehrt, würde ein leicht schiefes Bild entstehen.

Der Vergleich mit anderen ethnischen oder regionalen Minderheiten zeigt, dass die Zuschreibung von bestimmten Eigenschaften ein allgemeines gesellschaftliches Phänomen ist, das zwar von den Betroffenen situationsabhängig als mehr oder weniger herabsetzend empfunden werden kann, jedoch nichts ist, das mit dem schweren Rassismusvorwurf in Verbindung gebracht werden muss. Ähnlich wie die Witze über die Schotten hatten sich in Deutschland über einige Jahrzehnte hinweg Ostfriesenwitze verbreitet, von denen man sogar wusste, wo sie ihren Ausgangspunkt hatten. Ihr Kennzeichen war es, Ostfriesen als etwas zurückgeblieben und durch ihre flache Heimat an der See zu kennzeichnen. In Dänemark hat der Ostfriese im Aarhuser sein Pendant. Alles in allem wurden sie eher als Ausdruck von Humor und nicht als diskriminierend betrachtet. Ein Grund war sicher, dass man die darin zum Ausdruck kommende Abwertung überhaupt nicht mit den Ostfriesen in Verbindung brachte und ernst nahm. So könnte es im Beispiel von Orwell auch mit den Schotten gewesen sein. Inwieweit der den Schotten zugeschriebene Geiz wirklich zutrifft – und ob er nicht auch durch die harten Lebensbedingungen der vergangenen Jahrhunderte zu erklären wäre –, entzieht sich meiner Kenntnis. Die Zurechnung von körperlicher Stärke ist gewissermaßen ein Ausgleich für diese Abwertung.

Bei den Juden liegt der Fall anders. Ihnen werden pauschal negative Eigenschaften als Faktum und nicht im Spiel zugeschrieben. Das hinterlässt auf beiden Seiten natürlich viel tiefere Spuren: Auf der Seite der Juden wird das Gefühl der Demütigung hervorgerufen, und auf Seiten der anderen ein auf die angeblichen negativen Eigenschaften reagierendes misstrauisches Verhalten, was zusätzlich demütigt. Aufgrund dieses Unterschieds kann ein Judenwitz nie die Lockerheit von Witzen über andere Landsmannschaften wie etwa die Bayern, die Schwaben, die Ostfriesen, die Berliner oder die Sachsen haben. Und das, auch ohne den Holocaust mitzuberücksichtigen. Dieser kommt vielmehr noch erschwerend hinzu.

Auch in der Literatur kam es zur Verunglimpfung von Juden, was bei Bellock, Chesterton und ihren Anhängern fast ebenso verleumderische Züge annahm wie auf dem europäischen Kontinent. Nicht-katholische Autoren ließen sich in etwas milderer Form das gleiche zuschulden kommen. Seit Chaucer ist die englische Literatur erkennbar von Antisemitismus durchzogen. (124)

Wenn Vorurteile gegen Juden, so wie ich glaube, in England schon immer weit verbreitet waren, gibt es keinen Grund zu glauben, Hitler hätte zu ihrem Abbau beigetragen. Er bewirkte lediglich eine deutliche Abgrenzung zwischen politisch bewussten Menschen, die wissen, dass es gegenwärtig nicht angebracht ist, Juden anzufeinden, und denjenigen, denen das nicht bewusst ist und deren ursprünglicher Antisemitismus sich durch die gereizte Anspannung aufgrund des Krieges nur noch verstärkt hat. (125)

Orwell führt die üblichen Rechtfertigungen für Antisemitismus auf:

Juden sind Ausbeuter. Das liegt zum Teil darin begründet, dass die meisten Juden in England kleine Geschäftsleute sind – also Leute, bei denen unlauteres Verhalten eher auffällt als bei, sagen wir einmal, einer Bank oder einer Versicherungsgesellschaft.

Auf höherer intellektueller Ebene wird Antisemitismus mit der Begründung gerechtfertigt, die Juden würden Unzufriedenheit säen und die nationale Moral schwächen. Aber auch das ist eine wenig stichhaltige Rechtfertigung. Er führt dies auf eine bestimmte Intelligenzija – also sozialistisch oder kommunistisch eingestellte Intellektuelle – zurück, die auch in anderen Fragen die Politik Großbritanniens hämisch begleitet. Aber die missgestimmte Intelligenzija bestand zu einem großen Teil auch aus Juden. Deshalb scheint es also zunächst einmal plausibel, die

Juden als Feinde unserer ursprünglichen Kultur und der na-
tionalen Moral zu betrachten. Schaut man genauer hin, ent-
puppt sich eine solche Behauptung als absoluter Unsinn. (126)
Tatsächlich war in den letzten Jahrzehnten in Großbritannien
so gut wie keine nennenswerte <u>nationalistische</u>[47] Intelligenzi-
ja vorhanden. Doch britischer Nationalismus (...) kann wieder
aufleben (...) wenn Großbritannien aus dem gegenwärtigen
Krieg deutlich geschwächt hervorgeht. Denn die jungen Intel-
lektuellen von 1950 werden vielleicht einen ebenso naiven Pat-
riotismus vertreten wie die von 1914. (127)

Das ist wohl nicht eingetroffen, denn Doris Lessing berichtet
von einer starken linken Ausrichtung der Intellektuellen in der
Nachkriegszeit, die sich offensichtlich aus der Kriegszeit fortgesetzt und verbreitet hat.

„Die beiden landläufigen Erklärungen, er (der Antisemitismus)
habe wirtschaftliche Gründe oder sei ein Erbe des Mittelalters,
reichen mir einfach nicht, obwohl ich einräumen muss, dass
beide Erklärungen in ihrer Kombination der Faktenlage durch-
aus entsprechen. Alles, was ich ansonsten dazu sagen kann,
ist, dass Antisemitismus Teil der umfassenderen Problematik
des Nationalismus ist, wozu es aber auch noch keine seriösen
Untersuchungen gibt, und dass die Juden ganz offensichtlich
als Sündenböcke herhalten müssen, wobei wir aber gar nicht
wissen, wofür sie als Sündenböcke herhalten müssen. (127)

Orwell sieht also auch eine Verbindung von Nationalismus und
Antisemitismus. Der Nationalismus ging natürlich auch in
Großbritannien mit einem verstärkten militärischen Verhal-
tens- und Empfindungskanon einher, hat jedoch nicht das extreme Ausmaß des wilhelminischen oder gar des nazistischen

---

47 Unterstreichung HL

Militarismus in Deutschland, und damit auch weniger extreme Folgen in Bezug auf Antisemitismus.

Die wichtigsten persönlichen Thesen von Orwell lauten folgendermaßen:

„Antisemitismus kommt in England häufiger vor, als wir bereit sind zuzugeben, und durch den Krieg ist er mehr in den Fokus gerückt, aber es ist nicht sicher, ob er auf dem Vormarsch ist, wenn man in Jahrzehnten und nicht in Jahren denkt.

Gegenwärtig führt er nicht zu unverhüllter Hetze, wirkt sich aber dahingehend aus, dass die Menschen gleichgültiger in Bezug auf das Leiden der Juden in anderen Ländern werden.

Er ist grundsätzlich irrational und lässt sich nicht durch Argumente aufbrechen.

Verfolgungen in Deutschland haben dazu geführt, dass antisemitische Gedanken öfter verheimlicht werden, wodurch das gesamte Bild unschärfer wird.

Das Thema muss wissenschaftlich aufgearbeitet werden. (128)

Die wirkliche Erforschung dieses Themas wird erst möglich sein, wenn Hitler verschwunden ist, und dann wäre es vermutlich am besten, nicht damit anzufangen, dass man Antisemitismus entlarvt, sondern damit, dass man die Begründungen zu seiner Rechtfertigung auflistet. (...) Mit dieser Vorgehensweise findet man vielleicht Anhaltspunkte, die zu den psychologischen Ursachen führen. (130)

Seine Argumentation, dass der Antisemitismus grundsätzlich irrational und damit für Argumente nicht zugänglich wäre, könnte man infrage stellen. Es erscheint möglich, dass durch eine

sachliche Dekonstruktion antisemitischer Argumente deren
Irrationalität aufgedeckt und entsprechenden Überzeugungen,
wenn nicht beseitigt, so doch geschwächt und ihre Verbreitung
eingedämmt werden könnten. Damit würden sie nur in schwä-
cherer Form der nachwachsenden Generation vermittelt und
langfristig – theoretisch – zum Verschwinden gebracht.

Nach den Erfahrungen der Nachkriegszeit sind heute die Vorurteile geringer, es sind jedoch auch neue hinzugekommen.
Letztere hängen stark mit Israel und den Auseinandersetzungen mit den Palästinensern zusammen. Diesen ist man bereit
Selbstbestimmung zuzugestehen und prangert Ungeschicklich-
keiten und Aggressionen von Israel gegenüber den Palästinensern an. Dabei wird in den deutschen Medien die Position Israels
in Bezug auf seine Aggressionen überbetont und die der Palästinenser heruntergespielt bzw. als nachvollziehbar dargestellt.
Unterstützt wird diese Sicht durch einen Teil der muslimisch geprägten Zuwanderer, bei denen Israelfeindlichkeit zum Glauben
gehört. Dabei wird gänzlich außer acht gelassen, welche men-
schenverachtenden Ziele die Repräsentanten der Palästinenser,
zum Beispiel die Hamas, nach ihren Statuten anstreben. Sie
wird fälschlicherweise als Befreiungsorganisation angesehen,
statt als Terrororganisation, die eine religiöse Diktatur wie im
Iran errichten will.

Dabei passt es ins Bild, dass auch die palästinensischen und muslimischen Vertreter eine stark vom militärischen Kanon geprägte Ideologie vertreten – fanatischer Glaube, Intoleranz, Opferbereitschaft, keine Kompromisse, keine Rücksichtnahme auf
Menschenleben, weder in der eigenen noch in anderen Gesellschaften, Glaube statt Bildung. Sie bestätigen diese Verbindung
über die kulturellen Grenzen hinweg als grundlegende Zusammenhänge und bieten Ansatzpunkte, den Antisemitismus durch
eine Bekämpfung dieser militärischen Werte und die Betonung
ziviler Werte zu schwächen.

Im Zusammenhang mit dieser Problematik wird auch eine andere Bezeichnung verwendet: Man unterscheidet zwischen einer heroischen und einer postheroischen Gesellschaft. Europa befindet sich in der postheroischen Phase, während die muslimischen Gesellschaften sich großenteils noch in der heroischen Phase befinden. Der beiden zugrundeliegende Begriff des Heros, des Helden, bedeutet nichts anderes als „Krieger."[48] Damit ist dasselbe gemeint wie bei den unterschiedlichen Wertekanons – militärischer und ziviler – nur viel undeutlicher. Es ist schade, dass der präzisere, wenn auch vielleicht umständlichere Begriff von Elias nicht in höherem Maße Eingang in die politische Diskussion gefunden hat.

Dass eine Aufarbeitung des Antisemitismus in Großbritannien wie auch im übrigen Europa erst nach der Beseitigung der Hitlerdiktatur und der schlimmsten Kriegsfolgen einsetzen konnte, ist nachvollziehbar. Diese Bedingungen sind seit langer Zeit gegeben und müssten genutzt werden.

5.3.3 Fazit

Es ist angenehm, dass auch Orwell den traditionell religiös begründeten Antisemitismus und andere Volksteile abgrenzenden Vorurteile, wie zum Beispiel die Schotten, von den tiefer liegenden und aggressiveren Formen des auch in Großbritannien vorhandenen Antisemitismus trennt. Ihn sieht er als historisch-religiös entstanden und zu seiner Zeit im Zusammenhang mit Nationalismus, einer auch abgrenzenden, das Militär aufwertenden Sichtweise, wie auch auf der anderen politischen Seite mit einer damals herrschenden Strömung der englischen Intellektuellen,

---

48 Adeliger, Heerführer, Held, Halbgott

die stark von einer marxistisch-kommunistischen Sichtweise gefärbt ist.

Eine Aufarbeitung hält er in der Nachkriegszeit für erforderlich, sieht jedoch wenig Chancen darin, den Antisemitismus ganz zu beseitigen.

Aus dem zeitlichen Abstand von über 70 Jahren kann man seine Analyse nur bewundern.

6 Der böse Ursprung – Platon

Begründung der militärischen Werte

6.1 Ausgangspunkt

Wenn die Quellen des Antisemitismus im Wirken des aristokratischen, allgemeiner des stratifizierten Systems liegen, müssten sie aus dessen Begründung ableitbar sein. Eine ausführliche Begründung für die Notwendigkeit, dass und wie eine Herrscherklasse den Staat beherrschen muss, finden wir bei Platon einschließlich der maßgeblichen gesellschaftlichen Werte. Darüber hinaus lässt er auch weitere Merkmale erkennen, die die Aristokratie in Gegensatz zu einem demokratischen oder wirtschaftsorientierten Gesellschaftssystem stellen.

6.2 Platon aus heutiger Sicht

In seinen Werken der *Staat*, der *Staatsmann* die *Gesetze* begründet Platon einen aristokratisch-kommunistisch aufgebauten Staat. Dies wird bei Karl Popper in den beiden Bänden *„Die offene Gesellschaft und ihre Feinde"*[49] detailliert herausgearbeitet. Platon entwickelt eine Gegenposition zu der seines Lehrers Sokrates, der die Freiheit im demokratischen System verteidigt. Man kann dabei den Eindruck gewinnen, dass das ganze platonische philosophische System des Idealismus dazu entworfen worden ist, die Irrationalität der Argumentation zur Begründung des Klassenstaates zu verdecken. Er muss nämlich dazu

---

49 Karl Popper, Die offene Gesellschaft und ihre Feinde, Band 1 u. 2, Mohr Siebeck, 1945/2003

eine große Zahl von Verdrehungen, willkürlichen Vorannahmen und Verallgemeinerungen vornehmen und auf einen kritischen Rückblick auf sein Werk verzichten. Sonst müsste im aufgefallen sein, dass der von ihm propagierte Staat für alle seine Mitglieder, ob Sklaven oder Herren, keine Lebensqualität und nur Unterdrückung bietet und bereits deshalb das absolut gesetzte Ziel der Stabilität nicht erreichen kann. Sein Vorbild Sparta schaffte es immerhin, 300 Jahre lang zu bestehen.

Es ist davon auszugehen, dass die Theorie Platons bei nüchterner Betrachtung bereits in der Antike für viele philosophisch Gebildete unplausibel geklungen hat, dennoch wurde dies von den Vertretern des aristokratischen System verdeckt und ignoriert.

Das System sucht sich seine Apologeten, und zwar bis in die Neuzeit, wo nach Popper von Hegel durch eine neue Interpretation, mit seiner Erfindung des „Weltgeistes" und der damit verbundenen Rechtfertigung aller staatlichen Macht eine neue antiaufklärerische Grundlage gegeben wurde.

6.3 Platons Argumentation

Der Gedankengang von Platon ist, stark vereinfacht, folgender:

Nicht die mit den Sinnen erfassbare Welt ist die wahre, sondern ein dahinterstehendes, nur durch Philosophen intuitiv und durch angebliche Wissenschaft erfassbares Ideal, ist die Wirklichkeit. Was den Staat angeht, so hat er sich von diesem Ideal abgelöst und verschiedene Formen der Degeneration durchlaufen, angefangen bei der timokratischen über die aristokratische und demokratische bis zur tyrannischen Herrschaft, die den negativen Endpunkt bildet. Will man also wissen, wie der Idealstaat ausgesehen hat, muss man ihn – weil die Entwicklung nicht ein Aufstieg, sondern ein Abstieg ist – in der Vergangenheit suchen; es ist der spartanischen Sippenstaat. Dieser ist gekennzeichnet durch die Herrschaft Weniger über Viele, die nur durch eine dauernde, gewalttätige Unterdrückung aufrechterhalten werden kann, die den Menschen anerzogen werden muss. Allein die Herrscherkaste aus Kriegern und Wächtern erhält eine Erziehung; die aber ist erschreckend:

„Das erste Prinzip von allen", schreibt er „ist dieses: Niemand, weder Mann noch Weib, soll jemals ohne Führer sein. Auch soll die Seele von keinem sich daran gewöhnen, etwas im Ernst oder auch nur im Scherz auf eigene Hand allein zu tun. Vielmehr soll jeder, im Krieg und auch mitten im Frieden, auf seinen Führer blicken und ihm gläubig folgen (...) Und auch in den geringsten Dingen soll er unter der Leitung des Führers stehen. Zum Beispiel soll er aufstehen, sich bewegen, sich waschen, seine Mahlzeiten einnehmen (...) nur, wenn es ihm befohlen wurde.

(...) Kurz, er wird seine Seele durch lange Gewöhnung so in Zucht nehmen, dass sie nicht einmal auf den Gedanken kommt, unabhängig zu handeln, und dass sie dazu völlig unfähig wird. So werden alle ihr Leben in totaler Gemeinschaft verbringen. Es gibt kein Gesetz, noch wird es je eines geben, dass diesem überlegen wäre oder das besser und wirksamer wäre, um die Errettung und den Sieg im Krieg zu sichern. Das muss schon im Frieden und von frühester Kindheit auf Gegenstand eifriger Übung sein, dass man nicht minder lerne, andere zu beherrschen als von ihnen beherrscht zu werden. Und jede Spur von Anarchie muss nicht nur aus dem Leben aller Menschen, sondern auch aller dem Menschen dienenden Tiere gründlich und bis auf die letzten Spuren ausgerottet werden." (124)[50]

---

50 Seitenzahlen aus Band II

*Das politische Prinzip, das die Erziehung der Seele bestimmt
(...) ist auch für die Erziehung des Körpers maßgebend. Das Ziel
ist einfach das Ziel Spartas. Der athener Bürger wurde dazu
erzogen, sich in allen Lebenslagen zurechtzufinden; Platon
forderte hingegen die Ausbildung der herrschenden Klasse zu
einer Klasse von Berufskriegern, die bereit sind, gegen innere
und äußere Feinde des Staates zuzuschlagen. Kinder beiderlei
Geschlechts, so wird uns zweimal mitgeteilt, „müssen hoch zu
Ross als Zuschauer in den Krieg geführt werden; und vorausgesetzt, dass die Lage ungefährlich ist, soll man sie ganz in die
Nähe des Kampfes bringen und Blut schmecken lassen, so, wie
man es mit jungen Hunden tut". (65, 66)*

Diese Erziehung der jungen Vertreter der Herrscherklasse wurde bereits in Sparta praktiziert, ist also keine Idee von Platon.
Sie wird von Enest Bornemann in „Das Patriarchat" eingehend
in ihrer Grausamkeit geschildert.

*Mit 14 Jahren nahm der Knabe bereits zusammen mit Erwach-
senen an Truppenübungen teil und wurde zu Entbehrungen
gezwungen, die ihn an das Lagerleben gewöhnen sollten. Mit
18 Jahren wurde er der rituellen Geißelung zu Ehren der Mut-
tergöttin Artemis Ortheia unterworfen. Plutarch berichtet, er
habe mit eigenen Augen Knaben sterben sehen, ohne dass sie
einen Laut von sich gaben. Hierbei wurden zuerst die der Göttin üblichen Opfer gebracht. Dann mussten sich die Knaben in
Reih und Glied am Altar vor der Oberpriesterin hinstellen und
sich vor deren Augen geißeln lassen. Die Trainerin der Göttin
hielt während dieses Aktes eine kleine Statuette in der Rechten
und senkte jedes Mal, wenn ihrer Meinung nach noch nicht derb
genug zugeschlagen wurde (...)*

*„Die Knaben", sagt Plutarch, „werden einen ganzen Tag lang
vor dem Altar der Artemis bis zum Tode gegeißelt, sie erdulden
es mit einer Art von Wohlgefallen, ja selbst mit einem Anschein*

von Freude. Sie wetteifern sogar um den Sieg, und derjenige, welcher die längste Zeit aushält und imstande ist, die größte Anzahl von Streichen zu erdulden, trägt den Sieg davon. Und diese Feierlichkeit wird der Geißelstreit genannt, und der Brauch wird alljährlich wiederholt.". (332, 333)[51]

Wenn diese Grausamkeiten gegen die Kinder der Herrscherklasse eingeübt wurden, mag man sich solche gegenüber den Unterdrückten nicht vorstellen; außer, dass es keine Grenzen für die Folter gab.

Langfristig ist das nicht ausreichend. Er muss auch dafür gesorgt werden, dass in der herrschenden Gesellschaftsschicht keine Spaltung entsteht. Dazu darf diese Schicht nicht „entarten" sondern muss gezüchtet werden. Das geht nur durch Philosophen, die alleine das Wissen in Form der platonischen Zahl – eine Erfindung von Platon – besitzen.

Und doch ist, wie jeder Züchter von Hunden, Pferden oder Vögeln weiß, eine planmäßige Züchtung ohne ein Schema, ohne ein Ziel, das er erreichen will, ohne ein Ideal, dem er sich durch die Methode der Paarung und der Auswahl anzunähern trachtet, unmöglich. Ohne einen solchen Maßstab könnte er nie entscheiden, welche Nachkommen „genug sind"; er könnte nie von einem Unterschied zwischen „guter Nachkommenschaft" und „schlechter Nachkommenschaft" sprechen. Dieser Maßstab entspricht aber genau der platonischen Idee der Rasse, die er zu züchten beabsichtigt. Ebenso wie nur der wahre Philosoph, der Dialektiker, nach Platon das göttliche Urbild des Staates erschauen kan, ebenso kann nur der Dialektiker das andere wirkliche Urbild, die Form oder Ideen des Menschen erfassen. Nur er ist fähig, dieses Modell nachzubilden, es vom Himmel auf

---

51 Ernest Bornemann, Das Patriarchat, S. Fischer Frankfurt

die Erde herabzurufen und hier zu verwirklichen (...) Sie verkörpert nicht, wie manche Interpreten dachten, das, was allen Menschen gemeinsam ist oder sie ist nicht der universale Begriff „Mensch", sondern das göttliche Urbild des Menschen, ein unveränderlicher Übermensch; sie ist ein Übergrieche und ein Überherr. Der Philosoph muss versuchen, auf Erden eine Rasse zu züchten, die von Platon beschrieben wird als die Rasse des „beständigen, männlichen und, innerhalb der Schranken des Möglichen, schönsten Menschen, (...) vornehm geboren und von furchteinflößenden Charakter". Es soll eine Rasse von Männern und Frauen sein, die „Gott ähnlich, wenn nicht göttlich, und (...) in vollkommener Schönheit modelliert ist" – eine Herrenrasse, von der Natur zum Königtum und zur Herrschaft bestimmt. (178)

Nun können wir verstehen, warum Platon an derselben Stelle, an der er zum ersten Mal die Anwendung der Prinzipien der Tierzucht auf die Rasse der Menschen fordert, auch zum ersten Mal andeutet dass die Herrscher mit einer mehr als gewöhnlichen Fähigkeit begabt sein müssen. Bei der Züchtung von Tieren, sagt er, lassen wir die größte Sorgfalt walten. „Wenn du sie nicht auf diese Weise züchten würdest, glaubst du nicht, dass dann die Rasse deiner Vögel und Hunde schnell entarten würde?" Und nachdem „Sokrates" daraus geschlossen hat, dass der Mensch auf dieselbe sorgfältige Weise gezüchtet werden müsse, ruft er aus: „Lieber Himmel! [...] Welch außerordentliche Vortrefflichkeit werden wir von unseren Herrschern fordern müssen, wenn für die Rasse der Menschen dieselben Prinzipien gelten!" (...) Aber die Stelle ist noch von größerer Tragweite. Denn sie führt direkt zu Platons Forderung, dass die Herrscher als die Ärzte der Menschenrasse verpflichtet sind, Lügen und Täuschungen zu verordnen. Lügen sind notwendig, so behauptet Platon, „wenn deine Herde höchste Vollendung erreichen soll"; denn dazu sind Anordnungen nötig, „die vor allen, mit Ausnahme der Herrscher, geheim gehalten werden müssen, *wenn wir die Herde der Wächter wirklich frei von Uneinigkeit halten wollen"* (...) *Die Herrscher sollten für die Paarung der jungen Mitglieder der Hilfstruppen „ein geniales Auswahlsystem einführen, damit die Personen, die enttäuscht würden* (...) *ihr eigenes Missgeschick und nicht die Herrscher verantwortlich machen", die insgeheim das System in Gang setzen und überwachen (Platon legt diesen Rat Sokrates in den Mund. Das kommt einer Beschimpfung seines großen Lehrers gleich.)*

Darüber hinaus muss Uneinigkeit, die durch Vermögensunterschiede entsteht, auch verhindert werden; dazu ist die Vergesellschaftung aller Vermögen und Personen erforderlich. Das bedeutet, dass die Familien verboten und auseinandergerissen werden. Erziehung erhält nur die obere Schicht der Krieger und Wächter und nur in streng auf die Erhaltung der Herrschaft ausgerichteter Form, wozu insbesondere die Gewöhnung an Grausamkeit und strenge Unterordnung gehört (s. o.).

Wie wird diese Einheit (der Herrenklasse) bewahrt? Durch Training und andere psychologische Hilfsmittel, daneben aber hauptsächlich durch die Ausschaltung ökonomischer Interessen, die Anlass zur Uneinigkeit geben könnten. Diese ökonomische Enthaltsamkeit wird durch die Einführung des Kommunismus erreicht und kontrolliert. Das Privateigentum, insbesondere das Eigentum an kostbaren Metallen, wird abgeschafft. [Der Besitz kostbarer Metalle war in Sparta verboten.] Dieser Kommunismus ist auf die herrschende Klasse beschränkt, die allein vor der Spaltung bewahrt werden muss; Streitigkeiten unter den Beherrschten sind nicht der Beachtung wert. Da jede Art von Eigentum Gemeinbesitz ist, so müssen auch Frauen und Kinder Gemeingut sein. Keinem Mitglied der Herrscherklasse darf es möglich sein, seine Kinder oder seine Eltern zu identifizieren. Die Familie muss zerstört oder, viel mehr, so ausgedehnt werden, dass sie die gesamte Kriegerklasse umfasst. Die Treue zur Familie könnte sonst eine mögliche Quelle der Uneinigkeit werden... Aber sogar der Gemeinbesitz von Frauen und Kindern ist nicht ganz hinreichend, um die Herrscherklasse vor allen ökonomischen Gefahren zu bewahren. Es ist wichtig, dass es weder Reichtum noch Armut gibt. Beide bedrohen die Einheit: die Armut, weil sie die Menschen zu verzweifelten Maßnahmen zur Befriedigung ihrer Bedürfnissen hinreißt; der Reichtum, weil sich die meisten Veränderungen vom Überflüsse herleiten, von einer Anhäufung von Reichtum, die gefährliche Experimente ermöglicht. Nur ein kommunistisches System, in dem weder für großen Mangel noch für großen Reichtum Platz ist, kann die ökonomischen Interessen auf ein Minimum reduzieren und die Einheit der herrschenden Klasse verbürgen. (59)

Da der König mit den von ihm als notwendig erkannten Zwangsmaßnahmen möglicherweise nicht überall auf Verständnis stößt, ist ihm die Lüge erlaubt, wozu eine entsprechende Rechtfertigungsideologie in Form der Religion gehört. Verstöße gegen den Glauben an diese werden mit dem Tode bestraft.

Denn tatsächlich ist Platons Einstellung zur Religion, so wie sie in seiner „inspirierten Lüge" zu Tage tritt, praktisch identisch mit der Einstellung seines geliebten Onkels Kritias, des hochbegabten Führers der 30 Tyrannen, der nach dem peloponnesischen Krieg in Athen eine unrühmliche Blutherrschaft errichtete. Er war ein Dichter, und der erste, der Propagandalügen verherrlichte. Ihre Erfindung beschrieb er in kraftvollen Versen, die den weisen und klugen Mann feiern, der Religion erfand, um das Volk zu „überreden", d.h., um es zur Unterwürfigkeit zu zwingen:

Dann kam, so scheint's, ein kluger weiser Mann,
der erste, der die Götterfurcht erfand (...)
Er spann ein Märchen, eine schlaue Lehre,
Die Wahrheit unter Lügen fein verbarg,
Er sprach zu uns vom Wohnsitz grimmer Götter,
(...)

Er zähmt die Menschen mit der Fessel Furcht,
Umkreist mit Göttern sie, auf höchsten Burgen,
entmutigt und bezaubert sie mit Sprüchen -
und Ungesetzlichkeit weicht Ordnung und Gesetz.

Nach der Ansicht des Kritias ist die Religion nichts anderes als die vornehme Lüge eines großen geschickten Staatsmannes. (170)

Ich glaube aber, dass überall dort, wo Platon religiöse Dinge in ihrer Beziehung zur Politik ins Auge fasst, sein politischer Opportunismus alle anderen Gefühle zur Seite drängt. So fordert Platon in den „Gesetzen" auch für ehrliche und ehrenhafte Leute die strengsten Strafen, wenn ihre Ansichten über die Götter von den vom Staat vertretenen Ansichten abweichen. Ihre Seelen sind von einem nächtlichen Rat von Inquisitoren zu behandeln; und wenn sie nicht widerrufen, oder wenn sie ihr Vergehen wiederholen, dann bedeutet die Anklage der Gottlosigkeit den Tod. Hat Platon vergessen, dass Sokrates als ein Opfer gerade dieser Anklage gestorben ist? (171)

Hier ist also das ganze Arsenal zur Sicherung einer Klassenherrschaft versammelt; die tragenden, kriegerischen Werte der Aristokratie wie die Rezepte zu deren Durchsetzung, einschließlich des Rassismus!

Machiavelli hat dann fast 2.000 Jahre später hierauf aufgebaut und Rezepte für die praktische Herrschaft einer Person, des Fürsten, entwickelt.

Die Verteidigung der Aristokratie wie auch der wieder aufflammende Antisemitismus zum Ende des 19. Jh. konnten sich also auf eine lange, „geachtete" philosophische Tradition stützen.

6.4 Hintergründe für Konflikte

Es zeigen sich jedoch hierin auch Einstellungen, die weniger offensichtlich sind, aber in der Neuzeit und besonders im 19. Jahrhundert infrage gestellt wurden.

(1) Die Grundlage der platonischen Staatslehre ist das Ziel der Beständigkeit des Staates. Dies ist angesichts der großen Veränderungen dieser Zeit nachvollziehbar, nimmt jedoch eine Form an, die versucht jede Veränderung auszuschalten, zu unterdrücken, zu bekämpfen, selbst wenn dies noch so gewalttätige inhumane Mittel erfordert. Er deutet dazu die Wörter um:

Die humanitäre Theorie der Gerechtigkeit erhebt hauptsächlich drei Forderungen oder Vorschläge, nämlich (a) das Prinzip der Gleichberechtigung, d. h. den Vorschlag, „natürliche" Vorrechte auszuschalten, (b) das allgemeine Prinzip des Individualismus (c) das Prinzip, dass die Aufgabe und der Zweck des Staates im Schutz der Freiheit seiner Bürger besteht (...) Jeder dieser politischen Forderungen oder Vorschlägen entspricht ein genau entgegengesetztes Prinzip des Platonismus, nämlich (a ‚) das Prinzip der natürlichen Vorrechte, (b') das allgemeine Prinzip des Holismus oder Kollektivismus und (c') das Prinzip, dass es die Aufgabe und der Zweck des Individuums sei, die Stabilität des Staates zu erhalten und zu stärken. (114)

(2) Mit dem Ziel der absoluten Stabilität negiert Platon bereits die Entwicklung der Vergangenheit, denn besonders in den Hochkulturen seit 3.500 vor Christus, also in den drei Jahrtausenden vor ihm, hat die Menschheit ganz erstaunliche Fortschritte in der Erkenntnis der Natur, ihrer Gesetze und ihrer Beherrschung gemacht. Auch wenn diese in erster Linie empirisch und nicht wissenschaftlich erreicht worden sind, musste das jedem gebildeten Griechen klar sein. Denken wir an die Erfindung der Keramik, der Metalle und ihrer Bearbeitung, der verschiedenen

Werkzeuge, des Schiffbaus, des Bergbaus und Bauwesens, des Verständnisses von handwerklichen und gesellschaftlichen Prozessen, wie die Expansion der Griechen im Mittelmeer usw. Allein daraus hätte jeder unvoreingenommene Mensch schließen müssen, dass eine Gesellschaft auf Dauer nicht in einer Schockstarre zu halten sein kann – noch dazu auf der Grundlage einer Klassenherrschaft.

(3) Beim Blick auf die weitere Entwicklung insbesondere in der Neuzeit wird das noch deutlicher.

Die Verachtung des praktischen Lebens aufgrund des Konstrukts des „Ideals" in der Vergangenheit macht die Theorie immun gegen Einflüsse aus dem praktischen Leben, die das Leben verbessern können. Sie wirkt sich allerdings dahingehend aus, dass ein Staat, der Veränderungen nicht zulassen will, sich einerseits abschließen, womit er an Wohlstand und auch an militärischem Vermögen verliert, andererseits sich Einflüssen von außen durch Aggression und Unterwerfung der Nachbarn erwehren muss. Es wird also nicht nur durch seine bewusste Ideologie, sondern auch durch deren praktische Auswirkungen notwendigerweise der Entwicklung hinterherlaufen und immer stärker gefährdet sein.

Immerhin ist es der aristokratischen Staatsform gelungen, mit den von Platon propagierten Mitteln der Verbreitung seiner Rechtfertigungsideologie in immer neuen Formen noch 2.000 Jahre zu überleben. Selbst das ihm in seinen Grundlagen, der Ungleichheit der Menschen, widersprechende Christentum, das die Gleichheit der Menschen vertritt, konnte auf geschickte Weise der Herrschaftsform angepasst werden und wurde dann zu seinem geistigen Träger. Dazu waren immer wieder Abweichungen von den strengen Regeln erforderlich, insbesondere die Einbeziehung begabter oder mächtiger Vertreter der Unterschichten in die Staatsverwaltung. So auch bürgerliche Vertreter in leitende Funktionen im wilhelminischen Kaiserreich durch die Entwicklung der „satisfaktionsfähigen Gesellschaft".

Erst als die Fortschritte in der Neuzeit immer stärker wurden, zerbrach das Gerüst aus Gewalt und Ideologie in Kriegen, Revolutionen und Reformen.

(4) Die extremen Forderungen Platons machen die Labilität des Systems deutlich, und wie sehr deshalb eine innerhalb des Staates existierende, selbst kleine Gruppe mit anderen, entgegengesetzten Werten wie die Juden, als ein dauernd irritierendes und Gefahr heraufbeschwörendes Element wahrgenommen werden musste.

(5) Der Rassismus ist der Aristokratie in Form der Zuschreibung höherer Werte aufgrund der Blutsverwandtschaft und damit der Rechtfertigung von Herrscherdynastien von vornherein eigen. Er hat seinen Ursprung offensichtlich in Überlegungen von Platon, die aus der Tierzucht stammen. Dabei waren die Vererbungsregeln noch gar nicht bekannt und wurden von Platon durch den Mythos der platonischen Zahl und die Lüge bei seiner Verbreitung ersetzt. In diesem Punkte ist Platon wieder in einer nur durch die Fixierung auf ein Ziel gerichteten, ansonsten unverständlichen Schlichtheit der Argumentation befangen. Er geht von bestimmten, recht wenigen wichtigen und nur angeborenen Eigenschaften der Menschen aus und verkennt die Vielfalt der Menschen selbst innerhalb einer Gesellschaft. Er erkennt weder die Fülle unterschiedlicher geistiger Fähigkeiten, die fehlende körperliche Vorzüge oft weit übertreffen, noch die heute im Vordergrund stehende große Reichweite der kulturellen Entwicklung des Einzelnen. Als Beispiel für das erstere erwähnt bereits Homer den listigen Odysseus, der körperlich viel stärkeren Gegner dennoch überlegen ist. Ein Archimedes kann ohne großen körperlichen Einsatz allein durch seine Erfindungsgabe einem unterlegenen Heer zum Sieg verhelfen. Und: Die kulturelle Entwicklung des Menschen ist

sehr viel wichtiger als seine geerbten Anlagen, die auch in ihren schwächeren Bereichen eine Entwicklung zulassen und in stärkeren Bereichen Höchstleistungen erlauben, wie etwa Steven Hawkin gezeigt hat. Dies hat (vermutlich) auch Platon gewusst, konnte es aber nicht in seiner Philosophie berücksichtigen, weil sie dann in sich zusammengefallen wäre.

Seine maßlose Selbstüberschätzung, sein Ehrgeiz und die Hoffnung auf Erfolg bei den Herrschenden haben ihm wie auch seinen Nachfolgern offenbar den Blick verstellt.

Ein Philosoph, der so unkritisch ist gegen die Ergebnisse seiner Denkbemühungen, kann schwerlich „groß" genannt werden. Er ist eher ein von anderen Interessen groß gemachter Propagandist. Sein Weg der Erkenntnis mittels eines angeblichen Dialogs ist eine Farce, weil der Autor die Gegenargumente nach seinem Belieben wählen kann und naheliegende Einwände nicht erwähnt; der Dialog ein Monolog ist.

(6) Die Isolierung des Idealismus gegen empirische Erfahrungen verstärkt den Kontrast zum Leben der Juden in der Diaspora. Konnte eine Herrscherschicht die ihrem Verständnis widersprechenden Erfahrungen mit den Unzulänglichkeiten der Realität gegenüber den Idealen abzutun versuchen, waren die Juden der Realität im praktischen Leben existenziell ausgesetzt. Als Händler mussten sie Wissen sammeln, Beziehungen herstellen und pflegen, Transporte organisieren und die Wirtschaftlichkeit ihrer Aktivitäten streng kalkulieren. Misserfolge in jedem dieser Bereiche hatten Einbußen bis zum Konkurs zur Folge. Da ließ sich wenig wegdiskutieren, schönfärben oder negieren. Es ist klar, dass eine Existenz unter solchen Bedingungen andere Einstellungen und Verhaltensweisen produziert als die idealistischen des Adels.

Je stärker die Wirtschaft in den Vordergrund tritt, wie im 19. Jh., umso deutlicher wird die Haltung der Aristokratie von außen als schwach und unangemessen und von innen als bedroht erkannt, auch ohne, dass es zu Protesten und Revolten kommen muss. Ein Weg, auf dem die Realität in die Idealwelt des Adels eintrat, war seine zunehmende Verschuldung, die ihn in Abhängigkeiten von Banken zwang, oft ausgerechnet von jüdischen.

(7) Es ist nicht nötig, die Gedanken von Platon in dieser Hinsicht über das Römische Reich, das Mittelalter und den Beginn der Neuzeit zu verfolgen, weil er in der abendländischen Philosophie des 19. Jahrhunderts, auf der unser Augenmerk liegt, als einer der Urväter gilt. Es war üblich, bei philosophischen Gedanken Ableitungen von den griechischen Philosophen herzustellen, so dass selbst in der Nachkriegszeit Philosophen wie Hans Blumenberg oder Karl Friedrich von Weizsäcker diese Tradition fortgesetzt haben.

Ergebnis

Das in der Geschichte immer wieder vorkommende Aufflackern des Antisemitismus ist also bereits im Mittelalter in erster Linie nicht auf rein religiöse Gründe zurückzuführen, sondern auf die Religion als Herrschaftsmittel, das gesellschaftlich eigene, kaum kontrollierbare Wege ging.

Im 19. Jahrhundert, als die Religion an Bedeutung verlor, wurde der Antisemitismus durch die Gefährdung der Adelsherrschaft und die Herausbildung eines extremen Nationalismus und Militarismus zu ihrer Verteidigung zunächst wiederbelebt (Restauration) und ab dem Ende des 19. Jh. mit einer zeitgemäßen Interpretation des platonischen Instrumentariums, darunter auch die alte Rassentheorie, jetzt in wissenschaftlicher Verkleidung, systematisiert und räumlich und zeitlich erweitert.

Der Konflikt zwischen militärischem und zivilem Kanon ist also nicht nur im Gegensatz von Erfordernissen der Herrschaft und der Wirtschaft – siehe Georg Simmel – schon seit Urzeiten begründet, er hat auch seine philosophische Begründung schon in der Antike gefunden.

Unsere Hinwendung zum zivilen Kanon in Deutschland nach 1945 in Grundgesetz und Erziehung impliziert auch eine Abkehr von der langen Tradition des platonischen Idealismus, mit dem der militärische Kanon gerechtfertigt wurde. Eine entsprechende philosophische Aufarbeitung wurde jedoch durch die Stärke der Tradition an den Universitäten, bei den Kultur-Medienschaffenden, Kirchen und Verbänden verhindert.

7 Der Zivile Kanon in der Diaspora

Das Vorherrschen der zivilen Werte bei den Juden war bisher aus ihrer Stellung in der Wirtschaft – im Handel – abgeleitet und in ihrer ungesicherten Existenz in der Diaspora vermutet worden. Im Folgenden soll dem näher nachgegangen werden. Dabei zeigt sich, dass sie sich auch aus dem Religiösen speisen.

Dabei wird Salcia Landmanns, „Jüdische Weisheit aus drei Jahrtausenden" zugrunde gelegt. [52]

7.1 Die traditionelle religiös-gesellschaftliche Welt

7.1.1 Der Hintergrund: Beduinen und Stadtbewohner – beduinische und kanaanitische Werte.

Schon in der Bibel, (...) kann man oft deutlich unterscheiden, welche Gesetze und Aussprüche dem strengen, rationalen, harten Geist der wandernden Orientalen entsprungen sind und welche dem milden Kanaan. Noch weit deutlicher sind aber die Unterschiede im jüdischen Exilschrifttum. (...) Schon bei den biblischen Propheten, die in Babel lebten, noch stärker aber im babylonischen Teil des Talmud (Diaspora; HL) finden wir daher viele „unbeduinische" Charakterzüge. So die aufgewühlte Seelentiefe, die Innigkeit, die Bereitschaft zu Buße und Reue, und die Weichheit und Demut, die der Christ aus dem Neuen

---

52 Salcia Landmann, Jüdische Weisheit aus drei Jahrtausenden, Anaconda, München, 2011

Testament, die den Juden aber vor allem aus der talmudischen Agada (...) ebenso vertraut ist.

Ein anderer Teil der Juden war jedoch seit dem dritten vor-christlichen Jahrhundert in die Urheimat der Hebräer, in die arabische Halbinsel, zurückgewandert. Hier kam es zu inten-siven Mischungen mit den Arabern, (...) und später drangen solche re-arabisierten Juden mit den Arabern zusammen nach Spanien vor.

(...) Als sie dann vor allem in Andalusien, geistig fruchtbar wurden, schreiben sie, im Gegensatz zu den späteren Ostjuden, keine formlos-zerfließenden Romane, sondern streng struktu-rierten Lyrik, keine Legenden, sondern exakte Chroniken und Berichte, sie schaffen keine Mythen, sondern eine glasklare Ma-thematik und eine exakte Naturwissenschaft (...) (17,18)

Kein militärischer Adel

Prägend für das Judentum ist das Fehlen eines Schwertadels, also eines Adels, der mittels Gewalt seine Herrschaft ausübt,. Seine Führer mussten sich mit Argumenten durchsetzen, daher die Hochschätzung der Gelehrsamkeit.

Schon die ersten nomadisierenden Hebräer werden also keine Analphabeten mehr gewesen sein. Und auch später gab es bei den Juden durch alle Jahrtausende hindurch kaum Männer, die nicht schreiben und lesen konnten.

(...) Im ganzen aber blieben die Juden noch immer nicht nur das Volk der Heiligen Schrift, sondern der Schrift schlechthin. Einen Schwertadel kannten sie schon im Lande Israel nicht,

*und später natürlich erst recht nicht. Ihre Oberschicht bestand,
wie bei den Chinesen, immer nur aus Schriftgelehrten.*[53]

*Wichtiger als die gelernten Inhalte war womöglich die allgemei-
ne Wertschätzung des Lernens oder die Hochachtung, die man
der Gelehrsamkeit an sich entgegenbrachte. Es wurde schon erwähnt, wie motiviert die jüdische Jugend war, an der Universi-
tät zu studieren. Und es war eine doppelte Motivation: Interesse
an der Wissenschaft und Hoffnung auf sozialen Aufstieg.*[54]

7.1.2 Auswirkungen auf Volksmythen

Daraus ergeben sich geistige Traditionen außerhalb der Religion,
die sich von denen aristokratischer Gesellschaften in Europa
deutlich unterscheiden.

*Gerade die beliebtesten Märchenmotive Mitteleuropas fehlen
bei den Juden völlig. Es gibt hier keinen Traumsieg über böse
Schwiegermütter und Machthaber. Die einzigen Wunder, die
die typischen Heiligen vollbringen, sind Heilung und Speisung
von Kranken und Armen. (...) Vor allem fehlt bei den Juden das
beliebte deutsche Märchenmotiv von dem Dummen, der dennoch, oder eben deshalb – über seine klugen Brüder siegt und
die Prinzessin und das Reich erlangt (...)*

*Restlos fehlt in der jüdischen Sage und Anekdote auch der unbe-
zwingliche Held, der einzig durch Körperkraft den Sieg erringt.
Der starke Mann wird nur bewundert, wenn er im richtigen
Auftrag handelt.*

---

53 Landmann, a. a. O. S. 17,18
54 Shulamit Volkow, Deutschland aus jüdischer Sicht, Bundeszentrale für
    politische Bildung, Bonn 2022, Seite 119

Der Frieden ist aber vorzuziehen. (...) Der Frieden ist demnach sogar wichtiger als die Erfüllung des biblischen Gebotes, nicht zu lügen.[55]

7.1.3 Die kritische Form der Talmudauslegung

Der Heilige Text wird im Judentum und Christentum auf verschiedene Weise gedeutet. Das geschah bei den Christen in den engen Gelehrtenkreisen von Mönchen und Priesterschaft mit der Forderung an die Gemeinde, was nicht verständlich oder glaubhaft war, trotzdem zu glauben. Bei den Juden wird der Text gemeinsam in der Gemeinde kritisch gedeutet und ergänzt um praktische Erfahrungen, die auch festgehalten werden und in die Tradition eingehen.

(...) Jedoch achteten die Gelehrten nach wie vor darauf, den Unterschied zwischen dem göttlichen Gesetz der Tora (das ist der Pentateuch) und den rein menschlichen Ergänzungsgesetzen der talmudischen Kommentatoren deutlich sichtbar zu machen: nur der Talmud, nicht aber die Bibel, enthält voneinander abweichende, ja sogar einander diametral entgegengesetzte Meinungen unmittelbar nebeneinander.[56]

Dass dies ein kritisches Bewusstsein und eine Schärfung des Verstandes, wie auch die Artikulationsfähigkeit von Argumenten fördert, liegt auf der Hand.

---

55 Landmann, a. a. O. S. 13
56 Salcia Landmann, S. 36

7.2 Die Wirtschaft

Die Wirtschaft hat, wie von Georg Simmel gezeigt wurde, anti-aristokratische und demokratische Grundlagen. Hier nur kurz zur Erinnerung:

- Freiwilligkeit der Handlungen, damit Empathie, Konflikt-vermeidung, Kompromissfindung
- Geld als objektive, der willkürlichen Entscheidung von Aris-tokraten entgegen wirkende Kraft mit der Befreiung von per-sönlicher Bindung
- Langfristige Erhaltung von Geschäftspartnerschaften
- Markt als Endpunkt der sachlichen, unpersönlichen Bezie-hungen
- Noch gesteigert bei Banken in ihrer Freiheit der Geldvergabe an jedes beliebige Unternehmen.

7.3 Auswirkungen der Diaspora

7.3.1 Machtverlust der Tempelaristokratie

„Theologisch und soziologisch änderte sich die Geographie der Judengemeinschaft fundamental seit der Zerstörung des zwei-ten Jerusalemer Tempels im Jahre 70 n. Chr. (...) Sowohl geo-graphisch als auch demographisch verlagerte sich der Schwer-punkt der Juden vom Kernland Judäa in die Diaspora (...)

Die neuen, politisch bedingten Rahmenbedingungen (...) bedeu-teten für die jüdische Theologie mangels Tempel langfristig die Entmachtung der Tempelaristokratie und damit den (bis heu-te) dauerhaften „Macht"-Antritt der rabbinisch-synagogalen „Bourgeoisie". Das wiederum bedeutete soziologisch (und ideo-logisch) den Übergang der Standes- zur Leistungsgesellschaft, also Meritokratie statt Aristokratie. Leistung und nicht mehr durch Geburt bestimmte Vorrechte entscheiden über Auf- oder Abstieg des Einzelnen. So gesehen bilden „die" Juden bereits seit 2.000 Jahren eine bürgerliche Gesellschaft, lange vor deren eigentlicher Entstehung nach der und durch die Französische Revolution.[57]

Zum Fehlen einer militärischen Aristokratie kommt nun die Schwächung einer religiös-gelehrten Oberschicht hinzu. Damit fehlen die beiden für die Existenz einer Klassengesellschaft maßgeblichen Mächte: Die weltliche Macht und ihre Absicherung durch die geistige Macht.

Bei den Juden hat das Rabbinat die Aufgabe der Sicherung des Zusammenhalts des Systems mit den gleichen Mitteln übernommen wie in den Staaten die Kirchen: Unterdrückung von Neuerungen und Neuerern. Die geringeren Machtmittel ließen Platz für die Stärkung der zivilen Werte.

Die Beschränkung der religiösen Macht

Wie uns Chaim Cohn[58] aus seinen Erfahrungen in Deutschland und Israel lebhaft vermittelt, ist die Ausdehnung ihrer religiösen Macht bei den religiösen Führern systemimmanent. So haben sie in Israel nach der notgedrungen Zusicherung ihrer religiösen Rechte vor der Staatsgründung entgegen den Erwartungen des säkularen Cohn immer wieder versucht, ihre Ansprüche im Lande auch auf nicht religiöse Bürger auszudehnen.

---

57 Michael Wolffsohn, Eine andere jüdische Weltgeschichte, Bundeszentrale für politische Bildung, Bonn 2022, Seite 50
58 Chaim Cohn, Aus meinem Leben, Suhrkamp – Jüdischer Verlag, Berlin 2019

*Es dauerte nicht lange, bis ich die Hoffnung nach und nach auf-
geben musste, die Halacha in einer Art und Weise umschreiben
zu können, dass sie von den rabbinischen Autoritäten akzeptiert werden würde.* (176)

*Eigentlich erstreben diese Parteien einen Staat der Halacha,
dessen Gesetze samt und sonders dazu dienen, Glanz und
Pracht „eines Reichs von Priestern und heiligen Volkes" (2. Moses 19,6) wieder herzustellen.* (335, 336)

In der politisch notwendigen Kompromissfindung kam es da-
her bei einer Reihe von Themen wie der Gleichberechtigung der
Frau, der Zulässigkeit von Obduktionen, der Einhaltung der
Feiertage u. a. m. zu teilweise skurrilen Kompromissen.

Es zeigte sich, dass die Rabbiner aus eigener Kraft nicht in der
Lage waren, ihre religiösen Grundsätze den modernen Verhältnissen anzupassen und sie stark fundamentalistischen Strömungen ausgesetzt und zu einer besonders strengen Auslegung
der Schriften gedrängt waren.

*Sowieso wurde die autoritative Gerichtsbarkeit der rabbinischen
Gerichte auf jeden Juden ausgeweitet, der Einwohner des Staates war, und auch die Strenggläubigen von rechts vermochten
sich nicht mehr der Gerichtsbarkeit der Rabbiner zu entziehen,
auch wenn sie deren halachische Befugnis und Kompetenz nicht
anerkannten. Vielleicht war dies der Grund dafür, dass die rabbinischen Gerichte es von Anfang an überaus genau nahmen und
die Gebote der Halacha sehr streng und nicht großzügig oder gar
reformerisch neu auslegten, um den Skeptikern klarzumachen,
dass sie noch pedantischer wären als sie.* (238)

Aber selbst in der Diaspora war nach Cohn die Beschäftigung
mit dem Christentum, etwa das Lesen des neuen Testamentes,
streng verboten.

Es war das erste Mal, dass ich das Neue Testament in den Händen hatte, und ich studierte es von Anfang bis Ende. Weder als Staatsanwalt noch als Rechtsberater der Regierung wie auch später als Richter hatte ich dafür tagsüber Zeit, folglich widmete ich jede Nacht einige Stunden diesem Thema. Meine erste Reaktion auf das, was ich da las, war Bedauern auf die Kommentatoren der Halacha, die ein strenges Verbot über diese Lektüre verhängt hatten. Noch in talmudischer Zeit hielten die Weisen die Bücher der Ketzer, will sagen: der Christen, für schlimmer und gefährlicher als die Schriften der Götzendiener, die Planeten und Sternenbilder anbeten (...)

Ich wusste Bescheid über Jesus, seine Jünger seine Lehre, über Paulus, ... über die Existenz der christlichen Heiligen Schriften. Aber niemals hatte man uns das Buch selbst zu lesen gegeben. Jetzt bedauerte ich, dass mir nicht erlaubt worden war, im Gymnasium am christlichen Religionsunterricht teilnehmen zu dürfen. (340) Dies ist ein anschauliches Beispiel für die Verteidigung der verbissenen Sichtbeschränkung durch die Religionen selbst im Deutschland des 20. Jh. – Cohn ist in Lübeck und Hamburg in einer traditionellen, rabbinischen Familie aufgewachsen und hat in Deutschland studiert. Dagegen steht das Gefühl der Befreiung bei Weitung des Gesichtsfeldes.

Solchen, von den Menschen als zu weitgehend empfundenen Ausweitungen rabbinischer Macht waren die Juden in der Diaspora, außer in rabbinischen Familien (s. o.), weniger ausgesetzt, da sie sowohl in ständigem Kontakt mit der abweichenden Kultur der Mehrheitsgesellschaft standen und zu einer gewissen Anpassung gezwungen waren, als auch sich dem Druck durch den Anschluss an eine andere, weniger strenge Gemeinde etwas entziehen konnten.

Diese praktische Notwendigkeit der Berücksichtigung profaner Erfordernisse wird schließlich sogar zum Gebot.

Und die Pflicht (als Untertan und Bürger) ist dir unbeding-
te Pflicht, unabhängig davon, ob mild oder herbe gesinnt der
Staat gegen dich sei. (...) du lasse nicht von deiner Pflicht – sei
dir gerecht, weil gerecht dem Namen, den du trägt, der Pflicht,
die Gott von dir fordert: „Treue gegen Fürst und Land, und
Heilsförderung wo und wie du kannst." (18)

Die „Großgemeinde" von Hamburg (...) war „groß", (...) weil sie
alle Strömungen des Judentums in sich vereinigte: Orthodo-
xe, Konservative und Liberale bzw. Reformer. Im Rahmen der
Großgemeinde unterhielt jede Richtung eigene Synagogen und
andere Institutionen (...) (23, 24)

Insgesamt wird deutlich, auf welch komplizierte Weise die politische Machtlosigkeit in der Diaspora die Schwächung der traditionellen Religion und eine Öffnung für Neues bewirkt hat.

7.3.2 Stärkung des friedlichen Verhaltens

In der Diaspora mit ihrer weitgehenden Rechtlosigkeit wurden
friedliches Verhalten, Demut und die Beherrschung aggressi-
ver Gefühle wie auch Konfliktvermeidung und -schlichtung zur
Überlebensvoraussetzung. Der individuelle wie soziale Umfor-
mungsdruck auf den Verhaltens- und Empfindungskanon hängt
von der Unterdrückung ab. Wie groß diese war, soll an einigen
Beispielen verdeutlicht werden.

Deutschland

Bis (1812) wurden die preußischen Juden in sechs Kategorien
eingeteilt, nicht überraschend in einem hochgradig bürokra-
tischen Staat. Die erste Kategorie umfasste die „Generalpri-
vilegierten", die überall leben und normalerweise die meisten

Berufe ausüben konnten, solange sie dem Staatssäckel beträcht-
liche Summen einbrachten. In die letzte Kategorie gehörten alle,
die „schutzlos" waren. Sie brauchten für jede Veränderung eine
Genehmigung, für jeden Schritt, was auch immer es betraf, Fa-
milienstand, Aufenthaltsort oder Beruf. Alle anderen Juden leb-
ten mit Einschränkungen unterschiedlichster Art und mussten
an allen Ecken und Enden Gebühren und Zölle zahlen.[59]

Hassschriften gegen Juden überschwemmten den Markt und
erreichte 1803 einen Höhepunkt (...) Gerade als es Fortschritte
im Formalen, in der rechtlichen Gleichstellung als Staatsbürger
gab, zeichnete sich im Informellen, in ihrer gesellschaftlichen
Stellung, eine negative Entwicklung ab.[60]

Im Sommer 1819 vertiefte eine Reihe von Ereignissen die Un-
sicherheit der Juden und verschärfte ihre Probleme auf ihrem
Weg zur völligen Gleichberechtigung. Während der bayeri-
sche Landtag einige neue Regelungen für Juden debattierte
(...) kam es zu gewaltsamen Angriffen auf Juden, erst in Würz-
burg, dann in Bamberg, Bayreuth, Regensburg und in einigen
kleineren Städten und Dörfern. Die Krawalle griffen bald auf
Frankfurt am Main über, verschiedene Orte im Herzogtum Ba-
den, Rheinland und dann auf Hamburg, Breslau, Danzig und
Königsberg (...) [61]

---

59 Volkov, a.a.O., Seite 39
60 Volkov, a.a.O., Seite 65
61 Volkov, a.a.O., Seite 71,72

Europa

In der Situation nach dem Ersten Weltkrieg wird bei der Neuordnung der Staaten die Sonderstellung der Juden gegenüber anderen Minderheiten sehr deutlich.

Die Vertragsklauseln zugunsten der Minderheiten blieben fast überall Makulatur (...)

Allerdings bestanden entscheidende Unterschiede. Minderheiten, die sich der Rückendeckung eines „eigenen" Nationalstaates erfreuten, konnten auf den Schutz „ihres Vaterlandes" zählen. Wurde die Lage unerträglich, wanderten sie dorthin aus oder wurden dorthin vertrieben.

(...) Doch (die Juden) verfügten über keine Schutzmacht, über keine Armee. Für sie gab es kein Territorium, das Zufluchtsort oder Vertreibungsziel hätte sein können. 1920 betraf das unmittelbar 7 Millionen Juden.[62]

Arabische Länder

Die Situation in arabischen Ländern wird von Georges Bensoussan in „Die Juden in der arabischen Welt"[63] ausführlich dargestellt. Dabei zeigen sich dieselben Unterdrückungsmethoden wie in Europa. Von einem weitgehend spannungsfreien Verhältnis zur Mehrheitsgesellschaft kann auch dort nicht die Rede sein.

---

62 Götz Aly, Europa gegen die Juden, Fischer Verlag 2017, Seite 187
63 Georges Bensoussan, Juden in der arabischen Welt, Einleitung: Stephan Grigat, Hentrich u Hentrich, 2019, Originalausgabe 2017

*Über die Situation der Juden in Jerusalem schrieb Marx 1854
in der New York Daily Tribune:
„Die Muselmanen, die etwa ein Viertel der ganzen Bevölkerung bilden und aus Türken, Arabern und Mauren bestehen,
sind selbstverständlich in jeder Hinsicht die Herren (...) Nichts
gleicht aber dem Elend und den Leiden der Juden in Jerusalem,
die den schmutzigsten Flecken der Stadt bewohnen (...), sie sind
unausgesetzt Gegenstand muselmanischer Unterdrückung und
Unduldsamkeit (...)*[64]

*Zu Beginn des 16. Jahrhunderts beschrieb der Franziskaner-
mönch Francesco Suriano das Alltagsleben der Juden in Palästina: „Diese Hunde, die Juden, werde zertrampelt, geschlagen
und gepeinigt, wie sie es verdienen. Sie leben in diesem Land
in einem Zustand der Unterwerfung, der sich mit Worten nicht
beschreiben lässt. Es ist lehrreich zu sehen, dass Gott sie in Jerusalem (...) mehr als irgendwo sonst auf der Welt bestraft.*

*(...) Ebenso sind sie einander feind und hassen sich, während
die Muslime sie wie Hunde behandeln.*

*(...) Die größte Schmach für eine Person ist es, als Jude bezeich-
net zu werden."*[65]

*Um 1830 berichten englische Reisende aus Marokko: „Bei mehr
als einer Gelegenheit habe ich einen maurischen Jungen von
zehn Jahren gesehen, wie er auf der Straße auf einen Juden zu-
ging und (...) ihm einen Fußtritt versetzte oder ihn ohrfeigte,
ohne dass der andere es gewagt hätte, (...) sich zu verteidigen.*

---

64 Karl Marx: „Die Kriegserklärung – zur Geschichte der orientalischen
   Frage", in Karl Marx/Friedrich Engels, Werke, Bd. 10, Berlin/DDR:
   Dietz 1961, Seite 17
65 Zitiert von Gerhard Nahon, La Terre saint au temps de kabbalistes, Paris:
   Albin Michel, 1997, Seite 134

Wenn er das wagte, würde man ihm die Hand abhacken, weil er sie gegen einen Gläubigen erhoben hätte.

(...) Was die unglücklichen jüdischen kleinen Jungen betrifft, so bekommen sie überall, wo kleine Mauren möglicherweise spielen könnten, Angst und beginnen zu zittern; da sie genau wie Hunde als gute Beute betrachtet werden, bekommen sie ständig Steine und Schläge ab." (40)[66]

Mit Bezug auf die Schule der Alliance[67] in Marrakesch (Marokko) bemerkte die Ärztin Francoise Legey (...) im Jahre 1910:

Die Alliance wird weniger zur Weitergabe an einer Tradition beitragen, als vielmehr dazu, wie man lernt, die Welt anders wahrzunehmen, ja, als verschieden von derjenigen anzusehen, die von den Vorfahren überliefert wurde. In diesem Sinne hat die Bildungsbemühung, die von Europa ausging, die Emanzipation der jüdischen Gesellschaften in der arabischen Welt gefördert. Dies wird auch einer der Gründe für den Abgrund sein, der schon bald Juden und Muslime voneinander trennen wird, wenn das Erbe der Aufklärung frontal mit der Unterwerfung zusammen stoßen wird, die den Juden aufgezwungen wurde. (48)

Da er häufig unter Kolonialherrschaft steht, hat der unterdrückte Araber seinen Groll gegenüber dem langsamen Verfall seiner traditionellen Welt zum Ausdruck gebracht. Vor allem, wenn diese Spaltung ihre Entsprechung in der Befreiung seines jüdischen Landsmanns findet; dann konzentrieren sich der Zorn und die Furcht vor einer beängstigenden Moderne auf die Figur „des Juden". (86)

---

66 Sir Arthur de Capelle Broke, Skeches in Spain and Marocco, zitiert in Paul Fenton und David Littman, L'Exil au Maghreb, S. 259
67 Die Alliance Israélite Universelle ist eine französisch geprägte internationale Kulturorgenisation. Gründung 1860 Berlin

Das mag genügen, um zweierlei deutlich zu machen: Dass die Bedingungen der Diaspora überall die Juden in einer untergeordneten, oft gefährdeten Position sahen, die bei ihnen die zivilen Werte gefördert, wenn nicht erzwungen hat, und dass der Konflikt mit der einheimischen Bevölkerung weniger in der Religion lag als in der größeren geistigen Freiheit der Juden (Kritik, zivile Werte) gegenüber der durch religiöse Unterwerfung und Indoktrination bestimmten Geisteshaltung der Mehrheit (Unterwerfung, militärische Werte).

7.4 Werte und Weisheiten

Eine Gruppe für sich bilden noch die Aussprüche der chassidischen Welt. Sie gehören eindeutig der Demutslinie der jüdischen Tradition an von den talmudischen Weisheiten unterscheiden sie sich aber durch ihre rührende Innigkeit und die reine Gottesfreude, die ihnen entströmt. ([68]) Sie vertreten daher besonders deutlich zivile Werte.

Sie sind allerdings stärker Lebensweisheiten als konkrete Anweisungen in der Praxis. Wie haben die Eltern ihren Kindern ein Verhalten vermittelt, damit sie in der ihnen grundsätzlich unfreundlich gesinnten Umgebung zurechtkamen? Wie haben sie auf mögliche kritische Themen in Gesprächen, beim Spielen oder bei der Arbeit hingewiesen, um Konflikte frühzeitig zu erkennen, sich ihnen zu entziehen, sie zu entschärfen oder auszugleichen? Auf was sollten sie achten, wenn sie das Ghetto verließen?

Es darf vermutet werden, dass hier noch Bedarf zur Auswertung vieler Biografien besteht.

---

68 Landmann, a.a.O., S. 11-13

Kleine Auswahl

Der Mensch hat vor dem Tier keinen Vorzug,
Prediger 3,19
Der Mensch – das ist Mann und Weib zusammen. Abraham Ibn
Ezra
Ihr sollt den Fremden lieben.
5 Moses 10,19
Hass erzeugt Streit.
Sprüche 24,12
Groß ist der Hass der Ungebildeten gegen die Gelehrten
B-T. Pessachim 49
Leicht erwirbt man einen Feind und nur schwer einen Freund
Midrasch Jalkut Simeoni zu Moses
Wer ist der größte Held?
Der sich den Feind zum Freund macht.
Kommentar des Rabbi Nathan Mischna, Awot, 23
Wenn dein Feind hungrig ist, speise ihn mit Brot, wenn er durstig ist, tränke ihn mit Wasser.
Sprüche 25, 21
Um Glück zu erreichen, muss der Mensch seine eigene Seele
zähmen und beherrschen
Schlomo Ibn Gewirol
Das Talent, Glück zu bereiten, ist der höchste Beweis der menschlichen Selbstvollendung.
Sprüche der Weisen
Macht uns glücklich – und wir sind auch gut
Sprüche der Ssoferim
Nur der Außenstehende, nicht der Verwandte erkennt den Aussatz.
B. T. Sewachim 102
Immer soll der Mensch sich um Gemeinschaft mit anderen bemühen
B.T. Ketubbot 17
Die fleißige Hand macht reich
Sprüche 10,4

Wie sehr musste sich der erste Mensch mühen, bis er ein Stück
Brot zu essen hatte!
B.T. Berachot 58
Wer seinen Zorn beherrscht, ist größer als ein Held, und wer
sich im Zaum hält, mehr als ein Städteeroberer
Sprüche 16,32
Kommt es zum Zorn, so kommt es zum Fehlgriff
Midrasch zu Moses 48
Das Ende eines jeden Streites ist die Reue
Elia Ssefer Chassidim
Die Welt besteht nur dank denen, die ihren Zorn beherrschen
B.T. Chullin 89
Wer nur bei einem einzigen Lehrer studiert, erlebt keinen Lern-
erfolg
B.T. Awoda Sara 9
Liebe die Arbeit und hasse die Macht
Mischna, Awot 1,10
Der Segen ruht nur auf der Arbeit des Menschen
Toseffte zu Berachot
Arbeit ist wichtiger als verdienstvolle Vorfahren
Midrach R. Zu 1. Moses, 74
Wer seinen Sohn keinen Beruf lehrt, ist wie einer, der in der ihn
lehrt zu rauben.
B. T. Kidduschin 29
Über den Sturz deiner Feinde sollst du dich nicht freuen
Sprüche 24,17
Es gab noch nie einen guten Krieg oder einen schlechten Frieden
Volksspruch
Wenn zwei Menschen miteinander kämpfen, wird immer der
schlechtere von ihnen siegen
Moshe Ben Ezra
Kommt einer, dich zu töten, töte ihn zuvor
B.T. Berachot 58
Mit Gerechtigkeit hält der König sein Land aufrecht
Sprüche 29,4

Der Reiche soll mit seinem Reichtum nicht prahlen
Jeremias 9,22
In den Augen der Menschen ist der Reiche klug
Sprüche 28,5
Der Geld in der Hand hat, hat die Überhand
B. T. Baba Mezia 44
Man soll nicht gegen den Landesbrauch verstoßen
Toseffte zu B. T. Ketubbot16
Man sollte sich dem allgemeinen Brauch anpassen
Derech Erez Suta
Brauch hebt Gesetz auf
J. T. Jewamot 24,2
Der Stolz erniedrigt Menschen, Demut erhebt ihn
Sprüche 29, 23
Die Demut ist die Krone der Weisheit
Derech Erez Suta
Dränge dich nicht zur Macht
Midrasch Press. R. 22
Die Weisen mehren den Frieden auf der Welt
B.T. Berachot 64
Die Tora fordert nicht, dass man sich zu einer Gesetzeserfül-
lung drängen soll. Nur über den Frieden sagt sie: Fordere den
Frieden und jage ihm nach!
Midrach zu R.4 Moses 19
Wenn es darum geht, den Frieden zu erreichen, darf ein Mensch
sein Wort ändern
B.T. Jewamot 65
Es ist erlaubt, zu lügen, wenn es gilt, zwischen einem Menschen
und seinem Nächsten Frieden zu stiften
Midrasch Schalom
Durch Freunde kommt Frieden in die Welt
Rabbi Nachman von Brasslaw
Wahrhaft arm ist nur jener, der arm an Wissen ist
B.T. Nedarim 41

Erwirb Weisheit für einen Teil deines Vermögens – wenn es nicht
genügt, dann gibt dein ganzes Vermögen für sie aus
Abraham Ibn Ezra
Die Weisheit beschützt den Weisen besser als zehn Herrscher
Prediger 7, 19
Keiner ist weise ohne eigene Erfahrungen
Worte der Väter
Dem Klugen genügt ein Wink, dem Dummen erst die Faust
Midrasch zu Sprüche 23
Wie ein Eisen das andere schärft, so schärfen sich zwei Gelehr-
te in ihrem Gesetzeswissen
B.T. Ta'anit 7

7.5 Kontrast zu Christentum und Preußen

Nur kurz, um im Kontrast das Besondere deutlich zu machen,
werden im Folgenden die Unterschiede zum Christentum und
Preußen dargestellt.

7.5.1 Bibelauslegung

Im Christentum gab es das auch das Ringen um das richtige Verständnis der heiligen Bücher, aber nur im Kreise der Theologen.
Das Volk hatte zu glauben, was die Kirche ihm vorgab, und sei es
noch so unsinnig: *„Ich glaube, weil es unsinnig ist" (Credo quia
absurdum).*

In der katholischen Kirche ist dieses unterwerfende Verhältnis
Kirche – Gläubiger noch heute im Katechismus verankert.

*Der Mensch stößt beim Erkennen Gottes mit dem bloßen Licht
der Vernunft auf viele Schwierigkeiten (...) Deshalb wollte
Gott ihn mit seiner Offenbarung erleuchten, und zwar nicht*

187

nur über Wahrheiten, die das menschliche Verstehen übersteigen, sondern auch über religiöse und sittliche Wahrheiten, die der Vernunft an sich zugänglich sind, aber so von allen ohne Schwierigkeit, mit sicherer Gewissheit und ohne Beimischung eines Irrtums erkannt werden können. (37–38)

Die Heilige Schrift muss mithilfe des Heiligen Geistes und unter Anleitung des Lehramtes der Kirche gemäß den folgenden drei Kriterien gelesen und ausgelegt werden (...) (109–119)

Auch wenn der Glaube über der Vernunft steht, kann es doch niemals einen Widerspruch zwischen Glaube und Wissenschaft geben, denn beide haben ihren Ursprung in Gott. (159)

Der Glaube ist ein persönlicher Akt (...) Aber zugleich ist er ein kirchlicher Akt, der sich im Bekenntnis ausdrückt: „Wir glauben: „wir glauben". Es ist nämlich die Kirche, die glaubt: Sie geht so durch die Gnade des Heiligen Geistes dem Glauben des einzelnen Christen voraus, zeugt und nährt ihn. Darum ist die Kirche Mutter und Lehrmeisterin. (166–169)[69]

Ohne auf Anmaßungen und geradezu Unsinnigkeiten einzugehen, muss man doch anmerken, dass die ganze Neuzeit ein Kampf der Wissenschaft gegen von der Kirche tradierte Wahrheiten ist und sie sich dabei keineswegs als die große Lehrmeisterin erwiesen hat.

---

69 Katechismus der katholischen Kirche – Kompendium, 16.06.16, Internet

7.5.2 Preußische Erziehung

Die folgenden Zitate sind aus Michael Böldickes „Erziehung zur Männlichkeit im Deutschen Kaiserreich 1871–1914".[70]

„Ja das ist es ja, meine Untertanen sollen einfach tun, was ich ihnen sage, aber meine Untertanen wollen immer selber denken, und daraus entstehen dann alle Schwierigkeiten." Kaiser Wilhelm II 1904 (S. 51)

Dengel spricht (...) von einer „systematischen politischen Indoktrination, die bereits im Kindesalter einsetzt" und die „Erziehung zu politischer Abstinenz mit politischen Effekten" zum Ziel hat:

Dies bedeutet, dass „politisch" nicht die Vermittlung von Normen, Wertorientierungen und Kenntnissen meint, die ein Sozialisationssubjekt in den Stand versetzen, in mündiger und verantwortlicher Weise am politischen Prozess teilzunehmen, sondern die Weitergabe von herrschaftsfunktionalen Orientierungen mit dem entgegengesetzten Ziel der Erziehung einer apolitischen, aber politisch funktionalen Persönlichkeit." (54)

Das Eltern-Kind-Verhältnis ist durch strenge Disziplin gekennzeichnet und bietet keinen Raum für solche seltsamen Sentimentalitäten. „Disziplin und Gehorsam" werden als selbstverständlich angesehen, ein Abweichen von diesen Tugenden zieht unmittelbar die Prügelstrafe nach sich. Die Aneignung von „Empathie, Rücksichtnahme oder Zärtlichkeit" ist infolge der genannten Rahmenbedingungen nur schwer möglich. (71)

---

70 Institut für allgemeine Erziehungswissenschaften, Helmut Schmidt Universität/Universität der Bundeswehr Hamburg

Unter der hier angesprochenen, fehlenden Möglichkeit des Widerspruches gegen das letzte Wort des Vaters litten viele Bürgersöhne stark. (81)

So wurde in den Erziehungsratgebern propagiert, den eigenen Nachwuchs doch möglichst von dem Dienstpersonal fernzuhalten. „Die Gemeinschaft mit diesen Leuten soll so selten als möglich seyn, denn die Kinder können bloß dabey verlieren." (93)

Es geht somit in erster Linie um die Vermeidung von Empathie für die schwer Arbeitenden, die Verständnis für viele soziale Forderungen erweckt und die Klassentrennung gefährdet hätte.

„[D]er preußische Leutnant ging als junger Gott, der bürgerliche Reserveleutnant wenigstens als Halbgott durch die Welt. Zum Reserveoffizier mußte man es bringen, um in der großbürgerlichen Welt und vor allem in der Staatsverwaltung voll zu gelten. So drang der Militarismus in das bürgerliche Leben ein, so kam es zu einem konventionellen Borussismus, zu einer naiven Selbstbewunderung preußischen Wesens, damit aber auch zu einer bedenklichen Verengung des geistigen und politischen Blickfeldes." (134)

Vermehrt versuchten sich zahlreiche Bürgersöhne mittels körperlicher Ertüchtigung bewusst auf die Musterung vorzubereiten. Die notwendigen Tugenden, wie Disziplin, Ordnung und Respekt vor den übergeordneten Autoritäten, wurde den Bürgersöhnen bereits in der Familie und der Schule vermittelt.

SCHAIBLE sieht den Zweck der militärischen Ausbildung (...) vor allem in der Festigung der obrigkeitsstaatlichen Orientierung der Einjährigen.

Gleichzeitig sollte den Einjährigen im Zuge der Ausbildung die Abkehr von den oppositionellen Kräften indoktriniert werden. (143)

Zum Abschluss verdeutlicht ein Beispiel aus der Nachkriegszeit die Wirkung der hier nochmals geschilderten Werteerziehung über den „Verhaltens- und Empfindungskanon".

Selbst in den 1950er und 1960er Jahren war die deutsche Bevölkerung in großen Teilen noch stark von den militärischen Werten des Kaiserreichs und der Nazizeit geprägt. Dies drückte sich nicht so sehr in politischen Ansichten, sondern im Gefühlsleben und den daraus folgenden Verhaltensreaktionen auf neue, zivile Erscheinungen aus. In der Reaktion auf die sich verbreitende Mode der langen Haare der Beatles und der lässigen Kleidung der Hippies wurde dies besonders deutlich. In vielen Filmdokumenten aus dieser Zeit zeigt sich eine erschreckende Intoleranz und Aggressivität auf Jugendliche mit langen Haaren, die über eine Ablehnung als Geschmacksurteil weit hinaus ging. Statt: *„Gefällt mir nicht [...] nicht mein Geschmack [...]"* oder *„[...] ist sehr ungewohnt."* hört man dort: *„Unmöglich!"*, noch eine harmlose Reaktion. *„Sollte man verbieten [...] Sollen eingesperrt werden [...]"* oder sogar *„Das hätte es bei Hitler nicht gegeben!"*

Es dokumentiert, wie tief betroffen diese Menschen allein von der äußeren Erscheinung waren, wie unreflektiert und aggressiv auf ausgesprochen friedliche Erscheinungen reagiert wurde.

Es ist klar, dass eine solche emotionale Aggressivität in einem Umfeld, das dies noch stärker unterstützt, ja geradezu fordert, wie in der Kaiserzeit, noch stärkere Ausprägungen in Form des Hasses auf Gegner des Militarismus und Vertreter der Zivilgesellschaft, besonders die Juden, entwickelt haben musste. Einen schneidigen, geschniegelten Uniformträger müssen lässige Zivilkleidung, weniger gepflegtes Äußeres und laxe Manieren von Zivilisten ähnlich aufgeregt, jedoch auch in seinem Bewusstsein etwas Besseres zu sein, gestärkt haben. Es ist nach wie vor der Hass des Unterdrückten auf den Freien.

8 Jüdisches Selbstverständnis in der Aufklärung und heute

8.1 Der zivile Kanon im Lauf der Zeiten

Ob der zivile Kanon im Selbstverständnis der Juden präsent ist, wird im Folgenden anhand zweier Kulturepochen geklärt. Zunächst anhand der Aufklärung bis zur nachnapoleonischen Restauration, danach am jüdischen Denken im 20. und 21. Jahrhundert.

In *Michael A. Meyers „Die Anfänge des modernen Judentums"*[71], zeigt sich, dass die Versuche der Aufklärer, am prominentesten der Vertreter Moses Mendelssohn, zu einer Modernisierung des Judentums zu gelangen, wenig erfolgreich waren, da das Rabbinat diese heftig bekämpfte. Das Ergebnis waren Austritte, Übertritte und die Auffächerung in unterschiedlich konservative Gemeinden. Die bald aufkommende Romantik schwächte eine rationale Auseinandersetzung mit Religionen und stärkte nach der Niederlage Napoleons die aristokratischen Mächte. Mit der Heiligen Allianz werden alle Neuerungen unterdrückt und der militärische Kanon propagiert. Der jetzt erstarkte Nationalismus – gegenüber der universalistischen Grundhaltung der Aufklärung – führte der zu einem neuen Antisemitismus.

Das derzeitige Selbstverständnis ist immer noch ein Kampf um Erhaltung oder Erneuerung der alten Theologie. Es wird aber auch von zwei soziologisch ausgerichteten Rabbinern eine Erneuerung gefordert, die sich stärker auf die Verhältnisse der Realität, also auf das praktische Leben konzentriert, und die

---

71 Michael A. Meyer, Die Anfänge des modernen Judentums, jüdische Identität in Deutschland 1749 – 1824, Beck, Berlin 1994,2011

Theologie zurückstellt. Allerdings sind diese Ziele noch nicht durch praktische Untersuchungen untersetzt, sodass sich diese Aufforderungen eher als Hinweise auf ein bestehendes Leerfeld im jüdischen Selbstverständnis verstehen lassen.

In dieses leere Feld passen die hier vorgestellten Ergebnisse gut hinein durch:

- Die Nutzung sozialer Erkenntnismittel und soziologischer Methoden, hier besonders die über den Fortschritt der Zivilisation und die Veränderung des damit verbundenen Verhaltens- und Empfindungskanon nach Norbert Elias.
- Den Blick auf die Werte der Praxis, die sich zum Teil unabhängig von oder im Gegensatz zu den religiösen Werten aus der Not der Diaspora ergeben haben, wozu insbesondere die Friedlichkeit, Konfliktvermeidung und Konfliktlösung gehören.
- Den Blick auf die Geschichte, die Wirtschaft und die besonderen Verhältnisse der Diaspora, die die zivilen Werte auf ihre Weise in der durch militärische Werte bestimmten Umwelt der Mehrheitsgesellschaft weiter entwickelten
- Die Übernahme dieser Werte in der Demokratisierung und Erlangung größerer Freiheiten in der westlichen Hemisphäre; in den USA seit ihrer Gründung, in Deutschland besonders nach dem Zweiten Weltkrieg.

Heute machen diese Werte den Kernbereich der westlichen Kultur aus und stehen in einem Kampf mit den alten in den Diktaturen weltweit noch fortwirkenden militärischen Werten. Damit ermöglicht diese Analyse, den Antisemitismus der Nationalsozialisten wie den von Stalin, Putin und den muslimischen Staaten als gemeinsame Form zur Unterdrückung der Bevölkerung im Kampf um politische Herrschaft gegen den kulturellen Fortschritt zu erkennen.

Im Folgenden werden Aussagen zitiert, die diese These stützen.

8.2 Judentum in Deutschland 1749–1824

Es geht um die Reaktion des Judentums auf die Aufklärung und die Romantik bis zur Restauration nach Napoleon.

Michael Meyer: *Seine (Mendelssohns) Einstellung zum Talmud war ähnlich: setzte man sich mit ihm in angemessener Weise auseinander, so war er nützlich. Er brachte jene „subtile Fähigkeit des Geistes" hervor, die – wie Mendelssohn am 23. Dezember 1770 an Kant schrieb – „der Nation natürlich zu sein scheint". Aber die übertrieben raffinierte Methode des Pilpul[72] beim Talmudstudium war ihm ebenso zuwider wie jegliche Ausartung der Kabbala.* (25)

Mendelssohn erwähnt hier die Auseinandersetzung mit dem Talmud als „subtile Fähigkeit des Geistes", die auch über das Talmudstudium hinaus im praktischen Leben ihre Wirkung entfaltet hat. In der späteren antisemitischen Argumentation war diese Lebendigkeit natürlich negativ, aber auch Angst einflößend. Sie war allerdings für das Überleben in der Diaspora unerlässlich.

8.2.1 Verunsicherungen durch das praktische Leben

Mendelssohn wusste ebenso wie Lessing, dass die nichtjüdische Gesellschaft ihr Bild von den Juden weitgehend nach den Eindrücken formte, die sie auf den Märkten gewonnen hatte. Dort verhökerten die ärmeren Juden ihre Waren, feilschten heftig und stießen die Christen ab durch ihre seltsamen Manieren und ihre eigenartige Sprache. Mendelssohn war bereit zuzugeben, dass ein „unersättlicher Ehrgeiz bei dem „gemeinen jüdischen

---

72 Talmudisch-rabbinisch scharfe Diskussionsmethode

Haufen" zu finden sei – obwohl er unterstellte, dass die Christen
daran nicht unschuldig waren – aber er wandte sich gegen den
Schluss, dass alle Juden so seien. (31)

Mendelssohn findet hier eine auch heute noch haltbare Erklärung für den Unterschied in Aussehen und Sprache und verortet
ihn im kulturellen und nicht im ethnischen Bereich. Den Wider-
willen gegen Arme, Fremde und konservative bzw. archaische
Juden findet man auch im 19. und 20. Jahrhundert, jedes Mal,
wenn sich eine große Zahl vor Verfolgung ins Ausland flüchten
muss und dabei ihre Tradition aus materieller Not oder Überzeugung nicht aufgeben kann oder will.

Ungezügeltes Streben nach wirtschaftlichem Erfolg bestimmte
das Klima in einer jüdischen Gemeinde, die zunehmend reicher
wurde. Mit nur wenigen jüdischen Glaubensgenossen in seiner
Umgebung konnte sich Mendelssohn über schwierige philoso-
phische Probleme unterhalten. (48)

Die Klage Mendelssohns kann auch so verstanden werden, dass
ein Großteil der jüdischen Gesellschaft der ewigen Erörterung
religiöser Fragen überdrüssig war und sich lieber den großarti-
gen Möglichkeiten zuwandte, die durch den wissenschaftlich-
technischen Fortschritt eröffnet waren. Ein Grund mehr, sich
der Frage der Werte zu widmen, die offensichtlich die Mehrheit
der Juden sich stellte.

Das Ritualgesetz, das Mendelssohn zum einzigen Merkmal des
Judentums gemacht hatte, verfiel der Geringschätzung (...)
Denn in den letzten Jahren seines Lebens wurde die Aufklä-
rungsphilosophie von der ersten Welle der Romantik erschüt-
tert, wurde die Leibniz'sche Metaphysik von Kant angegriffen
und, das war das am meisten Verstörende, wurde die Vorstel-
lung von einer ewig gültigen Vernunft verdrängt durch Les-
sings Idee der Entwicklung. (59, 60)

Mendelssohn beschloss seine einleitenden Bemerkungen mit einem Appell an die Führer der Judenschaft. Juden durften so lange nicht darauf rechnen, von der nichtjüdischen Gesellschaft toleriert zu werden, wie sie selber intolerant waren. Zuerst einmal muss Gewissensfreiheit in der jüdischen Gemeinschaft gewährleistet sein, dann konnten die Juden auch von den Nichtjuden Toleranz verlangen (...) (53)

Die Ausgrenzung einer intoleranten Gemeinschaft ist selbst in einer toleranten Gesellschaft nachvollziehbar – und in einer selbst intoleranten Gemeinschaft zwangsläufig. Der wesentliche Unterschied bestand allerdings darin, dass die Mehrheitsgesellschaft ihre Intoleranz mit Gewalt durchsetzen konnte und die Juden der Diaspora das umgekehrt nicht konnten. Sie konnten sich folglich dem Druck nur durch Anpassung oder Rückzug entziehen. Auch intern war die Durchsetzung von einseitigen Sichtweisen beschränkt, weil sie in solchen Fällen mit Austritten rechnen mussten. Praktisch waren sie damit zu größerer Toleranz gezwungen.

Bei Mendelssohn zeigt sich dies besonders deutlich, da sein Sohn wie auch seine Tochter sich vom strengen Judentum abwenden und die Tochter sogar mehrmals konvertiert.

Die Verweltlichung des Selbstverständnisses der städtischen Juden in Brandenburg beschreibt David Friedländer[73] durch die Reduzierung auf traditionelle, kaum noch verstandene Riten.

(...) so müsse man den preußischen Juden (...) von den Juden im Allgemeinen unterscheiden (...) Er sitzt in der Synagoge und denke einzig „an den Schmaus, der seiner erwartet"; er stampfe wohl auch mit den Füßen bei dem Namen Haman, „weil es sein

---

73 Philosoph, geb. 1750 Königsberg, gest. 1834 Berlin

Vater auch getan hat, (...) Das sei aber nur eine Sache der Ge-
wohnheit (...)

„Der große Haufe der Juden charakterisiert sich durch Herplau-
dern von Gebeten, gewissenhafte Beobachtung religiöser Zere-
monien (...) wie der Pöbel der anderen Religionsparteien." (70,71)

Die Besucher dieser Gottesdienste kamen vornehmlich aus der
jüdischen Oberschicht Berlins, aus dem Kreise der Kaufleute
und Fabrikanten. Friedländer bot dieser Schicht eine kapita-
listische Ideologie in religiöser Begrifflichkeit. In einer Predigt
mit dem Titel „Handel und Reichtum" verteidigte er das Streben
nach materiellem Gewinn als edles Unterfangen, wenn seine
Früchte klug und freigebig benutzt würden.

(...) Hatte der tugendhafte Mann geleistet, was er sich selbst
und seiner Familie schuldete, so musste er danach seine Pflich-
ten gegenüber den Mitmenschen erfüllen. (95)

Die neue Perspektive, die in den Predigten zum Ausdruck
kommt, ist nicht nur eine Anpassung an die Lebenswelt vieler Gemeindemitglieder und damit eine Orientierungshilfe im
praktischen Leben, sondern sie wendet sich auch ab von dem
in der Aristokratie hochgehaltenen Abstand der geistigen Welt
vom praktischen Leben. Dies war eines der Mittel zur Durchsetzung der die Hierarchien rechtfertigenden Ideologie. Die
von den Aristokraten traditionell missachtete Wirtschaft in die
religiöse Betrachtung aufzunehmen, entspricht der Überwindung der „antiken Stiltrennung" in der Literatur seit der Antike (Auerbach). Danach hatte das praktische Leben in geistigen
Erörterungen – Schauspiel, Dichtung, Philosophie, darstellende
Kunst – nichts zu suchen, allenfalls als Komödie.

Diese Geringschätzung des praktischen Lebens ist auch heute noch nicht ganz überwunden. Das zeigt sich in Meyers

Schilderung des Lebenslaufes von Mendelssohns Tochter Dorothea. Ihrem „wilden" Bestreben nach Freiheit wird geistige Kraft
zugesprochen, wohingegen ihr Mann, der sich auf die praktische
Arbeit als Bankier und erst in späterer Zeit auf Bildung konzentriert, abgewertet wird. Das ist besonders unverständlich, da
Dorothea mit ihrem Freiheitsdrang sich nacheinander Friedrich Schlegel, der protestantischen Kirche und schließlich sogar
der katholischen Kirche unterworfen hat. Wo sind da Freiheits-
wille und Vernunft geblieben? Dagegen ist der Lebenslauf ihres
Mannes durchaus von Eigenständigkeit geprägt: Er willigt in die
Scheidung ein, überlässt ihr das Sorgerecht für ihren Sohn und
verhält sich insgesamt tolerant und zivilisiert, was eine mutige
Selbstständigkeit gegenüber den gesellschaftlichen Konventionen beweist.

8.2.2 Die Romantik als Bedrohung

*Mendelssohn blickte auf diese Entwicklung mit größter Sorge
(...)*

*„Wir träumten von nichts als Aufklärung und glaubten durch
das Licht der Vernunft die Gegend so aufgehellt zu finden, dass
die Schwärmerei sich gewiss nicht mehr zeigen werde. Allein
wie wir sehen, steigt schon von der anderen Seite des Horizonts
die Nacht mit all ihren Gespenstern wieder empor. Das Fürch-
terlichste dabei ist, dass das Übel so tätig, so wirksam ist. Die
Schwärmerei tut, und die Vernunft begnügt sich zu sprechen."*
(60,61)

Was Mendelssohn hier erkennt, wird in seiner Tragweite erst
im Verlauf der nächsten 200 Jahre deutlich. Das Zurückdrän-
gen der Vernunft war zunächst zum Teil verständlich. Sie sah
die Welt sehr einseitig und stellte die Bedeutung der Gefühle
nicht in Rechnung. Insofern war die Betonung von Gefühlen

eine Bereicherung der Sichtweise. Es sollte sich jedoch herausstellen, dass das Irrationale der Romantik den Vertretern der
Aristokratie ideologisch zu Hilfe kam. Sie wertete die ihre Herrschaft legitimierenden Wertvorstellungen und Erklärungen
durch die Verklärung mittelalterlicher Zustände wieder auf. Anstatt die Welt der Vernunft um die des Gefühls zu ergänzen, wird
die Vernunft zurückgedrängt und ein mittelalterlicher Mythos
wiedererweckt – mit schrecklichen Folgen. Die Welt wird weiter
geteilt in eine verstehbare Sphäre des praktischen Lebens, die
als „platt" bewertet wurde, und eine unverständliche, „bedeutende", die eigentlicher Ausdruck des Geistes ist. Damit wird die
tatsächliche Herrschaft mit ihrer Ungerechtigkeit und Unterdrückung nicht mehr thematisiert, sondern verklärt. Und speziell im Zusammenhang mit der Militarisierung unter Wilhelm
II wird dieser Mystizismus besonders belebt und mit dem Antisemitismus zusammen zu einem Wesensmerkmal des Deutschtums systematisch aufgeblasen (s. o.).

Die Befreiung von den religiösen Zwängen während der Aufklärung zeigt sich in den großen Städten auch an der zunehmenden
Bedeutung von Salons, die von Frauen geführt werden. Hiermit
treten die Frauen eigenständig in das öffentliche Leben außerhalb des Berufes und in eine führende Rolle ein.

*Von den jungen jüdischen Frauen ging eine eigenartige Faszi-
nation aus. Sie waren kultiviert, vorurteilslos, manchmal von
etwas lockeren Sitten, oft intelligent und gelegentlich, wie Hen-
riette Herz, sehr schön. Aufgewachsen in bürgerlichen jüdischen
Familien, aber aufbegehrend gegen die oberflächliche Religiosität der älteren Generation und deren praktische Ausrichtung des
Lebens auf das Geschäft, waren sie besonders aufgeschlossen
für den neuen Kult der Innerlichkeit, in die die jungen Roman-
tiker sie einführten. Ihre Begeisterung für Shakespeare und für
den noch umstrittenen Goethe, ihre Unabhängigkeit von Konventionen und ihre Stellung als Jüdinnen am Rande der „guten"*

Gesellschaft gaben ihnen eine Anziehungskraft, denen die stärker der Konvention verhafteten Frauen des christlichen Milieus nur selten etwas entgegenzusetzen hatten. (119, 120)

Geradezu tragisch ist es, dass sie nicht nur ihre Emanzipation förderten, sondern ungewollt auch ihre doppelte Unterdrückung: Mit der Romantik als politische Individuen und in der ihr entspringenden Restauration mit ihrem Antisemitismus auch als Jüdinnen.

8.2.3 Systematisierung des Glaubens

Mit der Aufklärung und der Infragestellung geoffenbarter Religionen wird eine neue Bestimmung des Judentums erforderlich, die es auch für die nachwachsenden Generationen verständlich macht.

Das jüdische Kind wisse einfach nicht, wie es seine Religion erklären soll. Ein Katechismus in deutscher Sprache würde es in die Lage versetzen, über die Prinzipien seine Religion zu jeder Zeit mit Leichtigkeit zu sprechen.

(...) Um 1820 lagen zahlreiche jüdische Katechismen vor. (144)

Allerdings wird aus praktischer Rücksicht auf die angestrebte politische Integration in den christlichen Staat der Unterschied zum Christentum nicht deutlich herausgearbeitet.

Der Wunsch, politische Anerkennung durch den Staat und religiöse Anerkennung durch die nicht jüdische Umgebung zu erlangen, hinderte die Katechismusverfasser daran, auf irgendeinen besonderen Wert hinzuweisen, der den Juden eigen wäre und dem Christentum fehlte. Sie betonten nur das den beiden Glaubensrichtungen Gemeinsame. (145)
Dies ist die Schwierigkeit jedes auf die Verengung des Blickwinkels ausgerichteten Systems. Um sich argumentativ zu verteidigen,

müsste es sich mit anderen Systemen vergleichen. Das aber birgt neben den politischen Aspekten die interne Gefahr neuer, Zweifel bestärkender Erkenntnisse und wird deshalb bei allen Religionen untersagt.

Die Anforderungen an die praktische und wissenschaftliche Bildung steigen in Wirtschaft und Militär und beeinflussen auch die jüdischen Schulen. Religion bleibt als Fach zur Vermittlung moralischer Grundsätze und staatsbürgerlicher Indoktrination jedoch erhalten.

Die neuen (jüdischen) Schulen, die jetzt sehr rasch in Berlin, Dessau, Frankfurt am Main oder in anderen Städten entstanden, unterschieden sich beträchtlich von den traditionellen jüdischen Lehranstalten. Anstatt fast die ganze Zeit des Schülers für das Talmudstudium in Anspruch zu nehmen (...) beschränkten die neuen Schulen die Beschäftigung mit traditionellen Texten auf einen (...) kleinen Teil des wöchentlichen Stundenplans. Die rabbinische Literatur war jetzt nicht mehr das Herzstück der Gegenstände (...) Der Hauptgrund dafür, dass das Judentum überhaupt in den Stundenplan einbezogen wurde, war derselbe, der auch für die Berücksichtigung des Christentums in christliche Schulen galt: Man glaubte, dass das Kind nur durch Religion eine ehrliche, nützliche und glückliche Persönlichkeit werden könnte. (...) Religion war die Grundlage für die menschlichen und die staatsbürgerlichen Pflichten. (150)

Mit Napoleons Besetzung von Deutschland verändert sich auch die Situation der Juden.

Die Aufgabe des von Jerome[74] eingerichtete jüdischen Konsortiums in Westfalen war, die jüdische Gemeinschaft und ihre

---

74 Jerome Buonaparte, Bruder Napoleons, König von Westfalen 1807–1813

gesellschaftliche Integration voranzubringen (...) Unter der Leitung des Konsortiums wurde die jüdische Erziehung umgestellt (...) (153)

In den Tempeln in Seesen, Berlin und Hamburg und in all den neuen jüdischen Schulen Deutschlands war das Judentum zu einer Religion geworden, und jüdisches Bewusstsein war jetzt (...) ein weites religiöses Bewusstsein mit universalistischen Zügen. Es hatte eine Wandlung durchgemacht, die gut in seine Entstehungszeit passte: die Epoche der deutschen Aufklärung und der französischen egalité.

Als Preußen im Jahre 1812 den Juden die bürgerlichen Rechte gewährte, schien das goldene Zeitalter angebrochen zu sein. Glaubensübertritte aus dem Judentum ließen nach. Freilich empfand man jetzt auch, es komme darauf an, dass sich die Juden dieser neuen Situation würdig erwiesen. Wenige Juden nahmen dies zur Kenntnis (...) Je mehr die Juden verwestlichten, desto mehr Hass schlug ihnen entgegen; der Durchschnittschrist zog „den schmutzigsten Orthodoxen dem gebildeten Manne" vor. (160)

Der Hass der Religionen auf Nichtgläubige ist dort größer als auf Andersgläubige, wie auch heute noch.

8.2.4 Politische Reaktion

Nach Napoleons Niederlage entfaltet sich die Reaktion im Zeichen romantischer Mythen und neuem Antisemitismus.

Die Ressentiments gegen Juden waren ein Element der mächtigen politischen, wirtschaftlichen und geistigen Reaktion, die Deutschland im zweiten Jahrzehnt des 19. Jahrhunderts erfasste. Mit dem Fall Napoleons gewann es an Kraft. Das Ideal des

Kosmopolitismus wurde weggeschwemmt von der Woge des deutschen Nationalismus, die einst bewunderte französische Konzeption des Rechtsstaates wurde jetzt als leer und mechanistische verdammt. An ihrer Stelle entwickelte die deutsche politische Romantik die Vorstellung von Staat und Gesellschaft als einem einzigen, einheitlichen Organismus, Staatsbürgerschaft, kulturelle Orientierung und Religionszugehörigkeit waren nicht mehr getrennte Sphären. (...) Das Christentum wurde als das „heilige Band" der Gesellschaft betrachtet. Ein Vorbild für das, was man jetzt anstrebte, entdeckte man im lange verachteten Mittelalter, das bestimmt gewesen war von wechselseitigen Verpflichtungen der gesellschaftlichen Schichten, einer ausgeprägten religiösen Orientierung und einer vorkapitalistischen Wirtschaftsordnung. Die Aufklärung wurde jetzt verdammt. Ihr warf man vor, sie habe diesen organischen Einklang durch ihren Rationalismus, ihren Kosmopolitismus und ihren Rückgriff auf abstrakte Prinzipien zerstört.

Bei dem Bemühen, aus einem politisch zerrissenen Gebilde eine geeinte Deutsche Gesellschaft zusammenzufügen, wurde der Jude zum Symbol für alles, was auf dem Wege dahin Hindernisse aufrichtete. Er war der Kosmopolit, das Überbleibsel der Aufklärung, der Kapitalist, der Schmarotzer am deutschen Organismus, der ihn doch nie in sich aufnehmen würde. Seit 1815 war ein Teil der romantischen Reaktion offen gegen die Juden gerichtet. Politische Rechte, die sie nur unter äußersten Anstrengungen erlangt hatten, wurden eingeschränkt oder gänzlich aufgehoben. Auf allen gesellschaftlichen Ebenen wurden Stimmen laut gegen die Juden; Professoren, Demagogen und Stückeschreiber mischten sich in diesen Chor. (161)

Es ist das Programm für den Weg von dem sich für kurze Zeit etablierenden funktional-gegliederten Gesellschaftssystem mit persönlicher Freiheit zurück zur hierarchisch gegliederten Gesellschaft, in der jeder mit unterschiedlichen Rechten und Pflichten seinen Platz einzunehmen hat („Organismus"). Natürlich erfordert dies eine Verteufelung praktischer Vernunft und die Errichtung historischer Scheinwelten. Zivile Werte der Gleichheit, Freiheit und Bildung müssen zwangsläufig durch die militärischen Werte der Hierarchie, der Unterordnung, des Gehorsams verteufelt werden. Dass damit als Feinde auch die Juden ins Blickfeld geraten, ist folgerichtig. Allerdings sind die Herrschenden gezwungen, im Sinne der wirtschaftlichen Leistungsfähigkeit, auf die auch ein reaktionärer Staat nicht verzichten kann, Kompromisse einzugehen, indem man sie zwar verteufelt, ihnen aber doch gewisse wirtschaftliche Freiheiten belässt.

Die Wiederherstellung mittelalterlicher Zustände bedeutete – was nicht gesehen wurde und nicht gesehen werden sollte – nicht nur die Schaffung eines „mit der Welt zufriedenen, unaufgeklärten aber religiös geleiteten Menschen" sondern auch die Erhaltung der aggressiven aristokratischen Gesellschaftssysteme, bei denen Krieg zu ihren Existenzbedingungen gehört. Und schließlich: es war nicht nur ein anonym ablaufender Prozess („[...] wurde weggeschwemmt [...] entwickelte die Romantik [...] das Christentum wurde betrachtet [...]), sondern dahinter standen die alten aristokratischen Mächte, die ihn mit ihren Machtmitteln aktiv förderten.

Entgegen allen Hoffnungen der Häupter der jüdischen Gemeinschaft wurde die christlich-nationale Reaktion in der nachnapoleonischen Zeit immer stärker. (...) Die studentischen Burschenschaften, die sich einer Förderung christlich-deutscher Gesinnung mit allen geistigen und politischen Mitteln im Dienste des Vaterlandes verschrieben hatten, wurden mächtiger (...) (165)

Die studentischen Burschenschaften werden im Laufe des Jahrhunderts eine immer wichtigere Funktion in der Verbindung von ziviler Funktionalität und militärischem Wertekanon einnehmen. Sie sind Voraussetzung für die von Norbert Elias so bezeichnete „satisfaktionsfähige Gesellschaft".

In Deutschland war ein rabiater Nationalismus die Antwort auf die Vorherrschaft der Franzosen. Die meisten europäischen Staaten betrieben, im Bann der Metternich'schen Diplomatie und unter Führung der Heiligen Allianz, mit rückwärtsgewandtem Blick die Wiederherstellung der alten Gesellschaft. (166)

Wie ist ein solcher Wechsel überhaupt möglich?

Die Interessen der Herrschenden müssen auf vielen Wegen zur dominierenden Geistesströmung werden. Dazu ist es erforderlich, passende Teile dieser aktuellen Strömung aufzunehmen und in Schulen, Universitäten, Medien und Predigten weiterzuentwickeln und abzuwandeln. Dies zeigt das folgende Zitat:

Parallel zum Wechsel von der Vernunft zur Wissenschaft verlief der Übergang vom kosmopolitischen Ideal der Humanität zu dem partikularen Ideal des Volkes. Herder nimmt hier eine Zwischenstellung ein. Für ihn ist Humanität immer noch der höchste Wert, sie ist das letzte Ziel der Menschheit. Aber Herder bricht radikal mit dem Kosmopolitismus der Aufklärung. Er betont nicht mehr die wesentliche Gleichheit aller Menschen, vielmehr hebt er die Eigenart hervor, die den „Nationalcharakter" jedes Volkes ausmache.

(...) Fichtes „Reden an die deutsche Nation", 1808 veröffentlicht, gehen einen Schritt weiter. Der Einzelne ist bei Fichte aufgehoben im Volk, und dementsprechend wird das alte germanische Pflichtgefühl beschworen (...)

Als das partikularistische Ideal des Volkes sich zunehmend durchsetzte, sah man den Ausschluss fremder Elemente aus dem völkischen Organismus mehr und mehr als zwingend an. (167)

Ohne dass dies damals klar ist, wird das Programm ziviler Werte, das Frieden, Ausgleich und Gleichberechtigung beinhaltet, durch das Programm des militärischen Wertekanons mit Aggression, Unterdrückung und Krieg ersetzt.

Der neue Blick der Aufklärung ist nur kurz und ist nicht auf das Erkennen jüdischer Besonderheiten in der Praxis gerichtet.

8.3 Jüdisches Denken im 20. Jahrhundert

Orientiert an K. E. Grözinger[75] wird der Blick bei der Suche nach dem zivilen Kanon im Judentum auf die Gegenwart gerichtet.

Zunächst der Rückblick auf die Veränderungen im 18. und 19. Jh. aus Grözingers Sicht:

Die nächste Bedrohung kam mit der Aufklärung, welche (...) die für das Judentum bis dato tatsächliche Einheit von Staat, und Religion (...) infrage stellte. Die Emanzipation versetzte dieser nur philosophisch vorbereiteten Trennung den entscheidenden Stoß und (...) beschränkte es auch auf ein Dasein als Religion oder „Kirche". (...) Die innerjüdischen Auseinandersetzungen mutierten nun zu religiösen, „theologischen" Streitigkeiten und Auseinandersetzungen, die in bürgerlicher Hinsicht keine bedeutenden Konsequenzen mehr hatten.

(...) Diese vor allem in Deutschland des 19. Jahrhunderts einsetzende, innerjüdische konfessionelle Aufspaltung hat nach der Vernichtung des europäischen Judentums in den Vereinigten

---

75 Karl Erich Grözinger, Jüdisches Denken – Theologie, Philosophie, Mystik Band 5, Meinungen und Richtungen im 20. und 21. Jahrhundert, Campusverlag, Frankfurt, 2019

Staaten von Amerika ihre volle Blüten getrieben und zu orga-
nisatorisch deutlich voneinander separierten jüdischen Denomi-
nationen geführt.

Die Aufklärung hat also nicht in Europa, wo sie in vielen Staaten vom 19. Jh. bis zum Ende des Zweiten Weltkriegs zurückgedrängt wurde, sondern in den Vereinigten Staaten zu einer freieren Interpretation des traditionellen Judentums geführt. Der Blick hier bleibt allerdings immer noch auf die Wandlungen im Verständnis der jüdischen Religion, jetzt in größerer Freiheit von der Führung durch orthodoxe Rabbiner, konzentriert.

8.3.1 Staat Israel

Die Gründung des Staates Israel hat die emanzipatorische Auflösung der staatsähnlichen Autonomie gleichsam konterkariert, weil mit diesem Staat dem israelischen Judentum der verloren gegangene staatlich-rechtliche Rahmen zurückgegeben wurde, erweitert durch staatsrechtliche und politische Elemente, die es seit 2000 Jahren nicht mehr kannte und darum auch denkerisch in den Hintergrund treten ließ.

Die Bewertung des Judentums in der Diaspora als „staatsähnliche Form" bezieht sich wohl i.W. auf das 19. und 20. Jh. in Europa, denn sie mildert die weitgehende Rechtlosigkeit und Unterdrückung als wesentliche Kennzeichen der Diaspora ab. Hieraus ergaben sich jedoch gerade viele spezifisch zivile Merkmale jüdischen Verhaltens. Sie verringert zudem die Veränderung, die mit dem Staat auf die Juden zukam. Nach dem hier entwickelten Verständnis von den zivilen Werten des Judentums wurde es jetzt damit konfrontiert, staatliche Macht nicht nur zu erdulden, sondern selbst auszuüben. Die extreme Friedlichkeit, die Folge der Diaspora war, musste jetzt notgedrungen eingeschränkt werden, da ein Staat nur durch Machtausübung nach innen und außen überlebensfähig sein und seine Bürger sichern kann.

Dabei könnte im Falle Israel der Verweis auf die extreme Friedlichkeit in der Diaspora den Kontrast zur Aggressivität der Israel bedrohenden Diktaturen zum Verständnis der israelischen Handlungen Wichtiges beitragen.

Mit dieser kurzen Skizze ist die Problemlage umrissen, die bis in die Gegenwart hinein reicht und auch den vorliegenden fünften Band des Jüdischen Denkens nachhaltig prägt (...) (28,29)

Halten wir unter unserem speziellen Blickwinkel das Folgende fest:

Das jüdische Leben war durch die Umwelt und ihre Veränderungen immer wieder herausgefordert, sich seine Besonderheit klarzumachen und zu verteidigen. Dabei veränderte es, wie auch die Mehrheitsgesellschaft, seine Ideologie. Es konnte aber, anders als die Mehrheitsgesellschaft, diese nie gewaltsam durchsetzen, allenfalls durch die Androhung sozialer Ächtung. Die Vertreter des Judentums sahen wie alle Religionen die Aufklärung als Bedrohung und haben sich wie das Christentum in orthodoxe, d. h. nicht vernunftgeleitete Interpretationen gerettet, die jedoch immer weniger Menschen überzeugten.

Im Folgenden werden von Grözinger verschiedene Denker vorgestellt, von denen die meisten sich mit der jüdischen Religionsphilosophie beschäftigen, jedoch nur zwei Überlegungen zum praktischen Leben in ihre Philosophie integrieren.

Mordechai M. Kaplan *(1881–1983)*

Es sind die Augen des Soziologen, Psychologen und kritischen Bibelwissenschaftlers, nicht die des Theologen, mit denen er auf das Judentum seiner Zeit blickt. Mit diesen Augen nimmt er zunächst die Realität in den Blick, die soziologisch messbare Realität des Verlustes an Kohäsionskraft des Judentums, der das jüdische Leben seiner Gegenwart bestimmte (...) Er will die Ideale der geglaubte Offenbarung, der Tora-Tradition, der sozialen und mentalen Wirklichkeit anpassen (...)

Es entspricht dieser Grundeinsicht, dass das Fundament der Aufgabenstellung eine gründliche Analyse der gegenwärtigen Situation, des gegenwärtigen sozialen und mentalen Zustand des Judentums oder vielmehr der jüdischen Menschen sein müssen. Dieser Einsicht folgte auch sein Opus Magnum. (434,435)

Das klingt vielversprechend, weil der zivile Kanon ein Ergebnis des praktischen Lebens ist: Jetzt schaut also einer „dem Volk aufs Maul".

Für einen demokratischen Staat *zählt er vier grundlegende Kriterien auf und fragt, inwieweit diese sich mit dem traditionellen Selbstverständnis des Judentums in Einklang bringen ließen.* Die ersten beiden sind unproblematisch, aber bei dem folgenden Punkt seht er Probleme: *die Interessen der Gesamtgruppe sollten den Interessen jeglicher anderen Gruppe voran stehen. Das Wohl der geographisch bestimmten Gruppe erfordert den uneingeschränkten gesellschaftlichen Austausch zwischen seinen Mitgliedern (...) Konfliktstoff bietet hingegen die jüdische Vorstellung vom jüdischen Volk als dem von Gott erwählten Volk – ein Selbstanspruch den er (...) auch bei der katholischen Kirche sieht.*

Auch die moderne Wirtschaftsordnung sieht er als desintegrierenden Faktor für die jüdische Gemeinde – Zusammenarbeit mit Menschen anderer Auffassung, Zeitreglement, das den Sabbat nicht berücksichtigt, Leistungsdruck (...)

Kaplan weist darauf hin, dass der Übergang von der Ghettowirtschaft zur Teilhabe an der allgemeinen Wirtschaftstätigkeit mit ihren völlig anderen Rhythmen und Verpflichtungen das Leben der Menschen zwangsläufig veränderte und damit ihre Möglichkeiten, traditionell-jüdisch zu leben – eine Tatsache, welche die Denker des Judentums kaum zur Kenntnis genommen und Folgerungen daraus gezogen hätten. (443)

Dass die Veränderungen durch die moderne Zeit und ihre geistige Bewältigung im Judentum nicht wahrgenommen wurden, ist erstaunlich und wohl nur durch die Dominanz des religiösen Denkens erklärbar.

Schließlich erkennt Kaplan weiter die moderne Zeit als desintegrativen Faktor.

Bei der Suche nach all diesen drei Zielen menschlichen Strebens hat sich in der Moderne im Vergleich zum traditionellen Judentum ein grundlegender Paradigmenwechsel vollzogen. So bei der:

1. Suche der Wahrheit: Hier brachte die Moderne die Neigung, die Wissenschaft als den verlässlichsten Weg (...)

2. Suche nach dem Guten: Hier setzte sich die Neigung durch, das menschliche Wohlergehen im gesellschaftlichen Sinn als das entscheidende Kriterium für das Gute anzuerkennen, nicht etwa den Willen einer höheren Autorität (...)

3. Suche nach dem Schönen: hierbei zeigt sich die Neigung, ästhetische Erfahrungen und Kreativität als grundlegend für das geistige Leben des Menschen zu betrachten, weniger etwa die Angebote der Religion.

In allen drei Wissensbereichen hat die Moderne, so Kaplan, Veränderungen mit sich gebracht, welche dem überkommenen Judentum diametral entgegenstehen. (445)

Nun müsste man denken, dass die jüdischen Gemeinden in Amerika, auf die sein Blick besonders gerichtet ist, auseinanderfallen. Das Gegenteil ist jedoch der Fall. Folglich muss es etwas geben, das diese Gemeinden zusammenhält, ohne dass ihnen dies bewusst ist.

„(…) Im Laufe der Jahrhunderte des gemeinsamen Lebens, Denkens und Leidens hat sich eine sekundäre Kohäsionskraft entwickelt, die sich nicht in dem Willen äußert, jüdisches Leben, als einem wünschenswerten an sich, festzusetzen und zu verstetigen. Es ist ein Gesetz der menschlichen Natur, dass wenn Menschen an einem gemeinsamen Vorhaben für längere Zeit beteiligt sind, sie ein gegenseitiges Zusammengehörigkeitsgefühl entwickeln, das unabhängig davon, was aus dem Unternehmen wird, anhält."

Es ist einfach der Wille, ein jüdisches Leben zu führen (…) Dieser Wille (…) äußert sich alleine in einer Vielfalt von gesellschaftlichen Äußerungen, die inhaltlich keinen eindeutigen Nenner haben, außer eben dem, dass dies „jüdisches Leben" sei.

Er analysiert dann insgesamt zehn Faktoren – gemeinsame Feste, Erziehung, Traditionen – ohne auf die in der Diaspora entwickelten besonderen Eigenheiten der Juden einzugehen.

Die Rechtfertigung, das Judentum zu erhalten (…) hat zum einen seinen Grund darin, dass die Juden nicht willens sind, ihr Judentum aufzugeben und (…) der von außen kommende,

nämlich der nimmer endende Antisemitismus, die Ausgren-
zung der Juden aus den Mehrheitsgesellschaften (...) (451,452)

Trotzdem: *Gegenwärtig gibt es für jüdische Normalbürger bei-*
der Geschlechter nur wenig, was zum Ausdruck des eigenen jü-
dischen Ich taugte, es sei denn, man ist ein Rabbi (...) Wenn man
keinen Geschmack an drei Gebetszeiten am Tag findet und am
Studium der göttlichen und rabbinischen Texte, gibt es in keiner
der gegenwärtigen Version des Judentums irgendetwas, was
einen qua Jude packen könnte." (456)

Da müsste sich für die hier in Rede stehende Ergänzung der
Eigenarten der jüdischen Kultur ein gewisses Feld der Aufmerksamkeit bieten, besonders da sie sehr positiv ist.

Und er kommt beim Blick zurück auch auf die Besonderheiten
der Diaspora zu sprechen.

Auch für die Gesellschaftsordnung gilt, dass sie in früheren
Zeiten sowohl durch den Bezug zur Gottesidee wie auch durch
die physische Gewalt gesichert worden ist. Dies war auch so,
als die Juden noch in ihrem eigenen Land lebten. Danach in
der Diaspora konnte die jüdische Gemeinschaft durch die Tora
als dem offenbarten Gotteswillen zusammengehalten werden,
nicht zuletzt durch das Instrument des Synagogen-Bannes (Ex-
kommunikation) meist aber durch das Instrument der sozialen
Erwartung.

Es folgt leider keine eingehendere Erörterung der praktischen
Verhältnisse in der Diaspora und den Anforderungen, die sich
daraus für die Juden stellten.

Nun aber, nachdem sich (...) die menschlichen Selbsterfüllungs-
parameter von der Jenseitigkeit in das Diesseits verlagert ha-
ben, steht das Judentum an der Schwelle einer vierten Phase,

die humanistisch und spirituell sein müsse. Dies wird in gewisser Weise eine Rückkehr zur ersten biblischen Phase sein (…) insofern als das Zentrum der geistigen Interessen sich wiederum auf Erden findet und „die Gemeinschaft mit Gott wieder in der normalen (irdischen) Erfahrung möglich sein wird." (466)

Für diese vierte Phase einer humanistisch geprägtem Gemeinschaft kann die Erkenntnis, dass die Juden den zivilen Wertekanon entwickelt haben, einen wichtigen Beitrag leisten, zumal dieser der Kernpunkt des Fortschrittsgedankens in der gesamten westlichen Welt ist. Er hebt sich klar von dem militärischen Kanon ab, den die Diktaturen in aller Welt als Grundlage ihrer Macht propagieren.

Diese menschfundierte Erkenntnisquelle hat zugleich zur Folge, dass fortan auf eine Uniformität in Glaubens- und Handlungsfragen verzichtet werden muss und dies betrifft das jüdische Individuum gerade so wie die in verschiedenen gesellschaftlichen Situationen lebenden jüdischen Gemeinschaften, die (…) sich ganz unterschiedlich orientieren müssen. Die ideale Situation ist demnach die in Palästina/Israel, wo „die Juden, die Möglichkeit haben, ihre eigene Kultur (Zivilisation) zu denselben Bedingungen entwickeln zu können wie andere Nationen." Anders ist die Situation in Ländern, in denen die Juden innerhalb der Mehrheitskultur wenigstens als Minderheiten korporative kulturelle Rechte genießen und in solchen Länder, in denen Juden nur als Individuen ihr Judentum frei gestalten können. (467)

Die Vertretung des zivilen Verhaltens- und Empfindungskanons umfasst geradezu beispielhaft das Gemeinsame innerhalb vielfältiger Weltanschauungen, Religionen und geistigen Richtungen. Voraussetzung sind nur: Toleranz und Friedfertigkeit.

Dies schränkt auch etwas die Sicht des Staates Israel als „ideale Möglichkeit" der Schaffung eines eigenen Staates ein, da sie unvermeidlich, wie oben erläutert, mit der Ausübung von Macht verbunden ist. Er wird zudem noch von seinen Nachbarn ständig existenziell bedroht. Friedfertigkeit und Toleranz können auch unter Idealbedingungen eines Staates nicht das in der Diaspora für das Überleben notwendige Maß annehmen und in der bedrängten Praxis ist allein das in westlichen, nicht existenziell bedrohten Ländern übliche Maß kaum erreichbar. Daraus kann, bei Rückfall in die Orthodoxie, wieder ein Staat entstehen, bei dem die Ideale des zivilen Kanons zugunsten traditioneller religiöser Ansichten stark eingeschränkt werden.

Das Erkennen der Bedeutung des zivilen Kanons für das unbewusste jüdische Selbstverständnis würde einem solchen Rückfall entgegenarbeiten.

Die Konzeption, die Kaplan vorschlägt, die „civilisation" nennt er auch „Nation", wohl wissend, dass dieser Begriff und dessen historische Realität sehr belastet ist. Aber (...) es vielmehr darauf ankomme, diese Konzeption menschlicher Gemeinschaft zum Wohle des Individuums und der Völkergemeinschaft zu entwickeln. (467)

Es sei hier daran erinnert, dass auch Norbert Elias (1897–1990) von der Beschreibung der Zivilisation ausgeht und dessen Begriff des „Verhaltens-Empfindungskanons" unseren Überlegungen zugrunde liegt. Er hat ihn aus seinem großen Werk „Über den Prozess der Zivilisation" (1939/1969/1976) und dann in „Studien über die Deutschen", 1992 weiter entwickelt. Er könnte die Überlegungen von Kaplan weiterführen. Der scheint, obwohl selbst Soziologe, das Werk von Elias nicht gekannt zu haben, ansonsten wäre von seiner Erwähnung auszugehen.

Entscheidend für seine Analyse und Programm ist die Unterscheidung zwischen „persönlicher Religion" und „Volkes-Religion" (...) „Die jüdische Volkes-Religion besteht in all jenen

Ausdrucksformen jüdischen Lebens und in all jenen Formen der Bräuche und Gesetze, durch welche der Einzelne sich mit dem Leben und den Bestrebungen seines Volkes identifiziert. Es ist demnach zu erwarten, dass die Juden in der Volkes-Religion einen gemeinsamen geistigen Nenner finden. (471)

Auch hier kommt Kaplan bei den Bräuchen schnell wieder auf die Religion. Dass sie sich zu beträchtlichen Teilen auch neben der Religion oder, besonders unter den Bedingungen der Diaspora, sogar im Gegensatz zur Religion entwickelt haben können, wird nicht erwogen.

Wenn dies repräsentativ für den Stand der jüdischen Reflexion ist, kommt man nicht umhin festzustellen, dass die praktischen Auswirkungen der Diaspora unabhängig von religiösen Fragen noch nicht ausreichend untersucht sind, weil die religiöse Frage alles überdeckte.

Zu solchen Erfahrungen des Menschen gehört (...) auch die Erfahrung der Gesellschaft, in der man aufwächst und lebt. Und ähnlich wie dies Emil Durkheim hinsichtlich der „Muttersprache" eines Menschen formuliert, dass sie durch ihre Begrifflichkeit das Denken eines Menschen und damit seine Weltwahrnehmung prägt, so sieht auch Kaplan eine Prägung des einzelnen Menschen durch die kollektive Wahrnehmung und Erfahrung einer Gruppe. Ein in der jüdischen Zivilisation aufgewachsener Mensch nimmt die Welt anders wahr, als ein in der französischen oder englischen Kultur erzogener. (481)

Hier ist Kaplan ganz nah an einer Beschäftigung mit der praktischen Lebenswelt der Juden in der Diaspora, dringt aber nicht weiter vor.

Nach all den mehr theoretischen Darlegungen will Kaplan auch die praktischen Konsequenzen eines neuen Denkens vor Augen

führen, was es also für die jüdische Lebens-Praxis zu bedeuten
habe, dass Judentum nicht als offenbarte Religion (...) sondern
als „Zivilisation", als umfassende Lebens-Kultur zu verstehen.
Der entscheidende Satz (...) findet sich in seiner Zusammenfas-
sung: „Es ist nötig sich daran zu erinnern, dass das Judentum
als Zivilisation nicht eine Wahrheit darstellt, sondern eine Le-
bensweise." (489,490)

Und dies ist die zivile Lebensweise. In diese eingebettet muss
sich allerdings der für die Sicherheit des Staates zuständige Teil
der Gesellschaft zeitweise der militärischen Verhaltensweise
unterwerfen.

„Schließlich gibt es in der Tora selbst den entscheidenden Test
für den Wert einer Zivilisation. Eine Zivilisation erfüllt ihre
Aufgabe erst dann, wenn das Volk, das diese Zivilisation lebt,
den einzelnen Männern und Frauen hilft, ein erfülltes Leben,
sprich Erlösung zu erlangen. Alle Gesetze, Bräuche, Institu-
tionen und gesellschaftliche Einrichtungen, welche eine solche
Selbstentfaltung des Einzelnen behindern, sind nicht Zivilisa-
tion, sondern Barbarei. (491)

Hier werden Selbstbestimmung und erfülltes Leben auf dieser
Welt schon vor der 2.000 Jahre währenden Diaspora als Voraussetzungen für Zivilisation gesehen.

Es wird im Folgenden weiter Bezug genommen auf einen zweiten
jüdischen Denker, der Hinweise geben könnte, weil auch er den
Blick auf das praktische Leben richtet – Scherwin T. Wine.

8.4 Schervin T. Wine

(1928–2007); Werk: „Judaism beyond God".

Wines zentraler Kritikpunkt ist, dass die traditionelle jüdische Historiographie vor allem eine Geschichte der Religion und Theologie ist (...), dass die Helden dieser Geschichte Propheten und Priester sind, auch die „Heiligen" Könige der Bibel (...) die als solche hervorgehoben werden, wenn sie eine bestimmte religiöse Ideologie vertreten.

Die Helden der weniger weit zurückliegenden Geschichte, etwa eines Einstein, oder die von jüdischen Bankiers und Geschäftsleuten, welche Fähigkeiten für die Überlebensstrategien der jüdischen Gemeinschaft und Familien entwickelten, kommen hier kaum oder gar nicht vor. Die biblischen prophetischen Helden verkämpfen sich für ein pastorales Landleben auf der Scholle, das Hüten der Schafe, Führen des Pfluges (...) Die diesbezüglichen Quellen zeigen nicht jene Seite des jüdischen Lebens, welches dieses Leben seit der Antike bestimmte, nämlich das verfeinerte Leben in der Stadt, das Leben des Handels und des Geldes, den Kampf mit Worten und Argumenten, welche die jüdische Realität seit langem prägten. (509)

Hier werden mehrere Vorwürfe gegen die jüdische Art der Traditionsvermittlung erhoben:

1. Gegen die Dominanz von Priestern und Propheten. Es fehlen nichtreligiöse Vertreter, zum Beispiel Einstein oder sogar Bankiers. Diese Kritik ließe auf eine Beschäftigung mit dem praktischen Leben des 20. Jahrhunderts hoffen.

2. Das Ideal ist die durch Landwirtschaft geprägten archaische Kultur. Dabei zeichnet sich das Judentum durch seine Lebensweise in den Städten aus und hat sie oft sogar befördert, so in

den Städten am Rhein und in Osteuropa. Zumindest in der Diaspora der letzten 2.000 Jahre war das Leben viel stärker durch Handel und Stadt geprägt als durch Landwirtschaft. Damit sind natürlich ganz unterschiedliche Kenntnisse und Fertigkeiten und auch Ideale und Werte verbunden. Dies spielt in der antisemitischen Argumentation eine große Rolle.

Mit den angesprochenen Eigenarten der Städte wie etwa größerer Luxus, höhere geistige Kultur und Verfeinerungen der Argumentationsfähigkeit sind auch andere Werte, Verhaltensweisen und Emotionen der Bevölkerung verbunden.

Zur jüdischen Erfahrung (...) *gehört auch ganz wesentlich der Antisemitismus. Diese Erfahrung erzeugte eine ohnmächtige Wut und diese hat zu der skeptischen Grundeinstellung der Juden geführt, die sich dann nach der Emanzipation voll entfalten konnte, in Gestalten wie Marx, Freud und Einstein. Sie hat auch zu dem sarkastischen, selbstironischen Humor geführt und vor allem zu dem Wissen, dass man sich nur auf sich selbst – nicht auf Gott – verlassen kann.* (511)

Dass die Situation in der Diaspora auch „ohnmächtige Wut" erzeugte, wird hier einmal angesprochen. Allerdings konnte diese nur in den seltensten Fällen am Objekt tätlich abreagiert, sondern musste verarbeitet, sublimiert werden. Dies ist der Grund dafür, dass die Juden ein ziviles Verhalten, das gerade durch die „Modulation der Affekte" (Norbert Elias), also Selbstbeherrschung, gekennzeichnet ist, vor der Mehrheitsgesellschaft erreicht haben. Diese war in weit geringerem Maße den Zwängen zur Friedlichkeit unterworfen.

Die Verarbeitung von Aggression in Form geistiger Beschäftigungen, wie hier am Beispiel von Marx, Freud und Einstein aufgeführt, ist ebenso eine Folge wie auch die Entwicklung des

„sarkastisch, selbstironischen Humors", der auf Entspannung und Konfliktabbau gerichtet ist.

So wie das rabbinischen Judentum, (...) jegliche nicht-theistische Literatur zensierte und unterdrückte, seine Herrschaft im Judentum bis heute auf die reiche und ausufernde Literatur der Tora im weitesten Sinne gründete, so müsse nun nicht-theistische (...) Literatur zum Fundament des neuen humanistischen Judentums werden. Wichtig (...) ist, dass sie nicht auf der Autorität des Alters besteht, nicht die Auffassungen der Großeltern wiederholt, sondern innovativ die Erfahrung der Juden aufnimmt und ihre Vergangenheit und Gegenwart gemäß den beiden neuen Maximen der Vernunft und Menschenwürde aufnimmt und als Baustein der jüdischen Identität heranzieht. (512)

Es folgt ein Lesekanon mit überwiegend materialistischen Philosophen.

Die jüdische Orthodoxie hat offensichtlich die gleichen Voraussetzungen und Werte philosophischer Richtung wie die christliche: Als ideologisches Mittel ihrer Herrschaft müssen alle materialistischen, Philosophen, da sie ihre Herrschaft infrage stellen könnten, unterdrückt und verteufelt werden.

Es scheint, dass die Aufklärung auch in jüdischen Kreisen keineswegs als selbstverständlich akzeptiert gelten kann – dabei ist sie das einzige Mittel gegen den Antisemitismus. Die Betonung des Religiösen schafft unvermeidlich mehr Spannungen.

Eine Reflexion gerichtet auf die Identität lenkt jedoch ab von einer Beschäftigung mit der Praxis und den daraus erwachsenden gesellschaftlichen Werten.

Zu seinen praktischen Empfehlungen der Modernisierung gehören: Geschichte mit Festen zelebrieren, Mischehen eingehen und
die Konversion. (521,522)

Insgesamt sind die Ausführungen von Wine ein Aufruf, die jüdische Lebensrealität genauer zu analysieren, wie dies hier mit
dem zivilen Kanon geschieht, und neue, verbindende Werte zu
finden.

Noch steht dem die geistige Vorherrschaft des Rabbinats entgegen. Es zeigen sich jedoch durch Kaplan und Wine, dass große
blinde Flecken im jüdischen Selbstverständnis bestehen.

8.4.1 Bestätigung – neue wissenschaftliche Erkenntnisse

Die Kernaussagen waren

1. Unterschiedliche kulturelle Menschentypen werden durch die
   Umwelt erzeugt.

2. Der in Klassengesellschaften (stratifizierten Gesellschaften)
   zum Funktionieren notwendige Typ ist der Untertan, der in
   der Begrifflichkeit von Norbert Elias durch einen „militärischen Verhaltens- und Empfindungskanon" gekennzeichnet
   ist. Er vertritt Ungleichheit der Menschen, Befehl und Gehorsam, Glauben statt Wissen, Härte statt Empathie, Aggressivität statt Friedlichkeit u. a. m.

Die entgegengesetzten Einstellungen und Werte werden vom
„zivilen Verhaltens- und Empfindungskanon" vertreten, der in
der Wirtschaft besonders im Handel vorherrscht.

3. Der zivile Kanon war den Herrschenden immer ein Dorn im
   Auge und wurde von ihnen wurde von ihnen gesellschaftlich

abgewertet, obwohl sie nicht auf seine Vertreter in der Wirtschaft verzichten konnten, weil diese den meisten Wohlstand erarbeiteten.

4. Die Juden der Diaspora waren durch ihre unkriegerische Tradition gekennzeichnet, sie hatten keine militärische Adelsklasse, und ihre Berufe im Handel und ihre weitgehende Rechtlosigkeit über fast 2 Jahrtausende zwangen sie zu einem extrem zivilen Verhaltens- und Empfindungskanon. Das hat sich in höherer Bildung, großräumiger Vernetzung, flexiblen, friedlichen Umgangsformen und wirtschaftlichem Erfolg niedergeschlagen. Dadurch stellten sie für die herrschende Ideologie ein dauerndes Feindbild dar, das im Mittelalter unter religiösem Vorzeichen, mit dem Rückgang der Bedeutung der Religion auf kulturellen und schließlich rassistischen Grundlagen bekämpft wurde.

5. Das Aufleben des Antisemitismus in Deutschland verlief gegen die allgemeine Richtung einer stärkeren Emanzipation des Judentums im 19. Jahrhundert und war Folge der extremen Militarisierung zur Aufrechterhaltung der aristokratischen Herrschaft in der zweiten Hälfte des 19. Jahrhunderts, insbesondere durch Wilhelm II.

6. Erst nach den beiden Weltkriegen konnte sich in der Bundesrepublik 1949 der zivile Kanon durchsetzen, indem er in den Artikeln 1-19 des Grundgesetzes Eingang fand. Damit schloss sich die Bundesrepublik dem westlichen Wertesystem an, dass sich durch einen extremen Gegensatz zum militärischen Kanon auszeichnet, der uns im Allgemeinen nicht bewusst ist.

9 Neue Erkenntnisse – der große Unterschied

Diese Kernaussagen erhalten nun durch Ergebnisse neuer philosophisch-anthropologischer Untersuchungen ihre Bestätigung und werden dadurch noch deutlicher.

Joseph Henrich schildert in *„Die seltsamsten Menschen der Welt – Wie der Westen reichlich sonderbar und besonders reich wurde"*[76] die Entwicklung zum zivilen Kanon im katholischen Christentum. Hanno Sauer verfolgt in *„Moral – Die Erfindung von Gut und Böse"*[77] die Entstehung und Weitergabe von Werten in Abhängigkeit von den Gesellschaftssystemen vom Beginn der Menschheit bis in unsere Zeit.

9.1 Die Formung des Menschen

Sauer beschreibt sie so:

Für die Entstehung des Mängelwesens Mensch ist das Konzert von biologischer und kultureller Evolution entscheidend. Diese beiden Prozesse verlaufen nicht bloß parallel, sondern sind durch komplexe Rückkopplungsschleifen miteinander verbunden. Biologische Veränderungen machten kulturelle Fortschritte möglich. Jene kulturellen Innovationen begannen dann mit exponentiell zunehmendem Tempo, unserer genetischen Evolution eine spezifisch menschliche Form zu geben. Diese Verquickung bezeichnet man als Koevolution von Genen und Kultur (gene-culture-coevolution). (S, 122)

---

76 Suhrkamp, 2023 (zitiert H, Seite)
77 Pieperverlag, 2023 (zitiert S, Seite)

Um ein kulturelles Reservoir an Wissen und Fähigkeiten auf-
bauen zu können, braucht man vor allem eins: die Fähigkeit,
von anderen zu lernen. (S, 129)

Die konkreten moralischen Normen und Werte, mit denen ver-
schiedene menschliche Gruppen ihr Zusammenleben organi-
sieren, sind selbst Produkte kultureller Evolution. (...) Unsere
gesteigerten Lernkapazitäten statteten uns mit einer reichen
Normpsychologie aus, die es uns ermöglicht, komplexe soziale
Regeln zu lernen und zu befolgen. (S, 141)

Diese „reiche Normpsychologie" entspricht dem, was Norbert
Elias anschaulich den „Verhaltens- und Empfindungskanon"
nennt, also die soziale und individuelle Disposition des Menschen, den Kern seiner Persönlichkeit, der ihn steuert.

9.1.1 Evolution der Gesellschaftstypen

Die Gesellschaftstypen sind also mit dem entsprechenden Menschentyp eng verbunden und unterliegen als kulturelle Erscheinungen auch der Evolution.

Kulturelle Produkte sind denselben Mechanismen von Verän-
derung und Selektion unterworfen, die im Bereich biologische
Evolution gelten: Abstammung mit Veränderung und unter-
schiedlichem reproduktivem Erfolg. Evolutionären Mechanis-
men finden sich demnach überall in der Natur. Biologische und
kulturelle Evolution sind jeweils Sonderfälle eines allgemeine-
ren Prinzips. (S, 125)

Soziales Lernen zum Beispiel ist, um erfolgreich zu sein, auf
verschiedene Filtermechanismen angewiesen, die einem Ler-
nenden angeben, von wem er lernen soll – soziales Lernen
muss subjektiv sein und darf nicht wahllos vorgehen. Diese

Selektionsstrategien – „tue, was die meisten tun", „tue was die Ältesten tun", „tue, was die Erfolgreichsten tun", (...) – sind aber selbst häufig kulturell weitergegebene Strategien. (S,129)

In dieser Art des Lernens, dem Nachahmen, ohne eigenes Nachdenken und einer Überprüfung anhand selbstgemachter Erfahrungen, liegt offensichtlich auch ein Grund für die Kontinuität des jahrtausendealten Antisemitismus.

Am Anfang stand die Gesellschaft der Jäger und Sammler, in kleinen Sippenverbänden organisiert, ohne große Hierarchie. Sie beruhte auf persönlichen Beziehungen und war damit auch zahlenmäßig auf wenige Hundert Individuen begrenzt.

Aller Aversion zum Trotz war für die überwältigende Mehrheit der Menschen der Übergang vom „Goldenen Zeitalter" ihrer Jäger-und-Sammler-Existenz zu einem Leben von harter Arbeit und Knechtschaft eine große Verschlechterung, und kleinere Gemeinschaften leisteten auch erbitterten Widerstand gegen ihre Einverleibung durch die ersten Gesellschaften. Es könnte sein, dass wir inzwischen – wenn auch erst seit sehr kurzer Zeit und in nur sehr wenigen Regionen weltweit – damit begonnen haben, unser historisches Niveau an Zufriedenheit und Wohlergehen aufzuholen. Das Trauerspiel der letzten 5000 Jahre wäre somit der Preis gewesen, den unsere Vorfahren dafür zu entrichten hatten. Ein jahrtausendelanger Umweg über despotische Herrschaft, Ausbeutung und Krieg schuf irgendwann die Bedingungen für die Entstehung modernerer Gesellschaften. (S, 155, 156)

Ungleichheit und Herrschaft werden oft unter dem Begriff sozialer Stratifikation zusammengefasst. Das Ausmaß jener Schichtungen, das in den ersten größeren Gesellschaften von mehreren 1.000 oder 10.000 Mitgliedern erreicht wurde, die wir aus Mesopotamien oder Nordafrika kennen, ist nur schwer vorzustellen. Selbst heutige Gesellschaften reichen nicht einmal annähernd an jene frühen Formen von Herrschaft und Knechtschaft heran, die von den Unterworfenen verlangten, sich vor den (...) Gottkönigen buchstäblich in den Staub zu werfen.

Gleichzeitig wurde ein solches Maß an Ungleichheit schon aus organisatorischen Gründen zunehmend alternativlos, weil sich eine menschliche Gruppierung ab einer bestimmten Mitgliederzahl nicht mehr durch die beschriebenen prägenden theoretischen Sozialstrukturen des Teilens und der informellen Überwachung von Normen des Gemeinschaftslebens – in Sippenstrukturen – zusammenhalten lässt (...) Erst für eine hierarchisch aufgebaute Gesellschaft mit zentralisierter Bürokratie und Entscheidungsgewalt beginnt dieses Organisationsproblem lösbar zu werden – und das kostet. (S, 156, 157)

Nicht zu vergessen ist die Grundlage: die monopolisierten Macht der Waffen.

Es stellt sich sodann die Frage: Und was machte das neue System mit den Menschen?

Unsere Moral löst dieses Problem, weil menschliche Gruppen die für diese Dynamik erforderliche Größe ohne moralische Normen nicht erreichen können... indem sie ein kooperatives Zusammenleben organisiert, dass den Boden für die Entstehung einer kumulativen Kultur bereitet. (S, 141)

Ungleichheit, Sklaverei, Fremdbestimmung und Elend, die die ersten Zivilisationen über die Menschheit verhängten, waren ein idealer Nährboden für soteriologische Jenseitsreligionen, die den Tod nicht nur schulterzuckend als bloße Banalität im unvermeidlichen Auf und Ab der Generationen hinnahmen, sondern als Erlösung von unserem irdischen Tal der Tränen zu sehen begannen, das uns armen Sündern als Strafe auferlegt wurde. (S,156)

225

9.2 Die „seltsamen Menschen" – WIR mit zivilen Werten!

Die seltsamsten Menschen nach Henrich sind WEIRD, auf Englisch, W̲estlich, E̲uropäisch, I̲ndustrialisiert, R̲eich und D̲emokratisch, auf Deutsch seltsam oder sonderbar. Sie vertreten also westliche Werte und sind deshalb seltsam, weil diese sich von den in traditionellen Gesellschaften vermittelten Werten, die heute auf der Welt noch dominieren, fundamental unterscheiden; aus deren Sicht „seltsam" sind.

Die seltsamen Werte stimmen mit zivilen Werten überein, gehen jedoch auf tiefer liegende Gründe zurück, die Henrich gestützt auf zahlreiche anthropologische Befunde weltweit herausarbeitet und mit denen er die Frage beantwortet: Wie konnte diese Abweichung von der Tradition erfolgen und wie lässt sich dies nachweisen?

Sonderbare Merkmale sieht Henrich in (1) bilateraler Abstammung, (2) wenige oder keine Heiraten zwischen Cousins und Cousinen oder anderen Verwandten, (3) monogame Ehen, (4) Kernfamilien und (5) neolokaler Residenz – neu verheiratete Paare gründen einen eigenen Haushalt.

Die Verbreitung dieser fünf Merkmale werden mithilfe des „Ethnografic Atlas" festgestellt, einer anthropologischen Datenbank mit über 1200 verzeichneten Gesellschaften. Dabei zeigt sich: *Mehr als die Hälfte der im Atlas aufgeführten Gesellschaften haben keines dieser sonderbaren Verwandtschaftsmerkmale, 77% besitzen entweder keines oder lediglich eines. Am anderen Ende der Skala besitzen weniger als 3% der Gesellschaft mindestens vier dieser Merkmale, und nur 0,7% weisen alle fünf auf. Somit weichen 99,3% der Gesellschaften in dieser globalen anthropologischen Datenbank vom sonderbaren Muster ab.* (H, 225)

Dies sind die Voraussetzungen für die Entstehung sonderbarer Gesellschaften. Sie stehen in Kontrast zu traditionell durch

Sippen geprägten autoritären Gesellschaften und sie machen den hohen Grad der Verschiedenartigkeit der Grundlagen besonders deutlich.

9.2.1 Ihre Eigenschaften

Sie sind gekennzeichnet durch eine Reihe von Merkmalen (Ausschnitt aus Tabelle H, 89):

Individualismus und persönliche Motivation

Selbstbezogenheit, Selbstwertgefühl, Schuld vor Scham, geringe Konformität und Ehrfurcht vor Tradition, Geduld, Selbstbeherrschung (...) und harte Arbeit.

Unpersönliche Prosozialität

unparteiische Prinzipien, Vertrauen, Fairness, Ehrlichkeit und Zusammenarbeit mit anonymen anderen, weniger Günstlingswirtschaft innerhalb einer Gruppe, freier Wille, moralischer Universalismus.

Wahrnehmungsfähigkeiten, kognitive Fähigkeiten und entsprechende Verzerrungen

analytisches vor ganzheitlichem Denken, Aufmerksamkeit für den Vordergrund und zentrale Akteure (...)

Man kann erkennen, dass viele Persönlichkeitsmerkmale eng mit dem zivilen Verhaltens- und Empfindungskanon verbunden sind, jedoch auch viele Merkmale betreffen, die uns nicht bewusst sind: Unsere moralische Steuerung über Schuld anstelle von Scham wird uns allenfalls und nur andeutungsweise bewusst, wenn wir von Gewalttaten lesen, in denen die „Ehre" eine Rolle spielte. Dass wir mehr analytisch statt ganzheitlich denken, lässt sich nur durch Experimente beweisen. Moralischer Universalismus, den wir für selbstverständlich halten, ist es offensichtlich nicht.

9.2.2 Auswirkungen

„Diese psychologischen Unterschiede haben direkte nationale Konsequenzen: Länder, in denen die Menschen mehr unpersönliche Prosozialität zeigen – also Fremden gegenüber aufgeschlossen sind – haben ein höheres Volkseinkommen, eine höhere wirtschaftliche Produktivität, effektivere Regierungen, weniger Korruption und höhere Innovationsraten" (H, 78)

9.3 Die Entstehung aus aristokratischen Gesellschaften

9.3.1 Voraussetzungen

„Aber wie wurden die sonderbaren Gesellschaften institutionell von Grund auf neu errichtet? Vorstellungen von Familie und Verwandtschaft und zwischenmenschlichen Beziehungen durchzogen alle vormodernen Staaten, und die mentalen Modelle, die durch Erfahrungen in verwandtschaftsbasierten Institutionen geliefert wurden, prägten oft die Konzeption und den Aufbau staatlicher Institutionen.

(...) Wie bringt man nun also Individuen aus den oberen wie den unteren Schichten vormoderner Gesellschaft dazu, ihre Clans (...) Altersgruppen und Stämme zu verlassen, um in Städte zu ziehen und sich freiwilligen Vereinigungen wie Unternehmen, Kirchen, Zünften und Gilden, Gewerkschaften, politische Parteien und Universitäten anzuschließen? (H,177, 178)

Henrich führt dazu in einer Fülle von Belegen zu den neuen Heiratsregeln der katholischen Kirche an, die seit dem 4. Jh. das Heiratstabu auf einen immer weiteren Kreis der Verwandtschaft legen. Damit wird zum einen die traditionelle Weitergabe moralischer Regeln in der Sippe geschwächt, weil die Sippen wesentlich kleiner werden, zum anderen müssen sich die Familien in ihrer Heiratspolitik weiträumiger orientieren und ein neues, positives Verhältnis zu Fremden begründen.

„Als die Menschen im zehnten und elften Jahrhundert begannen, Städte und Gilden sowie religiöse Institutionen zu gründen, brachten sie dafür Anschauungen und Erkenntnisse in Anschlag, die sie aus dem Leben in monogamen Kernfamilien und nicht etwa aus dem Leben in patriarchalisch aufgebauten Clans oder segmentären Lineages gewonnen hatten." (H, 394)

„Im Nachgang der Zerstörung intensiver Verwandtschaftsbeziehungen durch die Kirche wurden die Menschen zunehmend individualistisch, unabhängig, selbstbezogen, nonkonformistisch und relational mobil. Sie traten freiwilligen Zusammenschlüssen bei, die ihren Interessen, Bedürfnissen und Zielen entsprachen." (489, Unterstr. HL)

Dies sind die zivilen und zivilisierenden Wirkungen kurz zusammengefasst. Ihr Gegensatz zum militärischen Kanon ist offensichtlich und daraus folgende Konflikte auch.

Ich will darauf hinaus, dass die Auflösung intensiver familiärer Beziehungen nicht nur die Verstädterung in Europa vorantrieb, sondern auch die Psychologie dieser neuen Stadtbevölkerung in einer Weise änderte, die sie von anderen Bevölkerungsgruppen auf der Welt unterschied. Ein größerer Individualismus, unpersönliches Vertrauen und die relationale Mobilität bedeuteten, dass der Einzelne eher dazu neigte, Beziehungen zu Menschen

zu suchen und aufzubauen, die nicht in sein soziales Netz einge-
bunden waren. Unpersönliche Normen in Bezug auf Fairness,
Ehrlichkeit und Kooperation bildeten den Rahmen für solche
Interaktionen, und formelle Verträge dienten der konkreten
Absicherung von Vereinbarungen aller Art. All diese sozialen
Veränderungen führten zu einer engeren Vernetzung der Be-
völkerungen und zu mehr Innovation. (H, 636)

9.3.2 Die Verbreitung

Von besonderem Interesse ist hier besonders der Handel

„Mit dem Handel werden zerstörende Vorurteile geheilt. Es ist
beinahe eine allgemeine Regel, dass überall dort, wo milde Sit-
ten herrschen, auch Handel betrieben wird. Dort, wo Handel
ist, herrschen auch milde Sitten."

* Montesquieu (1689–1755) Vom Geist der Gesetze XX. Buch,
  Kapitel 1 (H, 397)

„Der Handel ist ein friedliches System, das dahin wirkt, die
Menschen einander näher zu bringen, indem er Nationen eben-
so wie Individuen einander nützlich werden lässt.

(...) Die Erfindung des Handels (...) ist der größte Schritt zu
einer allgemeinen Zivilisation (...)

* Thomas Pain (1737–1809) Die Rechte des Menschen (H, 397)

Demzufolge ermöglicht erst eine höhere unpersönliche Prosozialität, also das Vertrauen in Fremde, weitreichende Handelsbezie-
hungen und stärkt dieses Vertrauen durch die guten Erfahrungen
beim vermehrten Güteraustausch auf den Märkten. Dabei waren
die Grundlagen sehr verschieden.

„Ich will darauf hinaus, dass viele antike und mittelalterliche Gesellschaften außerhalb Europas zwar über florierende Märkte und einen ausgedehnten Fernhandel verfügten, aber im Allgemeinen auf einem Geflecht interpersoneller Beziehungen und auf verwandtschaftsbasierten Institutionen und nicht auf unpersönlichen Normen des Austauschs mit allgemeingültigen Prinzipien der Fairness und des unpersönlichen Vertrauens basierten.

(...) Zwar versuchten die mittelalterlichen Europäer, familienbasierte Handelsunternehmen zu errichten, doch wurden ihre Bemühungen, denen das kirchliche EFP im Wege stand, allmählich von freiwilligen Vereinigungen (zum Beispiel die Kaufmannsgilden), unpersönlichen Institutionen und Marktnormen überholt. (H, 426)

Die Ausführungen machen nicht nur die Bedeutung des Handels für die Entwicklung der individuellen Kultivierung wie auch des Städtewesens deutlich. Sie lassen auch erkennen, welche große Bedeutung die Juden im mittelalterlichen Europa besessen haben müssen, da von ihnen ganz maßgeblich der Aufbau von Handelsnetzen vorangetrieben wurde. Sie haben als stark religiöse Gemeinschaft die oben als grundlegend bezeichneten Bedingungen als erste erfüllt: Ein weiträumiges Netz von auf Vertrauen basierenden Beziehungen, Marktübersicht, Kenntnis der Regeln, Erfahrungen aus weiterentwickelten Gebieten, Unvoreingenommenheit u. a. m.

Sie waren darüber hinaus aktiv am Ausbau dieser Netze durch Städteneugründungen beteiligt:

Einen kleinen Einblick in die beginnende Verstädterung erhalten wir dadurch, dass im Jahr 965 nach Christus kirchliche Aufzeichnungen vermerken, „eine Gruppe von Juden und anderen Händlern" habe sich in Magdeburg an der Elbe, am Rande

des alten Karolingerreichs niedergelassen. Ein Jahrzehnt spä-
ter erteilte der römisch-deutsche Kaiser Otto I dieser Gemein-
de offiziell „Privilegien". Diese Magdeburger Art der öffentli-
chen Verwaltung, der Regulierung der Zünfte und Gilden und
des Strafrechts wurde allmählich zu dem, was man später als
„Magdeburger Recht" bezeichnete.

Um 1038 nach Christus – also nur etwa 70 Jahre später – hat-
te der Erfolg Magdeburgs auch andere Gemeinden dazu inspi-
riert, seine Regeln zu kopieren. In den folgenden Jahrhunderten
sollten über 80 Städte Statuten, Rechtsvorschriften und zivile
Institutionen eins zu eins und explizit übernehmen. (H, 431)

9.3.3 Die Wirkung des Marktes

Marktnormen fordern eine Annäherungsorientierung und eine
Positivsummenweltsicht, erfordern aber auch ein Gespür für
die Absichten und Handlungen der anderen. Fairness wird mit
Fairness begegnet, Vertrauen mit Vertrauen und Kooperation
mit Kooperation, und all das wird nach normativen Maßstäben
beurteilt. Verstöße gegen Normen durch die eigenen Partner
oder durch Dritte werden mit einer Bereitschaft zur gegebe-
nenfalls auch kostspieligen Durchsetzung der Normen begeg-
net (...)

Natürlich begünstigen Märkte auch eine wettbewerbsorien-
tierte und berechnende Denkweise – die Leute wollen zwar ge-
winnen, werden aber nur dann umfassend respektiert werden,
wenn sie dabei die Normen und vereinbarten Regeln befolgen.
Die größte Achtung gebührt denjenigen, die durch ihre eigenen
Talente und harte Arbeit erfolgreich werden, aber dennoch fair,
ehrlich und unparteiisch sind. Dies ist ein eigenartiger Stan-
dard, da er familiäre Bindungen, persönliche Beziehungen,
Stammesdenken und Clan-Allianzen entwertet, die allesamt

*über einen längeren Zeitraum der menschlichen Geschichte
hinweg gang und gäbe waren.* (H, 407)

*„Diese sich urbanisierenden Arenen schufen somit Orte, an
denen individualistischere Menschen anfingen, neue Beziehungen und spezifische Weisen der Selbstorganisation aufzubauen,
ohne dabei den sie einschnürenden Zwängen von Familiennetz-
werken, verwandtschaftlichen Verpflichtungen und Stammes-
loyalitäten zu unterliegen.*

*Das anfängliche Rinnsal von Zuwanderern in die urbanen Zen-
tren wuchs langsam zu einer Flut heran und führte schließlich
zu einem in der Geschichte der Menschheit noch nie da gewese-
nen Grad der Verstädterung.* (H, 428)

*Die Verstädterung ging mit der Entstehung von administrati-
ven Versammlungen und Stadträten einher, in denen Vertreter
der Zünfte und Gilden sowie weiterer in den Gemeinden vor-
handener Vereinigungen saßen. Einige von ihnen brachten es
bis zur Selbstverwaltung oder zumindest bis zu einer relativen
Unabhängigkeit von einer ganzen Riege von Fürsten, Bischö-
fen, Herzögen und Königen.* (429)

*Der Handel verbindet die Menschen miteinander durch seinen
wechselseitigen Nutzen. Durch den Handel werden die sittlichen
und körperlichen Leidenschaften vom Interesse abgelöst (...)
Durch den Handel lernt der Mensch, sich zu besinnen, ehrlich
zu sein, sich Manieren anzueignen, umsichtig und beherrscht zu
sein, sowohl im Reden als auch im Handeln da er die Notwendigkeit erkennt, sich klug und ehrlich betragen zu müssen, um zu bestehen, meidet er das Laster oder zeigt zumindest in seinem Auftreten Anstand und Ernsthaftigkeit, um bei seinen gegenwärtigen und künftigen Gegenüber kein ungünstiges Urteil über sich zu
bewirken (...)* (Zitat aus dem Traitée General du Commerce 1781,
Beitrag des niederländischen Juristen Samuel Richard, H, 531)

Hier wird die von Georg Simmel in „Philosophie des Geldes" (s. o.) geschilderte Unterdrückung von Emotionen im Handel positiv als Kulturgewinn gekennzeichnet. Es handelt sich nämlich nicht um einen gänzlichen Verlust von Emotionen im Geschäftsverkehr, sondern um ihre Beherrschung aus Rücksicht, dem anderen gegenüber, der jederzeit die Kommunikation abbrechen kann. Die Beherrschung der Gefühle in diesem Fall in ziviler Form führt zur der Weiterentwicklung der Persönlichkeit zur Rücksichtnahme auf andere. Dagegen führt sie in der militärischen Form zum Typ des Untertanen, der gelernt hat, keine Rücksicht zu nehmen, weder auf sich noch auf andere.

9.4 Die Wirkungen des Militärischen Kanons

9.4.1 Bloß keine Neuerungen!

Könige und Königinnen sowie andere Eliten hatten allerdings – sowohl in Europa als auch über die gesamte Geschichte hinweg – schon immer die Neigung, gegen jeden vorzugehen, der eine revolutionäre neue Idee, Technik oder Erfindung präsentierte, die das bestehende Machtgefüge hätte ins Wanken bringen können. Dieses Problem wurde in Europa durch eine Kombination aus politischer Uneinigkeit (...) und relativer kultureller Einheit entschärft, die sich aus den transnationalen Netzwerken speiste, welche durch eine Vielzahl freiwilliger Vereinigungen geknüpft wurden. (H, 647)

9.4.2 Aggressivität als Lebenssinn

Manche Leute könnten vielleicht die These vertreten, dass dieser Wandel der Geduld und Selbstbeherrschung von einer Veränderung in den lebensgeschichtlichen Strategien der Menschen hervorgebracht worden sei. Wenn das zutreffen würde, dann sollten wir davon ausgehen, dass die Elite auch zuvor schon eine nur gering ausgeprägte Gewaltbereitschaft an den Tag gelegt hätte, weil ihre Angehörigen ja allesamt gut versorgt waren. Dem war aber nicht so. Tatsächlich pflegte die Elite noch bis ins 19. Jahrhundert hinein das Duell und unternahm (...) keine langfristigen finanziellen Investitionen. Sowohl der Rückgang der Gewalt als auch die langfristige Finanzanlage waren vielmehr das Produkt der urbanen Mittelschicht: die erwähnten Handwerker, Kaufleute, Bankiers, Rechtsanwälte, Beamten und Buchhalter. (H, Anmerkung 34, Seite 796)

9.4.3 Das Konfliktpotenzial

Die Zusammenarbeit von Wirtschaft zur Weiterentwicklung und Zivilisierung der Gesellschaft und der militärischen Herrschaft war über die Jahrhunderte konfliktreich. Am Anfang war der Konflikt zwischen den unterschiedlichen Menschentypen und Werten der beiden die Gesellschaft formenden Gruppen verdeckt. Aber immer musste der herrschende Schicht der städtischen Bevölkerung, auch wenn sie zu ihrem Reichtum beitrug, mit Misstrauen begegnen, zeigte sie doch mit ihren Zusammenschlüssen, dass eine gesellschaftlich Organisation auf weitgehender Gleichheit und Freiwilligkeit möglich war und erfolgreich sein konnte. Auch dabei waren die Juden Vorreiter.

Ruth Gay beschreibt in „Geschichte der Juden in Deutschland"[78] die Selbstverwaltung der Gemeinde so:

Bis zum Beginn des 18. Jahrhunderts war ein Jude nur im Ausnahmefall ein eigenes Rechtssubjekt. Bischöfe und weltliche Herren verhandelten mit den Vertretern einer Gemeinde, wenn

---

78 C. H. Beck, München 1993

es um eine Niederlassung von Juden in ihren Städten ging. Es war die Gemeinde, die von den jeweiligen Fürsten gekauft und verkauft wurde. Die Gemeinde wurde für das schuldhafte Versäumnis eines individuellen Juden verantwortlich gemacht. Die Gemeinde zahlte die Steuern.

So versah der jeweilige Gemeinderat die Aufgaben einer richtiggehenden Obrigkeit, verantwortlich für die weltliche wie für die religiöse Ordnung des jüdischen Lebens.

(...) All dies erforderte eine Gemeindestruktur, an deren Spitze ein gewählter Rat stand. Dieser Rat, der in der Regel aus sieben Männern bestand, erhob und kassierte die Steuern und kümmerte sich um die alltäglichen Angelegenheiten der Gemeinde. Er beaufsichtigte Bau und Instandhaltung öffentlicher Gebäude, zahlte die Gehälter der Gemeindeangestellten und erließ nichtreligiöse Verordnungen wie die Kleidervorschriften. Hinter einem solchen System stand ein beträchtliches Maß an Selbstdisziplin, ein echter gesellschaftlicher Pakt, der am besten im Bit Din, dem rabbinischen Gericht, zum Ausdruck kam. (43)

Zur Sicherung ihrer Herrschaft mussten die Herrschenden ständig jeden Gedanken an andere, egalitärere Gesellschaftsformen durch Indoktrination und Gewalt unterdrücken. Diese Auseinandersetzung hat die Jahrhunderte bis ins 20. Jahrhundert geprägt.

Dabei war die Unterdrückung und Verachtung des Handels wegen seiner anderen Werte von Seiten der Aristokratie beschränkt, da dieser Grundlage seiner wirtschaftlichen Macht und einer zunehmenden Bevölkerung, also potenzieller Soldaten war. Diese Zurückhaltung war gegenüber den Juden, allein schon wegen ihrer anderen Religion, ihrer geringen Rechte und kleineren Zahl nicht in dem selben Maß erforderlich, wurde teils aus Opportunitätsgründen (Geldbedarf also Enteignung) aufgegeben oder bei sozialen Gewalttaten gegen Juden zur Stärkung der Verbundenheit mit der nicht-jüdischen Bevölkerung mehr oder weniger hingenommen.

9.4.4 Im Überblick

Die Entstehung der Ungleichheit lässt sich als Entwicklung rekonstruieren, bei der sich frühe Eliten den durch Populationswachstum und agrikulturelle Innovation erwirtschafteten Mehrertrag aneigneten. Die ideologische Legitimierung dieser Statushierarchien gelang (...) durch die Ausdifferenzierung einer religiös-intellektuellen Schicht professioneller Ideologen. Die dadurch gewonnene militärische Macht der ersten Zivilisationen führte zur Vernichtung oder Aufnahme der bis dahin existierenden egalitären Kleingruppen, deren Lebensform zunächst verdrängt wurde und schließlich völlig ausstarb. (170)

Die Usurpation vormals kommunal verwalteter Ressourcen durch einige wenige schien danach viele Jahrtausende alternativlos zu sein. Überall auf der Welt wurden die skrupellosesten Warlords und Raubritter zu Feudalherren, denen fortan vor allem daran gelegen war, ihre Privilegien zu festigen und auszuweiten. So wurde soziale Ungleichheit zu unserer zweiten Natur, und die Idee, dass es in Wirklichkeit keine Menschen 1. und 2. und 3. Klasse gibt, konnte erst in der frühen Neuzeit, dann mit immer größerer Dringlichkeit von der Aufklärung politisch wieder belebt werden, ohne bislang vollendet zu sein.

In der Zwischenzeit waren Phasen steigender sozialer Gleichheit meist teuer erkauft. Historisch betrachtet scheint es vor allem vier Hauptmechanismen zu geben, um soziale Ungleichheiten wirksam auszumerzen: Kriege, Revolutionen, Systemkollaps und Seuchen. (S, 170, 171)

9.5 Insgesamt

Mit den hier angeführten neuen Erkenntnisse stellt sich die zivilisatorische Wirkung des Judentums auf die Gesellschaft ganz deutlich heraus, ebenso wie die Quelle des Antisemitismus in der Verfechtung überkommener, auf Herrschaft und Unterwerfung gerichteter, inhumaner Werte.

9.6 Fazit

Die Untersuchungen zum Selbstverständnis der Juden in der Zeit der Aufklärung bis zur Restauration Anfang des 19. Jahrhunderts wie auch der aktuellen Situation haben gezeigt, dass immer das religiös geprägte Verständnis verteidigt wurde und sogar fast einzig repräsentiert ist.

Der Ansatz, die praktischen Erfahrungen mit dem soziologischen Instrumentarium von Norbert Elias zu deuten, fördert neue Erkenntnisse zu Gemeinsamkeiten im Judentum zu Tage. Damit ist dies ein Ansatz zur Verkleinerung einer Leerstelle im jüdischen Selbstverständnis und kann ein Beitrag zur profanen Definition des Judentums sein.

Er stellt die besondere Qualität des Judentums als Vorreiter der heute in der westlichen Welt vorherrschenden zivilen Werte heraus, was eine Aufwertung bedeutet, die im krassen Gegensatz zur seiner Abwertung im Antisemitismus steht. Der Vorteil ist, dass Erstere sachlich begründet ist und Letzterer nur eine Anhäufung hasserfüllter Vorurteile in der Tradition überholter Systeme darstellt.

10 Freimaurer – Schicksalsgenossen der Juden?[79]

Wenn die zivilen Werte die Juden seit dem Mittelalter zu Außenseitern und Sündenböcken stempelten, wie stand es dann mit neuen Sündenböcken beim Aufkommen der Moderne, der Aufklärung?

Tatsächlich ereilte die Freimaurerei, die die zivilen Werte der Vernunft, Humanität, Brüderlichkeit und moralischen Veredelung vertraten, ein ähnliches Schicksal.

Unter dem hier zugrunde gelegten systemtheoretischen Aspekt von Gesellschaften musste die Ablösung der stratifizierten und ihre Wandlung zur funktional differenzierten Gesellschaft unkoordiniert, in Schüben, unterschiedlich nach gesellschaftlichen Funktionen und Wirkungen verlaufen und mit der Entstehung von aufklärerischen Organisationen eine besonders greifbare Form annehmen.

10.1 Weg zur Aufklärung

Zweifel an der Richtigkeit der katholisch-christlichen Welterklärung und abweichende Lehren hat es von Anfang an in großer Zahl gegeben. Sie wurden allerdings stets hart und blutig als Ketzerei bekämpft, seien es die Templer, Hussiten oder später Calvinisten und Protestanten. Die Konzentration auf eine mehr verstandesmäßige Interpretation der Welt wurde von Giordano Bruno vertreten, der 1600 in Rom öffentlich verbrannt wurde.

---

79 Zitate, wenn nicht anders angegeben, aus: John Dickie, Die Freimaurer – Der mächtigste Geheimbund der Welt, Fischer, Frankfurt a. M., 2020

Eine für den Bereich der Naturwissenschaften rationale Sicht vertraten Galileo Galilei, Kepler und Newton, die allerdings brave Christen blieben.

Eine auf die Vernunft gegründete neue Weltanschauung konnte sich unter den Bedingungen der Repression der christlichen Staaten in Europa erst zu entwickeln beginnen, als diese Repression etwas nachließ. Das war in England und Schottland der Fall, wo die größere Freiheit sich zu versammeln, wo man wollte und zu welchem Zweck auch immer, zu einer neuen Form der Kommunikation und des Menschentyps wurde. Die Verminderung der Repression zur Untertanenerziehung eröffnete mehr Freiräume zur freien Entwicklung. Was geschah?

Die Menschen wurden neugieriger auf Neues, auf technische Errungenschaften, gründeten Clubs und Vereine, debattierten und entwickelten sich vom demütigenden Untertan zu mehr individuellen Persönlichkeiten.

Doch der wichtigste Trend, der in den Londoner Pubs seinen Anfang nahm, war das leidenschaftliche Interesse an Clubs und Gesellschaften. Auswärtige bestätigten immer wieder, dass die Hauptstadt „zahllose Clubs oder Societies zur Verbesserung der Bildung und zur Aufrechterhaltung von guter Laune und Frohsinn" aufzuweisen hatte.

Ganz gleich, ob man sich für Geschichte oder Gartenkunst begeisterte, für Glücksspiel oder Debattierkunst, Medizin oder Sport, in London fand sich für jede Neigung der passende Club. (83)

Es gab auch eine lärmende Presse, die sich ungeniert zu Wort melden konnte. Die Verlage, Zeitungen, Kaffeehäuser und Schenken im London des 18. Jahrhunderts waren gleichsam Politiklaboratorien. Dasselbe galt für die Freimaurerlogen... Was die Freimaurerei jedoch bot, war eine Schulung in der praktischen

Umsetzung von Politik. Die formalisierten Rituale und Protokolle der königlichen Kunst eröffneten Männern aus unterschiedlichen Gesellschaftsschichten eine Möglichkeit, die vielfältigen Fertigkeiten zu erlernen, die sie brauchten, um in modernen Institutionen zu arbeiten: Diskret sein, Vorträge halten, konstitutionelle Regeln deuten, jüngere Brüder beraten und ihren Charakter beurteilen. Die Fähigkeiten, die für eine offene Gesellschaft erforderlich waren, konnten innerhalb des geschlossenen Raums einer Freimaurerloge erworben werden. (84,85)

Mit anderen Worten: Der militärische Verhaltens- und Empfindungskanon wandelte sich zum zivilen Kanon.

Gegen das stratifizierte System

Der hieraus entstehende Wunsch, eine stärker vernunftgeleitete, brüderliche Welt zu fördern, ließ Vereinigungen entstehen, aus denen sich im 17. Jahrhundert die Freimaurer als wirkungsvollste entwickelten. Die Freimaurerei hatte einige systemtheoretisch interessante Besonderheiten:

1. Sie leitete ihre Tradition aus der von Steinmetzen ab, also nicht mehr von genealogisch vorgegebener Kontinuität, sondern von der erworbenen, hohen Qualifikation in einem praktischen Beruf. Steinmetzarbeit ist über die praktische Bearbeitung des Steines hinaus eine höchst anspruchsvolle geistige Leistung, da sie ein zunächst nur gedachtes Bauwerk mittels der Geometrie exakt darstellen musste, bis hinunter zu jedem Stein. Nachvollziehbar ist die Kompliziertheit, wenn man sich die in jeder Hinsicht unregelmäßigen Steinblöcke eines Kapellenkranzes in der Romanik oder Gotik genauer ansieht. Hinzu kamen Abschätzungen der Tragfähigkeit und der Haltbarkeit von Material, die erst in der Neuzeit in erste statische Berechnungen mündeten.

Die Kreativität äußerte sich zunächst in der immer genaueren Vorstellung eines Gebäudes, dann in Methoden der maßstabsgetreuen Darstellung, der darstellenden Geometrie. Diese „Theorien" wurden sofort in der Praxis überprüft, und wenn der danach zugehauene Stein nicht passte, verworfen. Weltenthobene Spekulationen scheiterten kurzfristig in der Praxis.

2. Die Freimaurer verbanden so eine Weltanschauung mit dem praktischen Leben und standen bereits damit im Gegensatz zur herrschenden Ideologie/Religion, die mittels des platonischen Idealismus das freie Nachdenken höher bewertete als an der Praxis orientierte Erkenntnisse.

3. Steinmetze waren im Mittelalter nicht dauerhaft an einen Ort gebunden, sondern zogen als Teil ihrer Bauhütte in ganz Europa umher, dahin, wo eines der wenigen großen Steingebäude errichtet werden sollte, meistens Kathedralen und Burgen. Sie hatten damit bereits einen viel breiteren geistigen Horizont als die stets am Ort verbleibenden „normalen" Handwerker.

4. Das Ziel, zu mehr Vernunft und Humanität zu gelangen, wurde von den Freimaurern zusammen mit der damals vorherrschenden, aber auch dem Menschen allgemein eigenen Irrationalität verfolgt. Sie machten also nicht den Fehler, der dem Rationalismus zu Recht vorgeworfen wird, den Menschen als rein rationales Wesen anzusehen. Sie konnten sich bei ihren merkwürdigen Riten und Symbolen auf alte Traditionen stützen, die auch unabhängig von der Religion ihre Bedeutung hatten. So wurden besonders wichtige Dokumente seit alters her unter der „Gerichtseiche" oder an anderen symbolischen Orten mit der Ausstrahlung von Dauer und Bedeutung beglaubigt. Monarchen hatten das Zepter, dessen Anwesenheit ihre Legitimität bei wichtigen Entscheidungen bestätigte und diese damit erst verbindlich machte.

5. Die Steinmetze bildeten Ansätze zum Individualismus in Bezug auf Verantwortung und Anerkennung aus, der in der Renaissance in der Künstlerpersönlichkeit entfaltet wird. Durch die Steinmetzzeichen ließ sich die individuelle Verantwortlichkeit im Rahmen des arbeitsteilig hergestellten Werks feststellen. Das führte zu Konkurrenzkampf, höherer Qualität, der Identifikation des Handwerkers mit seinem individuellen Werk und der Steigerung der Produktivität. (Das entgegengesetzte Beispiel zeigt sich im Sozialismus: Anonymität, Qualitätsabfall, Missmut, Niedergang.)

Hier konnte man aufsteigen gemäß seiner Leistung und blieb nicht im durch die Geburt bestimmten Stand gefangen.

Die Ziele

Es gibt auch die traditionelleren Grundregeln, die von den Maurern als ihre „Landmarken", ihre Meilensteine bezeichnet werden... Maurer müssen den bestehenden Mächten Respekt erweisen und die Geheimnisse der Bruderschaft wahren. Die Brüder sind alle gleich, begegnen einander „auf Augenhöhe". Untereinander muss religiöse und ethnische Toleranz herrschen: „Wir sind aus allen Nationen, Zungen, Stämmen und Sprachen." Sie sollten keine törichten Atheisten sein oder uneins wegen ihrer religiösen Überzeugung, da sie alle an den „großen Baumeister aller Welten" glauben. Über Religion soll in den Logen nicht diskutiert werden. Frauen sind nicht erlaubt, ebenso wenig Leibeigene... (69)

Auch wenn sich die Freimaurerei gern in pompös-altertümlichem Gewand präsentierte, war sie doch aufregend modern... Im November 1737 initiierten die Brüder ... den ersten Kandidaten aus der königlichen Familie: Frederic, Prinz von Wales. ... Die Geste (des Einführungsrituals) *implizierte, dass zumindest*

innerhalb der symbolischen Arena der Branche ein gewisses
Maß an Gleichheit zwischen Mitglieder des Königshauses und
dem gemeinen Mann bestand, eine gemeinsame Ehrfurcht vor
den masonischen Idealen. (78, 79)

Diese besondere Kameradschaft zwischen Adeligen und An-
gehörigen aus niederen Gesellschaftsschichten hätte wohl nir-
gendwo sonst in Europa erfunden werden können. Zum einen
besaß Großbritannien mehr gesellschaftliche Beweglichkeit als
viele anderen Länder. ... Während in Europa die Kleidung eines
Mannes seinen sozialen Status und den Beruf verriet, den er
ausübte, neigten in Großbritannien die mittleren und unteren
Schichten dazu, dem Kleidungsstil der Oberschicht nachzu-
eifern ... Ein förmlicher Egalitarismus wurzelte in der freimau-
rerischen Psyche. Den Constitutions zufolge waren die Frei-
maurer allesamt „Brüder auf Augenhöhe". (79)

Der Übergang vom stratifizierten zum funktional-differenzierten System manifestiert sich hier an der Kleidung.

Die Liebe der Freimaurer zu Zeremonien und zur Fairness der
konstitutionellen Regeln war auch typisch für die damalige
Zeit... Die Freimaurer nahmen die konstitutionellen Ideologien
der Whigs auf, bekannt unter dem Begriff der „englische Libe-
ralität", und entwickelten daraus einen Kameradschaftscode.

Die Abgeschiedenheit der Logentreffen erlaubte es den Frei-
maurern zu experimentieren, Verhaltensregeln und -spiele
zu entwickeln, die die Grenzen dessen sprengten, was in der
Außenwelt möglich war. Die Freimaurerei ist demokratisch:
Ihre Mitglieder werden unter den Anwärtern ausgewählt, ge-
nau wie die großen Beamten unter den Mitgliedern. Die Macht
innerhalb der Loge wechselt. Jeder Amtsinhaber dient nur ein
oder zwei Jahre, bevor er abgelöst wird, mit anderen Worten,
die Freimaurer versuchten, das konstitutionelle Schlagwort

der „englischen Liberalität" in eine lebendige Utopie umzuwandeln.

Freiheit des Gewissens war wesentlich für die englische Liberalität. ... Natürlich war diese englische Liberalität stets mehr ein Schlagwort als eine Beschreibung des tatsächlichen Zustandes der Gesellschaft.

Trotz all dieser Beschränkungen war die Verbindung zwischen Staat und Kirche in den meisten Landesteilen Großbritanniens lockerer als anderswo in Europa. ... Politische Loyalität wurde sachte von religiöser Konformität entkoppelt. (79, 80)

10.2 Freimaurer – Juden

Die Freimaurer vertraten ihre zivilen Werte aufgrund eigener Erkenntnisse, nicht übernommener Traditionen und eines moralischen Impulses. Darin unterschieden sie sich von den ebenfalls zivile Werte vertretenden Juden, die dies aus ihrer Praxis heraus taten. Weltoffenheit, Empathie, Friedlichkeit, Aufgeschlossenheit für Neues ergaben sich aus ihrer Tradition und dem praktischen Leben.

Die Ersteren wurden verfolgt wegen ihrer Vernunft, Letztere wegen ihres Seins und beide, weil sie ein Beispiel für eine bessere als die hierarchisch organisierte und durch Macht zusammengehaltene Welt sein konnten.

Wesentliche Unterschiede sind, dass die Juden durch ihr anderes Auftreten und ihre Berufe sichtbar waren und dass sie schon Jahrhunderte vor dem Aufkommen der Freimaurerei vielerorts eine Sündenbockfunktion aufoktroyiert bekommen hatten. Den größten Unterschied machte dann der rassistische Antisemitismus mit seinem Versuch der totalen Vernichtung. Das ist natürlich mit der Auflösung der Freimaurer als Organisation, der Verfolgung einzelner und der Einschüchterung der Übrigen unvergleichbar.

Verbreitung

Die Freimaurer organisierten sich zunächst in Schottland, das mit der schottischen Aufklärung Europa geistig voranging, dann in England und Frankreich und verbreiteten sich im Laufe der Jahrhunderte über ganz Europa und auch die Kolonialreiche.

Die Freimaurerei befand sich auf halbem Weg zwischen einer religiös dominierten Welt hin zu einer weniger frommen, dafür aufgeklärteren und beweglicheren Welt. Die Art und Weise, wie die Brüder miteinander auskamen, machte die Freimaurerei zu einer internationalen Schule dessen, was wir heute als Säkularismus bezeichnen: Das Prinzip, dass die Kirche sich in heilsamer Weise vom Staat fernhielt. ... Religiöse Toleranz war das Erfolgsgeheimnis der Freimaurerei in Nordamerika, wo die britischen Kolonien ihren Ursprung religiösen Unstimmigkeiten verdankten. (91)

Dabei war dieser autonome Prozess der Selbstorganisation schwierig, da er überwiegend in einem gefährlichen, jede Abweichung von der christlichen Religion verfolgenden Umfeld ablief. Die Regeln wurden im 17. und 18. Jahrhundert schriftlich fixiert und die Verbreitung durch die Anerkennung von bestehenden Großlogen gesteuert. Dabei blieb es nicht aus, dass die unterschiedlichen gesellschaftlichen Verhältnisse und Anschauungen auch in die Freimaurerlogen einwirkten und oft schmerzliche Abweichungen von deren Idealen bedeuteten. Themen wie die Gleichberechtigung der Schwarzen in den USA, die Zulassung von Frauen als Mitglieder, die Zulassung oder der Ausschluss von Juden u. a. m. führten zu Spaltungen und konkurrierenden Gesellschaften.

Die Freimaurerei blühte besonders in demokratischen Gesellschaften in Großbritannien und vor allem den USA, wo sie keiner Verfolgung ausgesetzt war und die in der Verfassung festgelegten Ziele mit den ihrigen übereinstimmten. Bis in die 1970er-Jahre hinein hatte die Freimaurerei eine beträchtliche Mitgliederzahl und nahm in den USA eine prominente Stellung im Geistesleben ein. Viele Präsidenten und andere hochrangige Offizielle waren ganz offen Mitglieder. Mit dem Stärkerwerden emanzipatorischer Bewegungen der Schwarzen, des Feminismus und der Infragestellung der Rolle der USA als Heilsbringer verlor sie ab den 1970er-Jahren immer mehr an Bedeutung.

Die auf die Vernunft begründete Weltanschauung der Freimaurer war natürlich von Anfang an für die herrschende Aristokratie eine Gefahr und führte zu einer Liberalisierung in England und Frankreich, dagegen zu Verfolgungen in den übrigen europäischen Monarchien. Der gesellschaftliche, eigendynamische Prozess der Säkularisierung wurde dazu im 19. Jahrhundert personalisiert. Die bedrohten Mächte – Könige und Kirche – entwickelten die Vorstellung, dass eine jüdisch-freimaurerische Weltverschwörung die Staaten unterwanderte und die christliche Kultur zerstören wolle. Dies wird dann offen in den zaristischen Fälschungen der angeblichen „Protokolle der Weisen von Zion" angesprochen.

10.3 Die Gegner

Faschismus

Wie sehr der Kampf von Kirche und Diktatoren gegen die Vernunft auch der Kampf gegen Freimaurer, Juden und Kommunisten ist, zeigte sich sehr deutlich bei den faschistischen Regimes in Italien, Deutschland und Spanien. Dabei wird der Schwerpunkt jeweils aus taktischen Gründen unterschiedlich gesetzt.

Italien

Unter Mussolini mit der Zerstörung der Freimaurerorganisationen.

Benito Mussolini: „Es mag sein, dass der Masonismus zum Humanitarismus neigt. Aber es ist nun an der Zeit, gegen den übermäßigen Humanitarismus vorzugehen, der die Partei infiltriert hat." (1914) (319)

Freimaurerei war 1925 das perfekte Opfer für Benito Mussolini, und das aus mehreren Gründen. Die Freimaurer verkörperten alles, was er beseitigen wollte, als er seine Diktatur errichtete. Die meisten Oppositionellen hatten das Parlament im vergangenen Sommer aus Protest verlassen; ihre Abwesenheit wurde ausgenutzt, um ein Bild von ihnen zu zeichnen, das sie unehrlich, gemein und hinterhältig aussehen ließ, mit einem Wort: masonisch. Das Gesetz würde dem Duce auch ein praktisches Werkzeug in die Hand geben, mit dem sich die vielen Freimaurer in der Beamtenschaft in Schach halten ließ. Auf diese Weise hätte die Staatsbürokratie weniger Mittel, ihn zu behindern. Die Kirche war mit dieser Politik zufrieden; der faschistische Führer hatte sich schon eine Weile dem Vatikan angedient. (322)

Aber auch die Kommunisten waren gegen die Freimaurerei. Ihr Vorsitzender *„Gramsci argumentierte, die Freimaurerei sei „die einzig wahre und effiziente politische Partei, die Italiens Bougeoisie je hatte." (325)*

Binnen einer Woche unternahm man (Sqadristen) in vielen Teilen des Landes Angriffe auf Freimaurer, auf ihre Tempel und ihren Besitz. Die Gewalt fand ihren Höhepunkt in Florenz, das den Spitznamen „Faschistopolis" trug, weil es das Hauptzentrum der Sqadristen war. Am 25. September kam es zu einer

antimasonischen Menschenjagd, während die Polizei mit ver-
schränkten Armen dabeistand.

Es folgte ein antimasonischer Tumult, der bis in die Nacht dau-
erte. Auf der Straße wurden Menschen willkürlich verprügelt;
Cafés und Theater wurden überfallen, Büros, Geschäfte und
Privathäuser verwüstet, geplündert und in Brand gesteckt.
(331)

Deutschland

In Deutschland fielen die Protokolle bei der nationalistischen
Rechten auf fruchtbaren Boden. Ihr bekanntester Anhänger
war der Kriegsheld und General Erich Ludendorff. Nach der
Niederlage Deutschlands betrat er die politische Arena und
propagierte die sogenannte Dolchstoßlegende ... Die Schuld
(für die Niederlage) lag vielmehr an der Heimatfront, wo die
Armee durch eine lange, bunt gemischte Liste hinterhältiger Zi-
vilisten beschädigt worden war: Die Juden waren natürlich die
schlimmsten; aber es gab aber auch Politiker und Profiteure
darunter, Streikende und Drückeberger, Katholiken und Kom-
munisten, Marxisten und zu guter Letzt – die Freimaurer. Lu-
dendorff hatte viele Feinde ausgemacht. Und alle waren nun
für die Weimarer Republik verantwortlich. (336)

Unter Hitler tritt das Feindbild des Freimaurers zugunsten einer
klareren Erkennbarkeit des wahren Feindes, der Juden, etwas
zurück.

Die Juden, so Hitler, versuchten „die rassischen und staatsbür-
gerlichen Schranken einzureißen“, und kämpften für religiöse
Toleranz. In der Freimaurerei fänden sie dafür „ein vorzügli-
ches Instrument“: „Die Kreise der Regierenden sowie die höhe-
ren Schichten des politischen und wirtschaftlichen Bürgertums

gelangen durch maurerische Fäden in seine [des Juden] Schlin-
gen, ohne dass sie es auch nur zu ahnen brauchen." (338)

Für Hitler war diese gut funktionierende Strategie des Antima-
sonismus auch seine Schwäche: Sie verwischte die Konturen des
Feindes. Er musste die phantasmagorische Bedrohung seiner
ebenso phantasmagorischen arischen Rasse real und greifbar
erscheinen lassen. Es durfte keine Ausflüchte geben, keinen Spiel-
raum für Zweifel, kein zögerliches Abwägen, Unschuldige von den
Schuldigen zu trennen. Er hasste die Freimaurerei, aber zuzulas-
sen, dass irgendein Angriff gegen sie den Schlachtruf gegen die
Juden übertönte, würde seine Ideologie womöglich ihrer brutalen
Einfachheit berauben. Seine politischen Instinkte wogen stärker
als sein Fanatismus, und die sagten ihm, dass der Hass auf die Frei-
maurer ein flexibles Instrument sei, das gezielt eingesetzt werden
müsse, um Zweifel zu säen und Verwirrung zu stiften. (339, 340)

Im Jahr 1925 ... gab es 82.000 Freimaurer in 632 Logen. Die
deutschen Freimaurer...*waren noch gespaltener als ihre ita-*
lienischen Brüder und arbeiteten unter dem Vorsitz von nicht
weniger als neun verschiedenen Großlogen. Hauptstreitpunkt
war die Frage der Mitgliedschaft von Juden.

Im Gegensatz zu dem, was uns eine nostalgische Sicht der ma-
sonischen Geschichtsschreibung glauben machen will, stellten
sich die meisten deutschen Freimaurer nicht im Namen der To-
leranz gegen die Nationalsozialisten. Tatsächlich wurden sie
zunehmend zu Unterstützern der völkischen Agenda." (342)

Die Logen werden mit Drohungen und Gewalt schon 1933 zer-
schlagen, die Freimaurerei wird verboten und das Feindbild,
sozusagen beiläufig, immer wieder propagandistisch aktiviert.

Ob aus Begeisterung für die NS-Ideologie oder aus Angst:
Einzelne Freimaurer verließen die Bruderschaft, die Tempel

*verfielen in Schweigen... Bereits im Frühjahr 1933 zerfiel die
deutsche Freimaurerei. (347)*

Spanien

In Spanien, wo es praktisch keine Juden gab, konzentriert sich
der Hass von Franco unter Führung der Kirche ganz auf die
Freimaurer und Kommunisten.

*Danach war die Geschichte der Freimaurerei in Spanien wie
anderenorts im katholischen Europa Teil eines ewigen Kampfes
zwischen der Kirche und den Kräften des säkularen Liberalismus ...*

*... der Katholizismus blieb unter der konstitutionellen Monarchie
(1876–1923) Staatsreligion: Das Bildungssystem war katholisch
und das offene Praktizieren anderer Religionen verboten... Die
Katholiken waren politisch in vielem zerstritten ... Doch in ihrer
Abneigung gegenüber den Freimaurern waren sie sich einig. (363)*

*Der Massenmord an Freimaurern begann wenige Tage nach
Beginn des spanischen Bürgerkriegs. (357)*

*Hitler war natürlich Antisemit, doch in seiner Gegnerschaft zur
Freimaurerei nicht religiöser als Mussolini. Wie der Duce war
auch der Führer taktisch flexibel ... Im Gegensatz dazu war die
spanische Ausprägung des Faschismus, wie sie unter General
Franco Gestalt annahm, durch und durch katholisch. Anti-Masonismus und die Verfolgung von Freimaurern waren für die
nationalistische Propaganda und Aktion von wesentlicher Bedeutung. (368)*

*Das berüchtigte Gesetz über politische Verantwortlichkei-
ten, das im Februar 1939 erlassen wurde, machte es zu einem*

*Verbrechen, die Republik unterstützt zu haben, und verfügte, dass das Eigentum der Schuldigen konfisziert werden sollte. Seine Anordnungen bezogen sich auch auf Freimaurer. Ein neuer Lehrplan, der 1939 veröffentlicht wurde, enthielt Unterrichtseinheiten darüber, wie die **jüdisch-masonische**[80] Verschwörung unter der Republik das Land dem Kommunismus ausgeliefert hatte. (370)*

Im März 1940... richtete dieser (Franco) das Sondertribunal zur Unterdrückung von Freimaurerei und Kommunismus ein. Nur eine kleine Minderheit der vor dem Tribunal behandelten Fälle würde vermeintliche Kommunisten betreffen: Das eigentliche Ziel waren die Freimaurer. ... In den folgenden zwölf Jahren sollten mehr als 26.000 Urteile gegen Freimaurer gefällt werden. (375)

Die Freimaurerei als Organisationen war auf spanischem Boden jedenfalls zerstört worden. Die freimaurerische Bedrohung war eine Illusion.

Das Sondertribunal stellte erst 1964 seine Arbeit ein ... Franco forderte fortwährende Wachsamkeit gegen seinen imaginären Feind. (378)

Der Anti-Masonismus war fest im Wesen des Caudillo verankert und wurde zum strukturellen Element einer Diktatur. (379)

Ostblock nach 1945

Innerhalb des Ostblocks war das Licht der Freimaurerei tatsächlich überall gelöscht worden. Vielerorts, in Ostdeutschland, der Tschechoslowakei und in Rumänien, hatte sich die

---

80 Unterstreichung HL

Bruderschaft nach der Unterdrückung durch die Nationalso-
zialisten gerade erholt, als aus Moskau der Befehl erging, sie
wieder zu schließen. (393)

Kurioserweise war der einzige kommunistische Ein-Parteien-
Staat, der die Freimaurerei nicht verbot, Kuba, wo Fidel Castro
die Logen zwar streng überwachte, ansonsten aber ihre Arbeit
fortsetzen ließ. Er erkannte, dass die Freimaurerei wichtig war
für die Kultur und das historische Gedächtnis der kubanischen
Linken. Freimaurerlogen waren Brutstätten der Bewegung
für die kubanische Unabhängigkeit von Spanien am Ende des
19. Jahrhunderts gewesen, und viele Freimaurer spielten da-
rin eine führende Rolle. José Martin, der „Apostel" der kubani-
schen Unabhängigkeit, der zu einem nationalen Märtyrer wur-
de, ... war ein passionierter Freimaurer gewesen. (394)

Muslimische Welt

Die masonischen Traditionen in einem Großteil der muslimi-
schen Welt verschwanden, als viele ehemalige Kolonien ihre
Eigenständigkeit erhielten. Präsident Sukarno, der Anführer in
Indonesiens Kampf um die Unabhängigkeit von Holland, ver-
bot 1961 die Freimaurerei. Präsident Gamal Abdel Nasser von
Ägypten tat es ihm 1964 gleich. In den Augen der Nationalisten
waren die Freimaurer Agenten des westlichen Imperialismus
und Kapitalismus, für Monarchien Agenten des Marxismus, für
die Armen Agenten der Reichen, für islamische Geistliche Agen-
ten des Teufels. Und nach der Gründung des Staates Israel 1948
betrachtete so ziemlich jeder, der auch nur den Hauch einer Ah-
nung zu haben glaubte, wer die Freimaurer waren, sie als Agen-
ten des Zionismus und der jüdischen Weltverschwörung. (395)

10.4 Ergebnis

Das Schicksal der Freimaurer macht deutlich, dass es auch beim Antisemitismus um die Verfolgung aufklärerischer – ziviler – Kräfte geht und die auf Diktaturen drängenden Kräfte sich des Feindbildes nach rein taktischen Überlegungen bedienen. Dabei kommt es dann zu Kombinationen wie jüdisch-bolschewistisch oder jüdisch-freimaurerisch, freimaurerisch-kommunistisch, Schlagworte als Vorwand für die Verfolgung aufgeklärterer, dem zivilen Kanon zugewandter Menschen.

Und je mehr die reaktionären Kräfte unter Druck geraten, umso rabiater werden sie in Ideologie und Auftreten. In Deutschland: Wilhelm I, Wilhelm II, Ludendorf, Hitler.

Das ist das Grundmuster über die Zeiten und Kulturen. Nicht: *Christentum, Aberglaube, Sündenbock, Kapitalismus, Antifeminismus, Dummheit ...* und was der Erklärungen mehr sind.

11 Hält die neue Erklärung des Antisemitismus stand?

11.1 Die Begriffe

Die Entwicklungen seit der Aufklärung beschreibt der Historiker Heinrich August Winkler vor dem Hintergrund der sich seit den 2000er-Jahren häufenden Krisensymptome in „Zerbricht der Westen?"[81]. Dazu arbeitet er eingangs die Besonderheiten des „Westens" heraus.

Die bisher für die Analyse verwendeten Leitbegriffe von Elias – „Verhaltens- und Empfindungskanon" – und Luhmann – „Stratifiziertes Gesellschaftssystem", „Beobachterposition 1. oder 2. Ordnung" – sollen anhand dieser Beschreibung des Historikers in zweierlei Hinsicht auf ihre Aussagekraft überprüft werden:

1. Stellt die Veränderung des von der Französischen Revolution und den USA ausgehenden neuen Gesellschaftssystems unter sehr langer historischer Perspektive (stratifizierte Gesellschaft, 7000 Jahre) wirklich einen so tiefgreifenden Wandel dar, dass er sich in einer ebenso fundamental anderen menschlichen Persönlichkeit, natürlich im Rahmen des Homo sapiens, niederschlägt?

2. Sind in Winklers historischen Darstellungen Bestätigungen dafür zu finden, dass die Juden in dieser Veränderung der Persönlichkeit des Untertanen in der durchweg aristokratisch geprägten Gesellschaft vorangegangen sind, und sind ihre Anfeindungen auch wesentlich hieraus erklärbar?

---

81 Heinrich August Winkler in Zerbricht der Westen? Über die gegenwärtige Krise in Europa und Amerika, C. H. Beck, München, 2017

11.2 Die Einmaligkeit der USA

Die Beendigung des stratifizierten Systems nach 6000 Jahren

Winkler beschreibt die Entwicklung wie folgt:

Auf der Suche nach dem, was Amerika und Europa grundlegend unterschied, stieß Tocqueville (1830-35) unter anderem auf ein geradezu konträres Verhältnis von Politik und Religion. Der Westen der anglo-amerikanischen Zivilisation stellte sich ihm als Produkt zweier völlig verschiedener Elemente dar, die sich andernorts häufig bekriegt, in Amerika aber wechselseitig durchdrungen und auf wunderbare Weise miteinander verbunden hätten: „Ich spreche vom Geist der Religion und vom Geist der Freiheit."

Was der liberale Aristokrat über Amerika schrieb, war ein Kontrast zu Europa und vor allem zu Frankreich, wo die Aufklärung sich erst nach harten, zuletzt revolutionären Kämpfen gegen die (katholische) Kirche durchgesetzt hatte. „In Amerika ist es die Religion, die zur Aufklärung führt... Es ist die Einhaltung der göttlichen Gesetze, die den Menschen zur Freiheit führt... Religion sieht in der bürgerlichen Freiheit einen noblen Ausdruck menschlicher Möglichkeiten und in der politischen Welt ein Feld, das der Schöpfer den Bemühungen des Verstandes überlassen hat. Frei und mächtig in der eigenen Sphäre, zufrieden mit dem Platz, der ihr vorbehalten ist, weiß sie, dass ihr Reich eben dadurch fest begründet ist, dass sie aus eigener Kraft herrscht und ohne alle fremde Unterstützung die Herzen lenkt. Die Freiheit sieht in der Religion die Gefährtin ihrer Kämpfe und ihrer Triumphe, die Wiege ihrer Kindheit, die göttliche Quelle ihre Rechte. Sie betrachtet die Religion als Hüterin ihrer Sitten, die Sitten als Garantie der Gesetze und als Bürgschaft ihres eigenen Bestandes." (74, 75)

Klarzustellen ist, dass die hier beschriebene Religion nicht die der Kirchen ist, sondern die der Aufklärer in Form der Freimaurer, die bei der Begründung der USA eine ganz herausragende Rolle gespielt haben. So ist das Zeichen der Freimaurer, Zirkel und Bogenmaß, noch heute auf dem 1-Dollarschein dargestellt, und der Zusatz „In God we trust" ist erst 1956 vor dem Hintergrund der Auseinandersetzung mit dem atheistischen Kommunismus hinzugekommen. Religion wird also hier nicht verstanden als eine Einengung der Weltsicht, sondern als Begründung für sittliche Verpflichtungen in der Gemeinschaft.

Erstaunlich ist, dass die hier doch auf religiösem Hintergrund formulierte Erklärung von weltlicher und geistlicher Macht in der staatlichen Herrschaft sich heute auch ohne Weiteres systemtheoretisch deuten lässt. Dann hat sich im Laufe der sozialen Entwicklung im Gesellschaftssystem die Erkenntnis ergeben, dass die vorher notwendige religiöse Unterstützung der weltlichen Macht nun durch die Macht der Vernunft relativiert werden muss, dass die herrschende Schicht nicht von Gott eingesetzt ist, sondern gewählt werden kann, und mehr Freiheit auch das Ziel der historischen Entwicklung ist. Tocqueville erkennt aber auch, dass die emotionale Unterstützung des Staates wichtig ist und von sittlichen Antrieben unterstützt werden muss. Montesquieu hatte dies bereits 70 Jahre zuvor auf den Nenner gebracht, dass in der Republik der Kern die „Tugend" sei, so wie in der Tyrannei die „Angst" und in der Monarchie die „Ehre".

Es ist die Auflösung des stratifizierten Systems aus weltlicher und geistiger Herrschaftsmacht in das System der funktional-differenzierten Untersysteme, die in großer Freiheit nach ihren eigenen Gesetzmäßigkeiten funktionieren, jedoch auch durch ein übergeordnetes, transzendent begründetes Wertesystem zusammengehalten werden müssen.

Halten wir fest: Tocqueville erkennt den welthistorisch bedeutsamen Unterschied zu den traditionellen Gesellschaften in der Gestaltung der Gesellschaft der USA.

Die Vorbereitung in Europa

Tocqueville hatte, als er diese Zeilen schrieb, das Erbe der puritanischen Pilgerväter vor Augen, die im 17. Jahrhundert mit der „Mayflower" und anderen Schiffen von England nach „Neuengland" gekommen waren, um den Zwängen des anglikanischen Staatskirchentums zu entkommen. (74)

Zu dem, was man aus England gewohnt war, gehörte auch der Schutz vor willkürlicher Verhaftung ohne richterliche Anordnung, wie ihn die Habeas-Corpus-Akte von 1679 verbürgte, desgleichen die Tradition der „checks and balances", der sich wechselseitig ausbalancierenden institutionellen Gegengewichte, die eine Monopolisierung der Staatsgewalt verhindern sollten.

Mit Europa waren die späteren Vereinigten Staaten aber nicht nur durch das radikal calvinistische Erbe der frühen Siedler von Massachusetts und anderen Kolonien Neuenglands verbunden, sondern auch durch den anhaltenden intellektuellen Ideenfluss aus dem alten Kontinent. ... Das galt auch für den Deismus, die Überzeugung, dass Gott nach der Schöpfung die Welt sich selbst überlassen habe und nicht als „persönlicher Gott" auf jeden einzelnen Menschen und die Menschheit insgesamt einwirke. Besonders in der Pflanzerkolonie Virginia, der Heimat von George Washington und Thomas Jefferson, war diese Religionsauffassung weit verbreitet. Der amerikanische Theologe Niebuhr hat 1952 in seinem „The Irony of American History" den Calvinismus Neuenglands und den Deismus Virginias als die zwei großen religiös-moralischen Traditionen bezeichnet, die das Leben Amerikas prägten. „Ob unsere Nation ihr geistiges Erbe mehr aus der Sicht von Massachusetts oder mehr aus der von Virginia deutet, wir begannen unsere Existenz in dem Bewusstsein, eine „herausgehobene" (separated) Nation zu sein, die Gott benutzte, um einen Neuanfang mit der Menschheit zu unternehmen." (74,75)

Zum religiösen Erbe der Kolonialzeit gehört aber mehr als nur der inzwischen längst säkularisierte Sendungsglaube der Vereinigten Staaten. Geblieben ist auch die freikirchliche Absage an jede Art von Staatskirchentum, desgleichen eine bis heute biblisch imprägnierte politische Kultur. ... Die politische Sprache ist, ganz anders als in Europa und namentlich im laizistischen Frankreich, durchdrungen von religiösen Formeln. „God bless America" ist das Äquivalent des „Vive la République, vive la France" ...

Tocqueville hob in diesem Zusammenhang besonders die Art und Weise hervor, wie sich Gemeinwesen herausgebildet hatten. „Bei den meisten europäischen Nationen hat die politische Existenz in den höheren Schichten der Gesellschaft ihren Anfang genommen und sich dann nach und nach, und immer nur unvollständig, auf die verschiedenen Teile des Gesellschaftskörpers übertragen. Von Amerika hingegen kann man sagen, dass sich dort die Gemeinde vor der county, die county vor dem Einzelstaat, der Einzelstaat vor der Union herausgeformt hat." (76)

Die Chance für den zivilen Verhaltens- und Empfindungskanon

Wenn Freiheit und Gleichheit in den Vereinigten Staaten, so wie Tocqueville sie um 1830/31 ... erlebte, höher im Kurs stand als in Europa, lag das ... an der Abwesenheit trennender Privilegien. Die Amerikaner hätten „nie die wechselseitige Beziehung zwischen Untergeordneten und Herren kennengelernt, und da sie sich gegenseitig weder fürchten noch hassen, müssen sie auch keinen Souverän bitten, ihre Angelegenheiten im Einzelnen zu regeln. ... Sie haben von der englischen Aristokratie die Idee der individuellen Rechte und die Liebe zu den lokalen Freiheiten übernommen, und sie konnten beides bewahren, weil sie keine Aristokratie zu bekämpfen hatten.

Rund 120 Jahre nach Tocqueville hat der amerikanische Historiker Lewis Hartz das Fehlen feudaler Traditionen als die entscheidende Ursache dafür gesehen, dass Amerika sich im 19. und 20. Jahrhundert ganz anders als Europa entwickelt hat. In scharfer Abgrenzung vom Adel und seinen Privilegien hatte sich in Frankreich, und nicht nur dort, ein bürgerliches Bewusstsein herausgeformt, zu dessen Merkmalen es gehörte, die eigenen Interessen denen der nichprivilegierten Gesellschaft gleichzusetzen, im ,Dritten Stand' also den berufenen Sprecher auch der unterbürgerlichen Schichten zu sehen." (76,77).

Hier leitet Tocqueville aus dem Staatsaufbau von unten nach oben und der damit ausfallenden Unterordnung unter eine von vorneherein höhere Macht bereits die Wirkung auf die Persönlichkeit ab. Man könnte sagen, auf eine freiere Entfaltung des Verhaltens- und Empfindungskanon, der nicht in die im Feudalismus erforderliche militärische Richtung deformiert werden muss.

In Amerika entwickelte sich, da es keinen privilegierten Adel gab, kein standesbewusstes Bürgertum europäischer Prägung und folglich auch kein klassenbewusstes Proletariat. Ohne Feudalismus kein Sozialismus, lautet Hartz' Schlussfolgerung: „Es ist kein Zufall, dass Amerika, das auf einzigartige Weise keine feudale Tradition kennt, auch der sozialistischen Tradition entbehrt. Den verborgenen Ursprung des Sozialismus überall im Westen kann man im feudalen Ethos finden. Das ancient regime hat Rousseau inspiriert und beide haben Marx inspiriert." (77)

Hartz gab mit seiner scharfsinnigen Analyse nicht nur eine gültige Antwort auf die berühmte Titelfrage einer Schrift des deutschen Nationalökonomen Werner Sombart aus dem Jahre 1906: „Warum gibt es in den Vereinigten Staaten keinen Sozialismus?", er liefert auch eine Erklärung für das transatlantische Sozialstaatsgefälle. In Europa konnte die staatliche Sozialpolitik des 19. Jahrhunderts an das Erbe des frühneuzeitlichen Absolutismus, die Tradition der „guten Policey", anknüpfen. Das galt für Napoleon III nicht anders als für Bismarck, der sich gern auf das Vorbild Friedrichs II berief, der sich als „roi des gueux", als Bettlerkönig, verstanden hatte. Amerika fehlte ein solcher Kontinuitätsstrang. Lebendig blieb hingegen die Selbsthilfe, wie man sie schon in der Pionierzeit praktiziert hatte. (77, 78)

Zum Erbe des europäischen Absolutismus gehört auch die Durchsetzung jenes „Monopols legitimen physischen Zwangs", in dem Max Weber das Hauptmerkmal moderner Staatlichkeit sah. In der amerikanischen Pioniergesellschaft war an die umfassende Verwirklichung eines solchen staatlichen Anspruchs nicht zu denken. Das Recht, Waffen zu tragen, galt als Unterpfand der individuellen Freiheit. (78)

Damit wird auch hier das Bild der von den unterschiedlichen Gesellschaftsformen geprägten Persönlichkeiten noch deutlicher und weist in dem selbstständigen, nicht in eine Herrschaft mit angeborenen personalen Verpflichtungen eingebundenen Akteur, der aus eigener Befähigung seine Existenz bestreiten will, schon eine größere Nähe zur Existenzform der Juden in der Diaspora auf als zu den herrschaftlichen Untertanen der Alten Welt.

11.3 Kampf der Systeme

Europa brauchte lange, um die Vereinigten Staaten als ebenbürtigen Partner innerhalb der „zivilisierten Welt" anzuerkennen. Fast das ganze 19. Jahrhundert war das Verhältnis der Alten Welt zu Amerika von tiefer Ambivalenz geprägt: Das Land der scheinbar unbegrenzten Möglichkeiten, der Aufstiegschancen für jedermann, des unternehmerischen Wagemuts und der demokratischen Freiheiten genoss viel Bewunderung, kulturell aber wähnte sich Europa dem angeblich wilden, ungehobelten Pionierland weit überlegen.

Erst gegen Ende des 19. Jahrhunderts setzte ein Umdenken ein. Der materielle Reichtum, die politische Machtentfaltung, der technische Erfindungsreichtum, die intellektuelle Potenz und die gesellschaftliche Modernität der USA, ihr Aufstieg zur führenden Industriemacht der Welt waren mittlerweile so evident, dass für europäischen Dünkel bei nüchterner Betrachtung kein Raum blieb. Vor allem die angelsächsische Welt begann sich seit etwa 1890 als Einheit, als Teil des „Westens" zu begreifen. Nach dem Eintritt der Vereinigten Staaten in den Ersten Weltkrieg im Jahre 1917 verstärkte sich in Großbritannien, Frankreich und den USA das Gefühl ihrer grundlegenden politischen Gemeinsamkeiten: Die drei großen westlichen Demokratien sahen sich als Verteidiger des zivilisatorischen Fortschritts gegenüber dem obrigkeitsstaatlichen und militaristischen deutschen Kaiserreich. (79)

Nachdem im 19. Jahrhundert die Freiheit der Vereinigten Staaten bedeutenden Einfluss auf Europa ausübte, was zur Auswanderung mehrerer Millionen Europäer geführt hatte, musste dem von den feudalen Mächten entgegengewirkt werden. Je weniger eine Abschreckung in Bezug auf rein praktische Tatsachen möglich war, umso mehr musste die Abwehr auf das Kulturelle gelenkt werden, indem der Irrationalismus als höhere Form der Welterkenntnis propagiert wurde als das praktische, realitätskonforme Denken. Da die „nüchterne Betrachtung", keinen Raum mehr für europäischen Dünkel geboten hätte, musste sie also durch eine „unnüchterne" Betrachtung, also eine unvernünftige, gekontert werden. Man kann auch sagen: Es ist der Versuch, die freie Beobachterposition der 2. Ordnung der Vernunft auf die eingeschränkte, systemkonforme, emotionale 1. Ordnung zurückzudrängen.

Der Zusammenschluss der USA mit den westlichen Demokratien ist auch ein Zusammenschluss der Vertreter der dem zivilen Verhaltens- und Empfindungskanon verpflichteten Staaten gegen die den militärischen Kanon vertretenden Staaten, voran das aggressive deutsche Kaiserreich, aber auch das Habsburgerreich und Russland.

Nach seiner Niederlage Ende 1918 wurde zwar auch Deutschland eine Demokratie, aber eben diese Grundkonstellation erwies sich als schwere Hypothek des Neuanfangs: Die Geburt der Demokratie aus der Niederlage ließ in Deutschland ein tiefes Ressentiment gegenüber dem Westen und vor allem gegenüber Amerika wuchern – dem Land, das unter Wilson Demokratie und Selbstbestimmung gepredigt hatte, um dann einen „Diktatfrieden" zu ermöglichen. Es bedurfte der Erfahrung der „deutschen Katastrophe" der Jahre 1933-1945, des Höhepunkts der deutschen Auflehnung gegen die politischen Ideen des Westens, und der zweiten, diesmal totalen Niederlage im 20. Jahrhundert, damit sich auch in Deutschland die Einsicht durchsetzen konnte, dass der Westen ungeachtet aller Unterschiede eine kulturelle Einheit bildete und Europa auf Amerika angewiesen war, wenn es sich in der Welt behaupten wollte.

11.4 Der Sieg des zivilen Kanons in Europa 1945 und 1990

Eine gewisse Ambivalenz haftete dem Verhältnis Europas zu den USA aber auch nach dem Zweiten Weltkrieg an. War „Antiamerikanismus" in der Zwischenkriegszeit vor allem eine Sache der politischen Rechten gewesen, die Amerika als Hort der kulturellen Verflachung und der Vermassung anprangerte, so ging nach 1945 die Federführung in Sachen „USA Bashing" auf die Linke über: Weit über das Lager der Kommunisten hinaus wurden die Vereinigten Staaten als Vormacht des Kapitalismus und Imperialismus attackiert. Der verbreiteten Bewunderung für die Effizienz der amerikanischen Technik und der Faszination, die von der amerikanischen Alltagskultur von Hollywood über Comicserien... bis zum Volksgetränk Coca-Cola und der

Popmusik ausging, tat das keinen Abbruch: Die USA blieben die
Inkarnation der Moderne. (79,80)

Deutlicher ist: Die Niederlage 1918 „ließ in Deutschland nicht
ein tiefes Ressentiment gegenüber dem Westen wuchern", sondern diese Ressentiments wurden von den alten demokratie-
feindlichen Kräften mit allen Mitteln und Tricks geschürt. Der
deutsche Untertanengeist der Kaiserzeit konnte sich so in großen Teilen der Gesellschaft fortsetzen und in eine noch brutale-
re Unterwerfung in der Nazizeit einmünden. Erst die Niederlage
1945 zusammen mit einer Erziehung zur Demokratie durch die
Westmächte ermöglichte den Bruch der unseligen Untertanen-
tradition und den langen, nie abgeschlossenen Weg zum selbstbestimmten Individuum, zum zivilen Wertekanon.

Die Abwertung der USA und der mit ihr verbundenen Demokratie und Freiheit waren im Marxismus als Ideologie, die auf einen
übermächtigen Staat gerichtet war, auch wenn dies theoretisch
geleugnet bzw. uminterpretiert wurde, die Unterwerfung unter
eine gesamtstaatliche Idee, und die Ausrichtung der Individuen
auf eine bestimmte Realitätsinterpretation (Beobachterposition
1. Ordnung) war vorgegeben. Dies wurde dann von den sozialistischen Ländern propagandistisch in Desinformationskampagnen
den aktuellen Situationen angepasst. Auch dies war der Kampf
zwischen den gegensätzlichen Wertekanons. Und folgerichtig
wurden in den sozialistischen Staaten, allen voran natürlich in
der Sowjetunion, die Juden zunehmend verfolgt. (s. Kap. 12)

Die Bundesrepublik Deutschland verwandelte sich in der Ära
Adenauer zum proamerikanischsten unter den Verbündeten der
USA auf dem europäischen Kontinent. Amerika war mit wei-
tem Abstand die versöhnlichste der westlichen Siegermächte, es
hatte als erste den Wert der Bundesrepublik als Partner in der
weltpolitischen Auseinandersetzung mit dem Ostblock erkannt
und darum den Deutschen im Westen des geteilten Landes die

Chance der Rehabilitierung eröffnet. Für Freiheit, Wohlstand und Sicherheit des Bonner Staates gab es keinen verlässlichen Bürgen als die Führungsnation des transatlantischen Westens. (80, 81)

11.5 Fazit

Die Schilderung der Entwicklung durch den Historiker setzt die entscheidenden Punkte über die vergangenen 250 Jahre auch bei den Stellen an, wo sich die Systeme und menschlichen Identitäten entsprechend der von uns verwendeten Begriffe verändern. Auch Winkler sieht den Gegensatz von „zivilisatorischem Fortschritt" und „obrigkeitsstaatlichem und militaristischem deutschen Kaiserreich".

Insofern haben sich die mit den gewählten soziologischen Kategorien gewonnenen Einsichten nicht nur bestätigt, sondern sind sogar Präzisierungen in Bezug auf die ganz langfristige Entwicklung der Ablösung des stratifizierten Systems wie auch ihrer Widerspiegelung in der Einzelperson (VE-Kanon). Deren Verhalten ist – sei es als Angehörige der Elite, sei es als Teil der Masse – entwicklungsbestimmend gewesen. Dies bedeutet eine Differenzierung der Sicht auf die unterschiedlichen Kräfte im Kampf der Ideen und Interessen, ein wesentliches Motiv für den Antisemitismus.

12 Fortsetzung der Judenfeindlichkeit im Kollektivismus des 20. Jh.

12.1 Überblick

Wenn man den Antisemitismus als Ausdruck der christlich ge-prägten aristokratischen Herrschaft versteht, stellen die atheistischen Diktaturen von Stalin und Hitler ein Problem dar. Unter dem Begriff des „Verhaltens- und Empfindungskanons" verschwindet dies, da beide weiterhin militärisch geprägt sind, den zivilen Kanon hassen und hassen müssen.

Sie stellen eine Fortführung der stratifizierten Gesellschaft mit zeitgemäßerer Begründung dar. Hat traditionell über Jahrtausende die christliche Religion bestätigt, dass Ungleichheit und Unterdrückung gottgewollt waren, übernimmt dies nun der Glaube an die Wissenschaft. Hat bisher die Abstammung die Bevorzugung begründet, so tut das jetzt die Linientreue. Die frühere Belohnung im Jenseits wird nun für das Diesseits versprochen und an die Stelle unterschiedlicher Rechte von Geburt an tritt jetzt das populäre Versprechen der Gleichheit.

Die alten Instrumente der Herrschaftssicherung von Wenigen über die große Mehrheit liegen bereit und werden übernommen: Gewalt, Indoktrination und Feindbilder. Genauer: Das Feindbild des Juden bleibt das gleiche, weil auch diese Diktaturen aufgeklärte, kritische, gebildete, aktive und friedliche Menschen hassen müssen.

Systemtheoretisch gesehen versuchen im Meinungsstreit die Kräfte der historisch sehr erfolgreichen Form der Organisierung großer Gesellschaften durch Stratifikation mittels einer kleinen, erblichen Herrschaftsgruppe (Adel) unter den neuen Bedingungen der Massenaufklärung und sozialen Forderungen die Herrschaft einer kleinen Gruppe auf neue Weise weiterzuführen. Als

Gruppe, die schon im Kaiserreich Demokratisierung und soziale Sicherung der Bevölkerung gefordert und auch teilweise durchgesetzt hatte, hatten die Sozialisten/Sozialdemokraten eine zunehmende Anhängerschaft gewonnen. Bei ihnen bestand die Gefahr einer planwirtschaftlich ausgerichteten Diktatur durch die fehlerhafte Analyse im Marxismus, der die Wertschöpfung im Kapitalismus bis heute nicht verstanden hatte und ihn mit der sozialen Kälte des Manchesterkapitalismus und systembedingter Ausbeutung gleichsetzte. Die entscheidende Bedeutung des Marktes und des Handels für die Schaffung des Mehrwertes blieben bis heute weitgehend unverstanden. Aufgrund dessen bildeten sich bei den Sozialdemokraten radikale Abspaltungen zur Abschaffung des Kapitalismus, die zur Kommunistischen Partei und bis heute immer in Diktaturen führten, im Falle von Russland in die stalinistische. Die traditionell antidemokratischen Kräfte fanden in der ebenfalls antikapitalistischen, aber nationalistischen Bewegung mit dem Rassismus als Hintergrund ihren Ausdruck. Unter den katastrophalen wirtschaftlichen und sozialen Verhältnissen der 1920er-Jahre polarisierte und radikalisierte sich die Gesellschaft und verhalf dem Faschismus in mehreren Staaten Europas zur Macht.

Die Gemeinsamkeit der Diktaturen von Kommunismus und Nationalsozialismus nicht nur in ihren Formen der Unmenschlichkeit, sondern aufgrund ihrer wirtschaftlichen Grundbedingungen hat Friedrich A. Hayek in „Der Weg in die Knechtschaft" 1944 klar herausgearbeitet. Es ist die Unterordnung des Individuums als bloßer Teil eines staatlichen Organismus mittels der Beherrschung der Wirtschaft durch eine neue staatliche Gesamtplanung. Die Freiheit des Einzelnen, seine Wünsche auf einem freien Markt zu realisieren, wird durch staatliche Reglementierung ersetzt.

Dabei sieht er die Neuzeit gerade von der Durchsetzung der Freiheit der Personen in Verbindung mit der des Marktes geprägt, die durch den Kollektivismus rückgängig gemacht wird.

12.2 Untertan und moderner Mensch

Der große Unterschied – Freiheit und Toleranz

Hajek stellt schon 1944 die Gefahr des Sozialismus für die Freiheit fest:

Was für einen krassen Bruch nicht nur mit der unmittelbaren Vergangenheit, sondern mit der ganzen Entwicklung der abendländischen Kultur die moderne Tendenz zum Sozialismus bedeutet, wird uns klar, wenn wir sie sowohl vor dem Hintergrund des 19. Jahrhunderts als auch aus einer weiteren historischen Perspektive betrachten. ... Es war der entscheidende Schritt zur Vernichtung jener Kultur, die der Mensch der Neuzeit seit der Renaissance aufgebaut hatte, die vor allem anderen eine individualistische Kultur war. (31,32)

Dieser Individualismus, der ... sich zuerst während der Renaissance voll entwickelte und sich seitdem immer mehr als abendländische Kultur entfaltet hat, ist in der Hauptsache durch die Achtung vor dem Individuum als Menschen gekennzeichnet. ... Das Wort „Freiheit" in allen seinen Bedeutungen ist so abgegriffen und so viel missbraucht ... Toleranz ist vielleicht das einzige Wort, welches das Prinzip voll zum Ausdruck bringt, das dieser ganzen Zeit seinen Stempel aufdrückte und das erst seit Kurzem wieder an Geltung verloren hat, um mit dem Aufstieg des totalitären Staates zu verschwinden. (33)

Entstehung

Die allmähliche Umwandlung eines stark organisierten hierarchischen Systems in ein solches, in welchem die Menschen zumindest versuchen konnten, ihr Leben selber zu gestalten, indem sie Gelegenheit erhielten, verschiedene Lebensformen kennenzulernen und zwischen ihnen zu wählen, ist aufs Engste mit dem Aufblühen des Handels verbunden. Von den Handelsstädten Norditaliens breitete sich die neue Weltanschauung mit dem Handel zusammen nach Westen und Norden aus, über Frankreich und Südwestdeutschland nach den Niederlanden und den Britischen Inseln und fasste überall dort, wo kein despotisches Regime herrschte, festen Fuß. In den Niederlanden und in Großbritannien gelangte sie für geraume Zeit zu höchster Blüte, und dort bot sich ihr zum ersten Mal Gelegenheit, sich frei zu entfalten und zur Grundlage des sozialen und politischen Lebens zu werden. Von da aus begann diese Weltanschauung sich gegen das Ende des 17. und im 18. Jahrhundert aufs Neue in noch vollkommenerer Form nach Westen und Osten auszubreiten, nach der Neuen Welt und nach Mitteleuropa, ...

Während dieser ganzen Neuzeit der europäischen Geschichte verlief die soziale Entwicklung in der allgemeinen Richtung auf Befreiung des Individuums von den Fesseln, die seine Bewegungsfreiheit im täglichen Leben in bestimmter Weise eingeengt hatten. (33,34)

Die Praxis ging der Theorie voraus, wobei die Juden, wie gezeigt wurde, als „Nichtuntertanen" eine große Rolle spielten.

Diese Entwicklung hat Luhmann dann in die Formel vom Übergang des stratifizierten Systems zum funktional-differenzierten System und von der damit verbundenen Entwicklung der Beobachterposition 1. Ordnung zu der 2. Ordnung gebracht.

Das Ergebnis dieser Entfaltung übertraf alle Erwartungen. Überall, wo die Schranken bei der Betätigung des menschlichen Genius fielen, eröffnete sich den Menschen bald die Möglichkeit, ihre ständig wachsenden Bedürfnisse zu befriedigen ...

Es steht außer Zweifel, dass der Erfolg die kühnsten Träume übertraf, dass der Arbeiter im Abendland zu Beginn des 20.

Jahrhunderts einen Grad an materieller Wohlfahrt, Sicherheit und persönlicher Unabhängigkeit erreicht hatte, der ein Jahrhundert früher kaum denkbar erschienen war.

Hayek schreibt dies 1944 (!). Um wie viel mehr müssen wir ihm zustimmen nach unseren Erfahrungen der vergangenen 70 Jahre.

Befreiung der Persönlichkeit und Selbstüberschätzung

Was in der Zukunft wahrscheinlich als die bedeutsamste und weitreichendste Wirkung dieses Erfolges gelten wird, ist das neue Gefühl der Menschen für die Macht über das eigene Schicksal, der Glaube an die unbegrenzten Möglichkeiten der Verbesserung ihrer Lage, ein Glaube, der durch das bereits Erreichte hervorgerufen wurde. (36)

Das ist das ganz andere Lebensgefühl des modernen Menschen im Gegensatz zum Untertan.

Die Tendenz zum Sozialismus

Infolge der wachsenden Unzufriedenheit mit den langsamen Fortschritten der liberalen Politik, infolge der berechtigten Erbitterung gegen jene, die die liberale Phraseologie zur Verteidigung unsozialer Privilegien missbrauchten, und infolge der uferlosen Ansprüche, die durch die bereits erreichte Besserung der materiellen Lage gerechtfertigt schienen, kam es dahin, dass man um die Jahrhundertwende sich immer mehr von dem Glauben an den Grundgedanken des Liberalismus abkehrte. (39)

Heute erinnert man sich nur selten daran, dass der Sozialismus in seinen Anfängen unverhüllt autoritär war. ... In ihren Augen (der französischen Sozialisten) war der Sozialismus ein

Versuch, durch eine wohlüberlegte Reorganisation der Gesell-
schaft nach hierarchischen Grundsätzen und durchaus geisti-
gen Zwanges „die Revolution zu beenden"... Saint-Simon sagte
sogar voraus, dass man diejenigen, die seinen projektierten
Planwirtschaftsstellen den Gehorsam verweigerten, „wie Vieh
behandeln" würde. (44) Erst unter dem Einfluss der starken
demokratischen Strömungen, die die Revolution von 1848 ein-
leiteten, ging der Sozialismus dazu über, sich mit den freiheit-
lichen Kräften zu verbünden. (45)

Niemand sah diesen unüberbrückbaren Gegensatz zwischen
der Demokratie als einer im wesentlichen individualistischen
Institution und dem Sozialismus deutlicher als Tocqueville:

„Die Demokratie dehnt die Sphäre der individuellen Freiheit aus",
so sagte er im Jahre 1848, „der Sozialismus dagegen schränkt sie
ein. Die Demokratie erkennt jedem Einzelnen seinen Eigenwert
zu, der Sozialismus dagegen degradiert jeden einzelnen zu einem
Funktionär der Gesellschaft, ... Demokratie und Sozialismus ha-
ben nur ein einziges Wort miteinander gemeinsam: die Gleichheit.
Aber ... während die Demokratie die Gleichheit in der Freiheit sucht,
sucht der Sozialismus sie im Zwang und in der Knechtung." (45)

Einsichten, die die folgenden 100 Jahre auf schreckliche Weise
bestätigt haben.

Um dieses Misstrauen zu beseitigen und das zugkräftigste poli-
tische Motiv, nämlich die Sehnsucht nach Freiheit, vor seinen
Wagen zu spannen, ging der Sozialismus immer mehr dazu
über, dem Volk eine „neue Freiheit" zu versprechen. Die Ära des
Sozialismus sollte den Sprung aus dem Reich der Notwendig-
keit in das Reich der Freiheit bedeuten. (45)

Es unterliegt keinem Zweifel, dass das Versprechen einer grö-
ßeren Freiheit eine der wirksamsten Waffen der sozialistischen

Propaganda geworden ist und dass der Glaube, der Sozialis-
mus werde die Freiheit bringen, echt und aufrichtig ist. Dies
wäre umso tragischer, wenn sich der Weg, den man uns als den
Weg in die Freiheit versprochen hatte, in Wahrheit als die breite
Heerstraße in die Knechtschaft erweisen sollte. (47)

Während „Fortschrittler" bei uns (HL: Großbritannien) und
in anderen Ländern sich noch der Täuschung hingaben, dass
Kommunismus und Faschismus entgegengesetzte Pole dar-
stellten, begannen immer mehr Leute sich zu fragen, ob diese
neuen Despotien nicht das Ergebnis der gleichen Tendenzen
seien. ... Max Eastman, der alte Freund Lenins sah sich zu der
Feststellung veranlasst, dass „der Stalinismus statt besser,
schlimmer ist als der Faschismus, unbarmherziger, barbari-
scher, ungerechter, ..." und „dass man besser daran täte, ihn
als einen Superfaschismus zu bezeichnen". Sehen wir gar, wie
derselbe Autor zugibt, dass das System Stalins ... die unver-
meidliche, wenn auch unerwartete politische Begleiterschei-
nung der Nationalisierung und der Kollektivierung bildet ...
(47,48)

Es ist wichtig, sich zu vergegenwärtigen, dass, wenn man sich
gegen diese Art von Planwirtschaft wendet, man damit kein
dogmatischer Anhänger des Laissez-faire ist. Der Liberalismus
lehrt, dass wir den bestmöglichen Gebrauch von den Kräften
des Wettbewerbs machen sollen, um die Wirtschaftsaktivität
der Individuen aufeinander abzustimmen, er lehrt aber nicht,
dass wir die Dinge sich selbst überlassen sollen. Er beruht auf
der Überzeugung, dass dort, wo ein echter Leistungswettbe-
werb möglich ist, diese Methode der Wirtschaftssteuerung je-
der anderen überlegen ist. Er leugnet nicht, sondern legt sogar
besonderen Nachdruck darauf, dass ein sorgfältig durchdach-
ter rechtlicher Rahmen die Vorbedingung für ein ersprießliches
Funktionieren der Konkurrenz ist ... (58)

Hayek vertritt hier eine erfreulich undogmatische Haltung, die selbst 70 Jahre später trotz aller Erfolge keineswegs selbstverständlich ist.

Die verschiedenen Spielarten des Kollektivismus Kommunismus, Faschismus u. a., unterscheiden sich voneinander durch das Ziel, auf das sie die Produktionstätigkeit der Gesellschaft richten wollen, aber sie haben das miteinander gemeinsam, dass sie im Gegensatz zum Liberalismus und Individualismus die Gesellschaft als Ganzes und alle ihre Produktivkräfte für jenes einzige Ziel organisieren und keine autonomen Sphären anerkennen wollen, in denen die Wünsche der Individuen ausschlaggebend sind. Kurz, sie sind totalitär im wahrsten Sinne dieses neuen Wortes, das wir übernommen haben, um die unerwarteten, aber nichtsdestoweniger systemnotwendigen Auswirkungen des in der Theorie sogenannten Kollektivismus zu bezeichnen. (83)

Wenn die gemeinsame Ausrichtung der Gesellschaft das Kennzeichen der neuen Formen ist, wenn also die Stratifizierung beibehalten wird, versteht es sich von selbst, dass dazu auch weiterhin der Menschentyp des Untertanen produziert werden muss.

Freiheit und Geld

Der traditionellen Abwertung der Wirtschaft und des Geldes in der öffentlichen Meinung stellt Hayek deren Errungenschaften für die Freiheit des Menschen entgegen.

Dem wahren Sachverhalt jedoch entspreche es weit mehr, wenn man das Geld als eines der großartigsten Werkzeuge der Freiheit, die der Mensch je erfunden hat, bezeichnen würde. Das Geld eröffnet in unserer heutigen Gesellschaft den Armen eine erstaunliche Fülle von Möglichkeiten, die größer ist als die, über welche vor wenigen Generationen die Reichen verfügten. Wir werden die Tragweite dieser Funktion des Geldes besser verstehen, wenn wir uns überlegen, was die weitgehende Ersetzung des „Gewinnmotivs" durch „nicht ökonomische Anreize", wie so viele Sozialisten dies charakteristischerweise umschreiben, in Wahrheit bedeuten würde. Wenn alle Belohnungen, statt in Geld, in Form von öffentlichen Auszeichnungen oder Vorrechten, von Machtstellung über andere oder besserer Wohnbedingungen oder besserer Ernährung, in Form von Reise- und Bildungsmöglichkeiten ausgeteilt würden, so würde dies nichts anderes heißen, als dass der Empfänger nicht mehr wählen darf und dass derjenige, der die Belohnung festsetzt, nicht nur über ihre Höhe entscheidet, sondern auch über ihre konkrete Form. (120,121)

Diese prognostizierten Erfahrungen haben die sozialistischen Länder des Ostblocks ein halbes Jahrhundert durchmachen müssen. Eine verbreitete Form der Belohnung hat Hayek nicht aufgeführt: Die Ordensverleihung als kostengünstiger Ersatz geldlicher Anerkennung.

Die wirtschaftliche Freiheit, die die Vorbedingung für jede andere Freiheit ist, kann nicht die Befreiung von wirtschaftlicher Sorge sein, die die Sozialisten versprechen und die man nur dadurch erreichen kann, dass man gleichzeitig dem Individuum die Notwendigkeit und die Möglichkeit der freien Wahl abnimmt. (134)

Erziehung zum Untertan

Bei den Sozialisten... ist es Tradition, die Lösung des Problems von der Erziehung zu erhoffen ... Aber was bedeutet hier Erziehung? ... Zur Rechtfertigung eines besonderen Planes bedarf es

*nicht vernünftiger Überlegungen, sondern des Bekenntnisses
zu einem Glauben. Und tatsächlich erkannten überall die Sozialisten sehr bald, dass die Aufgabe, die sie sich gestellt hatten,
die allgemeine Annahme einer gemeinsamen Weltanschauung,
eines bestimmten Systems von Werten erfordert. In diesem
Bestreben, eine auf einer solchen alleinigen Weltanschauung
beruhende Massenbewegung ins Leben zu rufen, schufen die
Sozialisten als erste die meisten Instrumente zur geistigen Ab-
richtung, von denen dann die Nationalsozialisten und Faschis-
ten so wirksamen Gebrauch gemacht haben.(149)*

*Für ein nützliches Glied einer kollektivistischen Gesellschaft
sind ganz bestimmte Eigenschaften erforderlich, die durch
ständige Übung ausgebildet werden müssen ...*

*Der Unterschied zwischen den Tugenden, die auch unter einem
kollektivistischen System Achtung genießen, und denen, die
verschwinden werden, geht klar hervor, wenn wir die Vorzüge ... des „typischen Preußen" ... mit denen vergleichen, die
ihnen nach allgemeiner Ansicht fehlen und auf die die Engländer nicht ohne einige Berechtigung stolz zu sein pflegten.
Wenige werden in Abrede stellen, dass die Deutschen im Allgemeinen fleißig, diszipliniert, gründlich und energisch bis zur
Rücksichtslosigkeit, gewissenhaft und zielstrebig sind in jeder
Aufgabe, die sie in Angriff nehmen, dass sie einen ausgespro-
chenen Sinn für Ordnung, Pflicht und unbedingten Gehorsam
gegen die Obrigkeit besitzen und dass sie oft große Opferbereitschaft und hohen physischen Mut in Gefahren zeigen. Alle
diese Eigenschaften machen den Deutschen zu einem taug-
lichen Werkzeug bei der Ausführung einer ihm übertragenen
Aufgabe, sie sind daher in dem alten preußischen Staat und
dem neuen von Preußen beherrschten Reich sorgfältig gepflegt
worden. Eigenschaften, die man dem „typischen Deutschen" oft
abspricht, sind die individualistischen Tugenden Toleranz, Achtung für andere und ihre Meinungen, geistige Unabhängigkeit*

*und jede Unbeugsamkeit des Charakters und jenes Einstehen
für die eigene Überzeugung gegenüber einem Vorgesetzten, die
von den Deutschen ... selber Zivilcourage genannt werden, die
Tugenden der Rücksicht auf Schwache und Kranke und jene gesunde Verachtung und Ablehnung der Macht, die nur aus einer
alten Tradition persönlicher Freiheit entstehen. Es scheinen ihnen auch die meisten jener unscheinbaren und doch so wichtigen Eigenschaften zu fehlen, die den Verkehr zwischen den
Menschen in einer freien Gesellschaft erleichtern: Freundlich-
keit und Sinn für Humor, persönliche Bescheidenheit, Distanz-
gefühl und Vertrauen in die guten Eigenschaften des Nächsten.
(188, 189)*

Hayek beschreibt hier genau die Eigenschaften des militärischen
wie des zivilen Verhaltens- und Empfindungskanons.

*Es wäre jedoch äußerst ungerecht, wenn wir die breite Mas-
se des totalitär regierten Volkes deshalb für jeder moralischen
Hingabe bar halten würden, ... Für die große Mehrheit von ihnen trifft wahrscheinlich gerade das Gegenteil zu. Die Kraft
der Hingabe, die hinter einer Bewegung wie der des Nationalsozialismus oder Kommunismus steht, kann wohl nur mit der
der großen Religionsbewegungen der Geschichte verglichen
werden. Hat man erst einmal zugegeben, dass das Individuum
nur ein Werkzeug im Dienste der ... Gesellschaft oder der Nation
ist, so folgen daraus zwangsläufig angegebene Eigenheiten des
totalitären Regimes, die uns entsetzen. Vom kollektivistischen
Standpunkt aus sind Intoleranz und brutale Unterdrückung ab-
weichender Meinungen, völlige Rücksichtslosigkeit gegenüber
dem Leben und dem Glück des Einzelnen wesentliche und unvermeidliche Folgen jener grundlegenden Prämisse ... (190, 191)*

Auslese der negativen Persönlichkeit

Aber wenn ein solcher Apparat des Totalitarismus für Menschen, die wir nach unseren Moralbegriffen als gut bezeichnen, wenig bietet... so ergibt sich hier dagegen die große Gelegenheit für die Rohlinge und Gewissenlosen...

Da nun notwendigerweise Geschäfte versorgt werden müssen, die schlechthin verwerflich sind und die jeder noch durch die traditionelle Moral beeinflusste Mensch nur widerwillig auf sich nehmen wird, so wird die Bereitschaft zum Bösen ein Weg zu Aufstieg und Macht. (192)

Gehirnwäsche als Produktivkraft

Es ist von ausschlaggebender Bedeutung, dass das Volk dahin gebracht wird, sich mit diesen Zielen zu identifizieren. Obwohl die Glaubensartikel für das Volk ausgewählt und aufgezwungen werden müssen, müssen sie zu seiner höchstpersönlichen Überzeugung werden, zu einer allgemeingültigen Doktrin, aufgrund deren Individuen nach Möglichkeit spontan in der vom Planer gewünschten Weise handeln. Wenn in totalitären Staaten die Unterdrückung im Allgemeinen viel schwächer empfunden wird, als sich das die meisten Menschen in liberalen Ländern vorstellen, so deshalb, weil es den totalitären Regierungen in hohem Maße gelingt, das Denken der Menschen in ihrem Sinne zu beeinflussen.

... und dass das, was ihr Wesen und ihre Wirkung (HL, der Propaganda) *in einem totalitären Staat völlig verändert, vielmehr der Umstand ist, dass die gesamte Propaganda demselben Ziel dient, dass alle Propagandamittel aufeinander abgestimmt werden, um die Individuen in der gleichen Richtung zu beeinflussen und die charakteristische Gleichschaltung aller Köpfe*

zu erzielen. ... Wenn alle Informationsquellen zusammen von einer einzigen Stelle kontrolliert werden ... Der geschickte Propagandist hat es dann in der Hand, die Geister in jeder von ihm gewollten Richtung zu formen, selbst die Intelligentesten und geistig Unabhängigsten können sich diesem Einfluss nicht ganz entziehen, wenn sie lange Zeit hindurch von allen anderen Informationsquellen abgeschnitten sind. (194, 195)

Hayek beschreibt hier die Notwendigkeit der Produktion des jeweiligen „Verhaltens- und Empfindungskanons" als Grundlage einer engagierten Zuwendung zu einer Gesellschaft. Dies gelang dem Militarismus in der wilhelminischen Gesellschaft u. a. durch das Schüren der Aggressivität bis hin zur Kriegsbegeisterung und später auch den Diktatoren von Hitler und Stalin bis zu Nordkorea, Putin und den Mullahs in einem schwer verständlichen Ausmaß.

Die Lehren, von denen die führenden Kreise in Deutschland sich in der vorigen Generation hatten leiten lassen, standen nicht im Gegensatz zum sozialistischen, sondern zum liberalen Gehalt des Marxismus, zu seinem Internationalismus und seinem Demokratismus. Und je klarer es wurde, dass gerade diese Elemente der Verwirklichung des Sozialismus im Wege standen, umso mehr näherten sich die Sozialisten der Linken denen der Rechten. Es war der Zusammenschluss der antikapitalistischen Kräfte der Rechten und der Linken und die Verschmelzung des radikalen mit dem konservativen Sozialismus, die aus Deutschland alles, was liberal war, vertrieben. (211)

Die beiden Menschentypen in Reinkultur

Der erste und in mancher Beziehung charakteristische Vertreter dieser Entwicklung ist vielleicht der verstorbene Werner Sombart, dessen berüchtigtes Buch „Händler und Helden" im

Jahre 1915 erschien. Sombart hatte als marxistischer Sozialist begonnen, und noch 1909 konnte er sich voll Stolz rühmen, dass er den größten Teil seines Lebens dem Kampf für die Ideen Marx' gewidmet habe. (212)

In seinem Kriegsbuch begrüßte dieser ehemalige Sozialist den „Deutschen Krieg" als den unvermeidlichen Konflikt zwischen der händlerischen Zivilisation Englands und der heroischen Kultur Deutschlands. ...Nichts ist in seinen Augen so verächtlich wie das allgemeine Streben nach dem Glück des einzelnen, und was er als den Leitgedanken der englischen Ethik hinstellt, nämlich gerecht zu sein, „auf dass es dir wohl ergehe und du lange lebest auf Erden", betrachtet er als den „infamsten Spruch, den je eine Händlerseele hat aussprechen können". Der „deutsche Staatsgedanke" ...bestehe darin, dass der Staat weder von den Individuen begründet noch gebildet worden ist, dass er kein Aggregat von Individuen ist, noch den Zweck hat, irgendwelche Interessen der Individuen zu fördern. Es ist vielmehr eine Volksgemeinschaft, in der der einzelne keine Rechte, sondern nur Pflichten hat. Ansprüche des Individuums sind immer ein Ergebnis des händlerischen Geistes. „Die Ideen von 1789" – Freiheit, Gleichheit und Brüderlichkeit – sind charakteristische Händlerideale, deren einziger Zweck darin besteht, Einzelpersonen gewisse Vorteile zu verschaffen. (213)

Sombart kennzeichnet offensichtlich auch unter dem Eindruck der Kriegspropaganda in aller Schärfe die beiden gegensätzlichen Kanons und ihre Herkunft. Den verachteten zivilen Kanon hält er nicht etwa für vernünftig und mit den Wünschen und Interessen der meisten Menschen in Übereinstimmung, sondern leitet ihn aus der Händlertradition ab, weshalb er schlecht sein muss. Indirekt wertet er damit auch die Juden ab wegen ihrer beträchtlichen Bedeutung im Handel. Er erwähnt sie allerdings nicht. Dabei hatte er ihre Bedeutung für die Entwicklung der Wirtschaft in Europa in seinem Werk „Die Juden und das Wirtschaftsleben" 1908 noch ohne Abfälligkeiten eher anerkennend dargestellt. (S. o.). Die nationalistische Propaganda hat hier zu der angestrebten Blickverengung in extremer Form geführt.

Nach Sombart waren vor 1914 alle die echten deutschen Ideale einer heroischen Lebensauffassung durch das ständige Vordringen englischer händlerischer Ideale, englischen Komforts und englischen Sportes tödlich bedroht. Die Engländer waren nicht nur selber durch und durch verdorben, da jeder Gewerbeverein nur im „Sumpfe des Komforts" stecke, sondern sie hatten sogar angefangen, alle anderen Völker zu infizieren. Nur dem Krieg verdankten es die Deutschen, wenn sie sich wieder daran erinnerten, dass sie in Wahrheit ein Kriegervolk seien, ein Volk, bei dem alle Betätigungen, und besonders die wirtschaftlicher Art, militärischen Zielen untergeordnet wären. Sombart wusste, dass andere Völker es den Deutschen verdachten, dass sie den Krieg für heilig halten – aber er ist stolz darauf. In dem Krieg etwas Unmenschliches und Sinnloses zu sehen, ist auf händlerische Anschauungen zurückzuführen. Es gibt ein höheres Leben als das des Individuums, nämlich das Leben des Volkes und das Streben des Staates, und der Zweck des Einzelwesens besteht darin, sich für jenes höhere Leben zu opfern. Im Krieg sieht Sombart die Vollendung der heldischen Weltanschauung, und der Krieg gegen England ist für ihn der Kampf gegen das entgegengesetzte Ideal, das händlerische Ideal der persönlichen Freiheit und des englischen Komforts ... (213, 214)

Es ist interessant und erschreckend, in diesen individuellen Ansichten im Hintergrund das Wirken des stratifizierten Systems zu sehen, das seine Werte, die gleichzeitig wirkungsvolle Mittel der Organisierung großer Gesellschaften sind, gegen neue Irritationen vonseiten der Wissenschaft, Philosophie und Wirtschaft verteidigt. Von vielen Narrativen, die sich mit diesen politisch-philosophischen Fragen beschäftigten, wurden dann im Meinungsstreit bei starker Beeinflussung durch die Mächtigen die ausgewählt, die das System stützten, mochten sie auch aus heutiger Sicht noch so unsinnig sein. Dass es nicht um das Opfer fürs Vaterland ging, sondern um das Befolgen von Befehlen einer kleinen Herrscherschicht[82], die auch stark eigene Interessen verfolgte, zudem mit fragwürdigen Qualifikationen, hätte auch Sombart klar sein können. Die Ausrichtung auf die Rechtfertigung des Systems ist so stark, dass auch, wie ja auch Hayek bemerkt, durchaus intellektuelle Geister diesen Erklärungen unterliegen, weil sie zuvor in ihrer Jugend auf die militärischen Werte ausgerichtet worden sind.

Antisemitismus

Seine Argumentation gleicht genau der, mit denen die Antisemiten ihre Gegnerschaft zum Judentum begründen: Die Entwicklung zu mehr Vernunft, Wissen und Friedlichkeit wird als ein Abstieg dargestellt und empfunden (!), der in diesem Fall von den Engländern, im Falle des Antisemitismus von den Juden vorangetrieben wird.

Hier zeigt sich eines der argumentativen Bindeglieder zwischen dem übersteigerten Militarismus und dem Antisemitismus, weil die Begründung in beiden Fällen gleich ist und in den Gegensätzen der die menschliche Identität bestimmenden Werte liegt.

12.3 Ergebnis

Diese Untersuchung der maßgeblichen Gesellschaftsideen in der ersten Hälfte des 20. Jahrhunderts zeigt, dass der Gegensatz zwischen Sozialismus/Kommunismus und Nationalsozialismus,

---

82 In Preußen um 1800 gab es gem. Internet 140.000 adelige Personen bei rd. 10 Mio Einwohnern, entsprechend 1,4 %

wie er selbst heute noch in den westlichen Gesellschaften mehrheitlich gesehen wird, in ihrem Wesen nicht bestand. Sie stellen beide lediglich Fortsetzungen des stratifizierten Systems unter neuen Bedingungen und mit neuen Akteuren dar.

Daher brauchen beide den traditionellen Menschentyp des Untertanen mit seiner militärischen Prägung zur bereitwilligen Mitwirkung und haben beide dasselbe Feindbild, das freie Individuum in der traditionellen Form des Juden.

Was bei traditionellen Begründungen des Antisemitismus offenbleibt, findet hier eine Erklärung.

13 Israel – und der Palästinakonflikt

Die These, dass der Antisemitismus sich als Ideologie herausgebildet hat, mit dem die kleine herrschende Klasse in den adligen Gesellschaften ein Feindbild zur Einigung der von ihr Beherrschten zur Hand hatte, gilt auch nach der Ablösung der Aristokratie 1918 für das 20. Jahrhundert; nun unter kollektivisti-
scher Herrschaft von Hitler, Stalin und weiterer Diktatoren mit
der Privilegierung durch Parteizugehörigkeit und ideologischer
Absicherung durch angebliche Wissenschaft. Abschließend soll
der Blick auf die Veränderungen geworfen werden, die mit der
Gründung des jüdischen Staates Israel einhergingen.

13.1 Wichtige Veränderungen des 20. Jh.

Shoa

Die persönlich und politisch sicher einschneidendste Änderung
für die Juden waren die schrecklichen Erfahrungen mit der
Shoah. Damit musste die Entschlossenheit wachsen, nie mehr
ein Opfer zu sein, sondern sich zu verteidigen. Die geringe Größe des Landes und diese Erfahrungen erklären die Rigorosität
mancher Reaktionen.

Der Staat Israel

Die Gründung eines eigenen Staates nach fast 2000 Jahren Diaspora stellte natürlich ein ganz grundlegendes Ereignis dar, das
neben Freude und Erleichterung über eine eigene Schutzmacht
auch schwierige Fragen der Identität und der Organisation auf-
warf, mit denen die Juden bis dahin nicht konfrontiert waren,

weshalb sie sich stärker auf ihre wirtschaftliche und spirituelle Betätigung hatten konzentrieren können.

13.2 Besonderheiten

Einführung militärischer Werte

Die Besonderheit der Juden als führender Vertreter des zivilen Verhaltens- und Empfindungskanons ist, zur Erinnerung, aus drei Merkmalen abgeleitet worden:

1. Das Fehlen eines Schwertadels als Herrscherschicht, der mit Waffengewalt Gefolgschaft erzwingen konnte; stattdessen mussten seine Führer argumentieren.
2. Ihre Betätigung in der Wirtschaft setzte hohe Selbstständigkeit, Gleichberechtigung, Realismus, Flexibilität, Bildung und Gleichheit voraus.
3. Durch ihre Zerstreuung in der Diaspora waren sie als ganz kleine Minderheit zu einem friedlichen, zurückhaltenden und toleranten Dasein gezwungen, um zu überleben.

Eine Änderung der bisherigen extrem friedlichen und unmilitärischen Verhaltensweise ist mit einem Staat unvermeidlich verbunden: Er macht den Schutz durch Polizei nach innen und Militär nach außen zur Sicherung seines Bestandes notwendig, im Falle Israel in besonderer Weise, da dieses bereits am Tag der Staatsgründung von den Nachbarstaaten angegriffen wurde. Damit ist auch eine Einschränkung der Friedlichkeit und demütigen Haltung dem Umfeld gegenüber verbunden. Somit müssen Teile des militärischen Kanons in die Gesellschaft und die Individuen einbezogen werden: Opferbereitschaft, Ertragen körperlicher Entbehrungen und Gefahren, physischer Mut, Aggressivität, auch Rücksichtslosigkeit und Härte. Der entscheidende Unterschied zu militärisch geprägten Kulturen ist der, dass diese Eigenschaften im Rahmen der dominierenden zivilen Eigenschaften aus Einsicht in die Notwendigkeit erworben und angewendet werden und nicht Ergebnis der Unterwerfung sind.

Neue wirtschaftliche Grundlagen

Waren diese in der Diaspora durch die Spezialisierung auf den Handel und das Finanzwesen geprägt, so mussten in einem eigenen Staat alle Wirtschaftsbereiche abgedeckt werden, auch solche, in denen Juden traditionell wenig vertreten waren, wie die Landwirtschaft, Handwerk und Industriearbeit. Das Florieren des Staates Israel trotz aller Widrigkeiten beweist, dass die angebliche Unfähigkeit der Juden zu praktischer Arbeit ein antisemitisches Vorurteil war. Ihre Tradition der Weltaufgeschlossenheit und Wachsamkeit und ihr Wissensdurst bewährten sich auch in den neuen Aufgaben, sodass sie weiterhin auch in Wissenschaft, Technik und nun auch in Landwirtschaft und Produktion bedeutende Leistungen vollbrachten. Die große Zahl israelischer Patentanmeldungen steht in krassem Gegensatz zu der von muslimischen Staaten.[83]

Einwanderung

Neben der staatlichen Organisation und den Sicherheitskräften war auch neu, dass der Staat nun Zufluchtsort für eine große Zahl von Auswanderern aus der Diaspora wird und damit von Anfang an auch diese zusätzlichen Probleme zu bewältigen hat.

---

83 Statistisches Bundesamt 2020: Israel 178, Islamische Republik Iran 136 Saudi Arabien 61, Irak 16, Tunesien 16, Marokko 7 Algerien 4

Die Nachbarn, Krieg

Der Erfolg Israels schuf selbst bei den Nachbarstaaten zum Teil Bewunderung aber auch Neid und dadurch die Stärkung alter Feindbilder. Neben dem Antisemitismus, der ab Anfang des 20. Jahrhunderts wiederbelebt wird, treten nach dem 2. Weltkrieg ideologische Formen des Marxismus und Sozialismus, die aufgrund ihres unzureichenden Wirtschaftsverständnisses die Marktwirtschaft – den Kapitalismus – gegen alle praktische Erfahrung als System von Ausbeutung und Unterdrückung sieht.

Dabei war der Staat vom ersten Tage seines Bestehens existenziell bedroht:

Es bleibt die Tatsache, dass die Vereinten Nationen im November 1948 mit mehr als zwei Drittel ihrer Mitglieder die Teilung Palästinas in einen jüdischen und einen arabischen Staat beschlossen hatten ... und dass am Tag der Israel-Gründung die Armeen mehrerer arabischer Staaten in das Land eindrangen, um den UN-Teilungsbeschluss gewaltsam zu vereiteln.

Es war ein *Schlüsselereignis des Nahostkonflikts, das die Flucht und Vertreibung von Arabern aus Palästina nach sich zog...* [84]

---

84 Matthias Küntzel, Islamischer Antisemitismus als Forschungsbereich, in Grimm, Kahman, Antisemitismus im 21. Jahrhundert, de Gruyter, Berlin 2020, Seite 142

13.3 Der Historische Rahmen

Welthistorische Neuerungen

Das 19. und 20. Jahrhundert waren auch welthistorisch dadurch geprägt, dass in ihnen die Ablösung des 6.000 Jahre dominierenden stratifizierten Systems, also des durch Schichten mit unterschiedlichen Rechten gegliederten Gesellschaftssystems, meistens Aristokratien, durch ein freiheitliches, von Individuen bestimmtes (funktional-differenziertes) System abgelöst wurde. Diese beiden Jahrhunderte sind daher auch von den Kämpfen des alten militärischen Wertesystems gegen das neue zivile System mittels der Propagierung von Nationalismus und Militarismus geprägt.

Im Falle Israel entsteht nun inmitten der noch durch kleine Herrscherschichten und den militärischen Verhaltens- und Empfindungskanon in stark religiöser Form geprägten Nachfolgestaaten des Osmanischen Reichs ein kleiner Staat freiheitlicher Prägung. Damit sind Konflikte mit den Nachbarn vorprogrammiert, die allerdings in ihrer Heftigkeit sehr unterschiedlich sein können. Ein Extrem ist sicherlich das Ziel von Nachbarn, den neu entstandenen Staat Israel zu vernichten. Damit ist kaum eine friedliche Koexistenz möglich. Das lernt Europa gerade auch von Putin.

Nachbarstaaten unter Modernisierungsdruck

Diese waren seit Ende des 19. Jahrhunderts durch den Fortschritt von Wissenschaft und Technik, durch die wirtschaftliche Zusammenarbeit mit europäischen Staaten und den Kolonialismus bereits intensiv mit der Moderne konfrontiert und standen vor einem ähnlichen Problem wie die deutsche Aristokratie Ende des 19. Jahrhunderts: Wie sollen wir auf die Forderung nach Freiheit, Bildung, Gleichberechtigung, Toleranz und sozialer Sicherheit reagieren? Die Türkei reagierte mit Kemal Atatürk in Richtung Modernisierung, der persische Schah in den 1960er-Jahren ebenso. Andere Staaten ließen sich wie Nasser in Ägypten von den Versprechungen der Sowjetunion verleiten und setzten auf Sozialismus, also auch wieder nicht auf die Freiheit des Individuums, sondern seine Beherrschung durch einen übermächtigen Staat. Das ging nicht gut und reaktionäre Mächte in Form des islamischen Fundamentalismus gewannen entscheidenden Einfluss, ähnlich wie im Deutschen Reich der extrem militante Nationalismus mit seiner Aggressivität. Mit solche Nachbarn kann ein Staat leben, solange sie ihn nicht angreifen oder versuchen, ihn im Inneren durch Terroranschläge zu destabilisieren.

13.4 Systemübergang

Biegen oder Brechen

In Europa war dieser Übergang mit 2 Weltkriegen und schrecklichen Folgen verbunden. Das durch den Nationalsozialismus in extremer Weise militaristisch und rassistisch aufgeputschte Deutschland musste erst zerstört und die Tradition der militaristischen Weltsicht gebrochen werden, um nach 1945 einer anderen Denkweise Raum zu geben. Dabei war die Anknüpfung an eigene demokratische Traditionen hilfreich und die Führung der Alliierten zur Vermeidung neuer nationalistischer Legenden – wie der Dolchstoßlegende nach 1918 – eine Bedingung für das Gelingen. Es setzte sich die Erkenntnis durch: „Wir sind selber Schuld – am eigenen Elend und dem der anderen!"

Landverlust egal – Hauptsache Frieden

Deutschland hatte als Kriegsfolgen neben den Zerstörungen auch beträchtliche Gebietsverluste zu verzeichnen und eine große Zahl von Flüchtlingen zu integrieren. Das ähnelt sehr der Situation in Palästina.

Die Fixierung des zivilen Wertekanons im Grundgesetz hatte zur Folge, dass 1. die Flüchtlinge sich in ihren neuen Ankunftsregionen, wenn auch nicht ohne Probleme und Härten, integrierten, und 2., dass die Politik im Laufe der 1950er- und 60er-Jahre immer mehr von der Forderung nach Rückgabe der mittlerweile von anderen Bevölkerungsgruppen bewohnten Gebiete absah und sich auf die Sicherung eines guten und freien Lebens im Land selbst und auf gute Nachbarschaft konzentrierte. Einen gewissen Abschluss der territorialen Diskussion brachte die Ostpolitik von Willy Brandt mit der Anerkennung der Oder-Neiße-Grenze 1970, 25 Jahre nach Kriegende. In dieser Zeit hatten die Wohltaten des Friedens in Form des Wirtschaftswunders die BRD von der Richtigkeit dieser Politik überzeugt.

Ausbeutungssysteme brauchen Land

Hier werden die unterschiedlichen Prioritäten der beiden Gesellschaftssysteme deutlich: Die Herrschaft durch eine Klasse, Rasse oder sonstige Gruppe über die große Mehrheit verlangt Aggressivität und die Beherrschung immer größerer Räume und mehr Bevölkerung zur Ausbeutung. Ein freiheitliches System braucht dies nicht, insbesondere wenn die Nachbarn ähnliche Werte vertreten. Dann sind nationale Meinungsunterschiede friedlich lösbar und den Minderheiten kann das kulturelle Ausleben ihrer Traditionen gestattet werden. Ein gutes Beispiel ist der Ausgleich zwischen den Minderheiten von Deutschland und

Dänemark in Schleswig Holstein und Südjütland oder das gute Verhältnis zum einstigen „Erzfeind" Frankreich.

Statt auf Aufrüstung konnten die Energien auf die kulturelle und wirtschaftliche Weiterentwicklung konzentriert werden.

Vernunft?

Dieser friedliche Weg zum Ausgleich ist den Palästinensern heute noch versperrt, da sie sich in unerfüllbare Forderungen verrannt haben (s. u.) und um Land statt um ein gutes Leben kämpfen. Auch ein Aufgeben aus Erschöpfung, wie im Falle von Deutschland 1945, ist wegen der ständigen Geldzuflüsse von außen nicht möglich. Die Durchbrechung der Hasstradition, in Deutschland durch die Alliierten gesichert und gefördert, würde das Scheitern muslimisch-extremistischer Organisationen voraussetzen.

Es drängt sich hier der Eindruck auf, dass die palästinensischen Forderungen von Anfang an auf traditionelle Kräfte zurückgehen, die mehr ihre infrage gestellte Herrschaft verteidigen wollten, als den Interessen des palästinischen Menschen zu dienen.

Die Übertragung der palästinensischen Verhältnisse auf die deutsche Situation hätte bedeutet, dass in der Bundesrepublik Deutschland seit 1945, also 75 Jahre!, Millionen Flüchtlinge aus dem Osten Deutschlands unter schwierigsten Bedingungen in Lagern an der Grenze zu Polen gelebt und sich um viele Millionen noch weiter vermehrt hätten. Dabei hätten sie an ihrer Forderung auf Rückkehr bis heute festgehalten und dieses Ziel mit ständigen Anschlägen im Nachbarland Polen verfolgt. Ein unvorstellbarer Zustand für Deutschland und Polen wie auch für die Flüchtlinge selbst, der natürlich die Frage aufwerfen würde: Wessen Interessen werden hier verfolgt?

Konkret: Inwieweit ist ein von den Palästinensern erstrebter eigener Staat unter den heutigen Bedingungen unter dem Gesichtspunkt von Frieden und Freiheit überhaupt wünschenswert und gar verantwortbar?

Darüber sollen die folgenden Überlegungen mehr Klarheit bringen, ohne in politische Einzelheiten zu steigen.

13.5 Antijudaismus – Antisemitismus – Antizionismus

In der Geschichte hat die Judenfeindlichkeit unterschiedliche Namen bekommen mit etwas unterschiedlichen Akzenten. Die traditionell religiös motivierte Judenfeindlichkeit wurde Ende des 19. Jahrhunderts neu begründet und als Antisemitismus bezeichnet, also eine nicht mehr auf der Religion, sondern auf der ethnischen Herkunft beruhende Gegnerschaft. Dass dieser Begriff von vornherein nicht logisch war, erkennt man daran, dass auch die Araber, weil sie eine semitische Sprache sprechen, Semiten sind, aber mit dem Begriff nicht getroffen werden sollen. Unter den Nazis, die gute Beziehungen zu den Arabern hatten, wurde dieser Makel beseitigt und zunehmend der Begriff Antijudaismus für eine Bevölkerungsgruppe mit angeborenen, negativen Eigenschaften, verwendet. Seit dem Aufkommen des Zionismus als eigener Staatsidee gibt es eine weitere Differenzierung, die an der staatlichen Existenz und an staatlichen Handlungen Israels anknüpfen soll.

Von den Antisemiten wird diese begriffliche Differenzierung jedoch oft willkürlich, oft aus politischem Kalkül nicht durchgehalten.

Für unsere Zwecke ist dies ebenfalls nicht erforderlich, weil alle drei Begriffe auf die Gegnerschaft zum aufgeklärten, freien Individuum zurückgehen.

Israelkritik

Auch in der politischen Auseinandersetzung wird Kritik am Staat Israel manchmal als ungerechtfertigter Antisemitismus bezeichnet und die Frage der Kritik ins Grundsätzliche gehoben. Das soll im Folgenden vermieden werden. Es wird davon ausgegangen, dass man Israel natürlich kritisieren darf, wenn man dabei an Israel nicht viel höhere, teilweise unerfüllbare Maßstäbe anlegt als an seine Kontrahenten und darüber die entscheidenden Unterschiede der Gesellschaftssysteme nicht ignoriert. Der Kampf für die Freiheit ist nicht mit dem der Unterdrückung gleichzusetzen.

Die Gegner – der strenge Islam

Antisemitismus traditionell und besonders seit Anfang des 20. Jh., als die muslimische Welt durch die Moderne immer stärker unter Druck geriet, stand wie das kaiserliche Deutschland vor der Frage: Reformen oder Fanatismus. Überwiegend entschied sie sich für das Zweite. Auch hier wurde das Feindbild des Antisemitismus wiederbelebt.

Osmanisches Reich

Die Ursprünge der Verschwörungstheorie eines jüdischen Krieges gegen den Islam sind in der Endphase des Osmanischen Reiches zu suchen, als sich das Ressentiment gegen die Juden mit jenem gegen die Freimaurer verband. Seit der Gründung der ersten Logen im Osmanischen Reich im 18. Jahrhundert waren die Freimaurer starker Gegnerschaft ausgesetzt. Ihr egalitärer, universalistischer und säkularer Geist kontrastierte mit der sowohl ethnisch als auch religiös segregierten und ungleichen Gesellschaft des Osmanischen Reiches, was die

Feindseligkeiten noch verstärkte. Pamphlete beschuldigten die Freimaurer, atheistisch, anti-muslimisch und antipatriotisch zu sein. Auch die angebliche Verbindung von Freimaurern und Juden, die seit dem 18. Jahrhundert ein wichtiges Motiv in der antisemitischen Literatur in Europa war, wurde von den Gegnern des Freimaurertums übernommen. Zu ihnen zählte etwa der libanesische Jesuit Luis Cheikho, der ... seit den 1890er-Jahren gegen die Freimaurer polemisierte. Sein nachhaltiger Einfluss lässt sich daran ablesen, dass er bis in die Gegenwart von islamistischen Autoren zitiert wird. Auch Rashid Rida, der führende Denker und Propagandist des Pan-Islam, assoziierte Juden und Freimaurer. Im Mai 1903 veröffentlichte er in seiner Zeitschrift al-Manar einen Artikel mit dem Titel „Die Juden, die Freimaurer und die Erneuerung des Nationalismus", der vor einem jüdischen Staatswesen in Palästina warnte.

Nach der jungtürkischen Revolution 1908 fanden Theorien von der jüdisch-freimaurerischen Verschwörung in der islamisch geprägten Welt eine weite Verbreitung.[85]

Nachfolgestaaten

Mit der Niederlage des Osmanischen Reiches und dem Beginn jüdischer Selbstorganisation in Palästina rückten die Juden nun noch mehr ins Zentrum nahöstlicher Verschwörungstheorien. Die Agitation des obersten muslimischen Rates OMH unter dem Mufti von Jerusalem, Amin al-Husseini, spielte dabei eine zentrale Rolle. Sie verband von Beginn an religiöse mit

---

85 Daniel Rickenbacher, Der „jüdisch-westliche Krieg gegen den Islam" Genealogie und Aktualität einer Verschwörungstheorie in: Marc Grimm, Bodo Kahmann Hrsg., Antisemitismus im 21. Jahrhundert, Walter de Gruyter, Berlin, 2020, S. 159,160

nationalistischen Motiven. Der palästinensische Nationalismus war dabei islamischer geprägt als andere arabische Nationalismen. (op. cit. S. 160, 161)

Altes Feindbild Juden und Kreuzritter

Als Evidenz für die angeblichen jüdischen Pläne verbreiteten nationalistische und islamische Propagandisten seit Beginn der Kampagne ein Bild, das den Davidstern über dem Tempelberg zeigt ... unzählige Karikaturen ... verbreiteten bis heute die Geschichte von den jüdischen Plänen gegen die muslimische Präsenz auf dem Tempelberg. Dieser Al-Aqsa-Mythos wurde vom Mufti Armin al Husseni gezielt gesteuert, um den arabisch-jüdischen Konflikt in Palästina zu internationalisieren und sein persönliches Prestige zu stärken (op. cit. S.161)

Die Vorstellung eines westlich-jüdischen Kriegs gegen den Islam ist bis heute konstituierendes Merkmal der Idee der Moslembruderschaft. (op. cit. S.164)

Der Ägypter Anwar al-Jundu beschuldigte die Juden, den Westen zu missbrauchen, um die Macht über den Islam zu erlangen. Der 1999 verstorbene höchste Kleriker Saudi-Arabiens Abdul Aziz bin Baz, trug ebenfalls zur Popularisierung der Verschwörungstheorie bei. Nach Bin Baz begann der geistige Krieg gegen den Islam bereits im Mittelalter, als die Kreuzritter angesichts ihrer militärischen Schwäche realisiert hätten, dass der ideologische Angriff auf den Islam effizienter und nachhaltiger sei. Als Elemente des ideologischen Angriffs identifizierte Bin Baz alle Bestrebungen zur Gleichstellung der Frau und der Säkularisierung der Bildung. (op. cit. S.165)

Nationalcharta und Hamas-Charta

Die „Palästinensische Nationalcharta vom 17. Juli 1968" formuliert Grundsätze, die ein friedliches Zusammenleben weder im Inneren ihres angestrebten Staates noch mit seinen Nachbarn möglich machen.

Art. 7: Es ist nationale Pflicht, jedem Palästinenser eine arabische, revolutionäre Erziehung angedeihen zu lassen. Alle Mittel der Information und der Erziehung müssen darauf gerichtet sein, den Palästinenser möglichst gründlich mit seinem Land vertraut zu machen, sowohl in geistiger als auch in materieller Hinsicht. Er muss auf den bewaffneten Kampf vorbereitet werden und bereit sein, Besitz und Leben zu opfern, um sein Vaterland wiederzugewinnen und dessen Befreiung herbeizuführen.

Art. 10: Guerillaaktionen bilden den Kern des Befreiungskrieges des palästinensischen Volkes...

Art. 14: Das Schicksal der arabischen Nation, die arabische Existenz überhaupt hängen vom Schicksal der Palästinenser ab... Dem palästinensischen Volk kommt bei der Verwirklichung dieses geheiligten Zieles eine Vorreiterrolle zu.

Art. 15: Ihr Ziel ist, ... den Zionismus in Palästina auszutilgen ... Demgemäß muss die arabische Nation alle militärische, menschliche, materielle und geistige Kraft mobilisieren, um zusammen mit dem palästinensischen Volk aktiv an der Befreiung Palästinas teilzunehmen. ... muss die arabische Nation dem palästinensischen Volk alle erdenkliche Hilfe zukommen zu lassen ... die es ihm erlauben, eine führende Rolle innerhalb der bewaffneten Revolution zu bewahren ...

Art. 19: Die Teilung Palästinas im Jahre 1947 und die Schaffung des Staates Israel war völlig illegal.

Art. 20: ... *Das arabische palästinensische Volk... lehnt alle Lösungen ab, die einen Ersatz für die vollkommene Befreiung Palästina bilden...*

Art. 22: Israel ist eine ständige Quelle der Bedrohung des Friedens im Nahen Osten und der ganzen Welt.

Insgesamt machen diese Grundsätze deutlich, dass sie vom sozialistischen Revolutionsoptimismus der Dekolonisationszeit getragen sind, der an der Wirklichkeit gescheitert ist, und scheitern mussten, da sie von illusionären Vorstellungen der Bedeutung der Palästinenser in der arabischen Welt getragen ist. Sie formulieren darüber hinaus keineswegs einen freiheitlichen, sondern einen kollektivistischen Staat, der seine Bürger extrem auf den welthistorisch überholten Nationalismus hin indoktriniert, mit dem kein friedliches Zusammenleben möglich ist.

Die mit „revolutionär" fortschrittlich verbrämte Gewalt hat sich in der Realität der vergangenen 7 Jahrzehnte als terroristisch und reaktionär herausgestellt.

In der Praxis hat sich die Organisation der Palästinenser unter diesen Grundsätzen als korrupt, ineffektiv und extrem gefährlich für die Freiheit der Nachbarstaaten und der eigenen Bevölkerung erwiesen.

Hamas

Sowohl Al-Qaida als auch Hamas übernahmen die gängigen antisemitischen verschwörungstheoretischen Vorstellungen. In der 1988 erschienenen Charta der Hamas wird dies besonders deutlich. Art. 22 zitiert direkt aus den „Protokollen der Weisen von Zion" und macht die Juden für die Französische Revolution verantwortlich. Art. 32 warnt vor dem Expansionsdrang

296

Israels bis zu Nil und Euphrat und darüber hinaus. Ihren An-
hängern empfiehlt die Hamas, „die Pläne der Zionisten [...] in
den ‚Protokollen der Weisen von Zion' nachzulesen."

Ähnlich wie in den 1920er und 1930er-Jahren hat die Propagie-
rung des Al-Aqsa-Mythos durch die Hamas zur Verschärfung
des Konflikts und zum Ausbruch der ersten und zweiten Intifa-
da beigetragen. So wurde der Besuch des Tempelbergs durch
Ariel Sharon im Jahre 2000 als Teil des Planes, die Al-Aqsa-Mo-
schee zu zerstören, interpretiert. ... Der Al-Aqsa-Mythos war
2014 schließlich auch mitverantwortlich für den Ausbruch der
sogenannten Messerintifada. Politische Kampagnen, an denen
sich unter anderem die palästinensische Autonomiebehörde be-
teiligte, riefen zur Verteidigung der heiligen Stätten auf. Viele
muslimische Palästinenser schlossen sich den Aufrufen aus der
Überzeugung an, dass die Al-Aqsa-Moschee gefährdet sei oder
gar ihre Zerstörung unmittelbar bevorstehe. (Matthias Künt-
zel, op. cit. S.167)

Beide Charten definieren ein extrem gewalttätiges, unterdrü-
ckerisches Selbstverständnis, das es unverständlich macht, dass
diese Organisationen vom demokratisch friedlichen Westen
jahrzehntelang ohne die Bedingung der Revision mit erheblichen Mitteln direkt und indirekt unterstützt wurden.

Antisemitismus im Iran seit 1979

Der Antisemitismus der Ayatollahs entspringt ebenso wie der
Hass auf Homosexuelle und emanzipierte Frauen jenem anti-
westlichen, anti-liberalen und lustfeindlichen Horror, welcher
das Regime in Teheran wesentlich kennzeichnet. In der Ver-
nichtungsdrohung gegen Israel kulminiert jene wahnhafte
Ideologie, auf deren Grundlage die „islamische Republik" unter
dem Beifall vieler iranischer Linker 1979 ausgerufen wurde.

In der Ideologie der iranischen Islamisten lassen sich nahezu alle Topoi des modernen Antisemitismus nachweisen, insbesondere die Verherrlichung einer konkretistisch verklärten, organischen, authentischen, schicksalhaften und harmonischen Gemeinschaft, die gegen eine chaotisch-abstrakte, entfremdete, zersetzende, künstliche, unmoralische, materialistische, widersprüchliche und letztlich mit den Juden assoziierte Gesellschaft in Anschlag gebracht wird.[86]

Dies entspricht genau dem Gegensatz von militärischem und zivilem Kanon.

Mit Marx gegen die Freiheit

Besonderes Augenmerk muss dabei auf den ressentimentbehafteten Antikapitalismus der islamistischen Ideologie gelegt werden, die zuletzt Ulrike Marz herausgearbeitet hat: „Die Überzeugung, die Ausbeutung aus dem kapitalistischen Wirtschaften exkludieren und an einen Feind des Islam delegieren können, führt die religiösen Führer im Iran nicht nur zu einer religiösen, sondern zu einer antisemitischen Kapitalismuskritik." Während der Nationalsozialismus eine Trennung in „raffendes" und „schaffendes" Kapital vornimmt[87] *und Ersteres mit den Juden und Letzteres mit der arischen Volksgemeinschaft*

---

86 Stefan Rieger, Antisemitismus im Iran seit 1979, In: Marc Grimm, Bodo Kahmann, Antisemitismus im 21. Jahrhunderts, Moses Mendelssohn Zentrum, Walter de Gruyter, Berlin, 2020, S. 200

87 Hier ist an das Unverständnis für Wirtschaft zu erinnern, das die Herstellung einer Ware noch als geschaffenen Wert versteht, die Wertschöpfung des Handels aber nicht. Dabei hat Simmel sie bereits 1900 in „Philosophie des Geldes" leicht verständlich hergeleitet. Dies wurde von den Herrschenden – Adel und Kirche – nicht aufgenommen, weil es ihre eingefahrenen Feindbilder gestört hätte.

identifiziert, proklamieren die Ayatollahs eine „islamische Wirtschaft" als Gegenentwurf zum „parasitären Kapitalismus", die letztlich nur „eine ethisch und moralisch überformte Variante des Kapitalismus ist, die genauso wenig mit Lohnarbeit, Ausbeutung, und Mehrwert bricht wie andere Ideologien, die eine Bändigung des Kapitalismus anstreben."[88]

Es ist tragisch, Karl Marx, der sein Leben für mehr Freiheit der Menschen eingesetzt hat, auf diese Weise zu ihrer Unterdrückung in schlimmster Form funktionalisiert zu sehen.

Das alte Feindbild – Judenverfolgung

Die Ideologie Khomeinis richtete sich keineswegs nur gegen den israelischen Staat, sondern proklamierte besonders vor 1979 offen die Feindschaft zum Judentum. Seinen politischen Hauptkontrahenten, Schah Mohammed Reza Palahvi, attackierte er mehrfach als „Jude", der seine Befehle aus Israel erhalte. Der Revolutionsführer sah den Islam seit seiner Gründung in einer Konfrontation mit den Juden. (Marz op. cit. S.200)

Die jüdische Minderheit wird gezwungen, sich damit abzufinden, als systematisch diskriminierte Minderheit, als „dhimmis", also als Schutzbefohlene, die zahlreichen Sonderregelungen und Diskriminierungen unterliegen und sich dem Herrschaftsanspruch des Islam unterzuordnen haben, zu existieren. Juden dürfen – so wie andere „anerkannte" nicht-muslimische Minderheiten – nicht Minister, Staatssekretäre, Generaldirektoren, Richter oder Lehrer an regulären Schulen werden. Für Juden wie auch für die anderen Minderheiten gelten diskriminierende

---

88 Folgende Zitate alle Marz, in Stefan Rieger, Antisemitismus im Iran, Grimm, Kahman op. cit.

Sonderregelungen beispielsweise im Erbrecht, bei Zeugenaussagen vor Gericht und bei „Blutgeld", mit dem unterschiedliche Schadenshaftungszahlungen an Muslime und Nicht-Muslime, an Männer und Frauen geregelt sind. ... Rund 90 % der vor 1979 im Iran lebenden geschätzten 100.000-150.000 Juden haben seit der islamischen Revolution das Land verlassen.

Große Bedeutung für die Verbreitung des Antisemitismus im Iran hatte die 1978 ins Englische übersetzte antisemitische Hetzschrift „Die Protokolle der Weisen von Zion", die in den folgenden Jahrzehnten von staatlichen Stellen im Iran in großen Auflagen immer wieder neu herausgegeben wurde – mitunter mit geänderten Titeln wie „Protokolle der jüdischen Führer zur Eroberung der Welt."[89]

Drohung der Vernichtung als Staatsziel

Im Iran gehört die Parole „Tod Israel" seit 1979 zum Kernbestand der islamistischen staatlichen Propaganda und prangte bei Militärparaden auf den Raketen, die schon heute Tel Aviv und Jerusalem erreichen können. Khamenei proklamierte schon 1997 in einer Ansprache vor den Revolutionswächtern, Israel werde von den Seiten der Geschichte getilgt werden. (Marz, op. cit. S. 205)

Es ist barbarisch und war einmalig, die Vernichtung eines Nachbarstaates zum Ziel zu erklären, nicht im Falle eines Angriffs als Verteidigungshandlung, sondern als aggressiven Akt. Ähnliches hat wohl Nordkorea gemacht. Jetzt wiederholt dies Putin und überfällt die Ukraine und droht dem Westen.

---

89 Marz, op. cit. S.203

Tatsächlicher Krieg

Die seit der Herausgabe des zitierten Buchs 2020 ständigen Drohungen und Angriffe von Hamas und Iran auf Israel, und besonders die Angriffe nach dem 7.10.2023 haben dies aktuell in schrecklicher Weise wieder bewusst werden lassen. Und der Angriff auf Israel am 14.4.2024 mit 300 Raketen und Marschflugkörpern war ein großer militärischer Überfall. Hintergrund sind nicht irgendwelche politischen Aktionen von Israel – die Zerstörung des iranischen Konsulats in Syrien war nur der Anlass – sondern der jahrhundertealte Antisemitismus (auch) der muslimischen Welt.

Der neue Fundamentalismus seit 1979

Nach der Entkolonialisierung der 50er-Jahre folgte ähnlich wie in Deutschland nach 1918 die Hinwendung zum modernen Kollektivismus, dem Sozialismus mit Massenpropaganda und wenig Erfolg.

Dem wurde durch Verstärkung des religiösen Fanatismus und dem Narrativ von dem Kampf des Westens gegen den Islam unter Führung der Juden begegnet. Richtig ist daran nur, dass die moderne Welt mit mehr Aufklärung, weniger Religion, mehr Toleranz und Friedlichkeit einhergeht und diese Werte vom Westen – und den Juden – vertreten werden. Eine gesellschaftlich ungesteuerte Entwicklung wird beim Antisemitismus personalisiert, um Feindbilder zu schaffen, abzulenken und die Untertanen zu großen Opfern anzuspornen, damit die heutigen Herrschergruppen ihre Macht behalten.

Sie verbinden ihre Abwehr gegen Neuerungen mit dem Argument der Abwehr des Kapitalismus, der in der Tradition der sozialistischen Deutung nur Ausbeutung und Unsicherheit bringt.

Dazu wurde das Narrativ vom „Krieg des Westens gegen den Islam" erfunden.

Das entscheidende Datum war 1979, als Ayatollah Khomeini aus dem Exil in Frankreich in den Iran zurück kam und die „Muslimische Republik", in Wirklichkeit eine gewalttätige Theokratie, begründete. In großenteils blutigen Auseinandersetzungen verbreitete sich sein Fundamentalismus innerhalb des Landes und in der ganzen muslimischen Welt.

14 Die Auswirkungen im Westen

14.1 Aufgabe seiner Werte

Die Erklärung des „Kriegs des Westens gegen den Islam" hat nicht nur im islamischen Raum überzeugt, auch in westlichen intellektuellen Kreisen ist sie auf schwer erklärbare Weise angenommen worden. Selbst bei Wissenschaftlern und sogar von Institutionen, die den Antisemitismus bekämpfen sollen!

Die folgenden Zitate stammen, wenn nicht anders angegeben, aus Matthias Küntzel, „Islamischer Antisemitismus als Forschungsbereich"[90].

Gleichwohl klaffen beim Thema islamischer Antisemitismus nicht nur hierzulande große forschungspolitische Lücken. Vor einigen Jahren erschien in den USA eine Monographie, die sich unter dem Titel „Muslim antisemitism and the conspiracy of silence" (Muslimischer Antisemitismus und die Verschwörung des Schweigens) *eigens mit der Weigerung westlicher Eliten befasst, den massenhaften Antisemitismus unter Muslimen wahrzunehmen, geschweige denn, ihn zu erforschen. Wer dennoch auf diesem Gebiet zu forschen sucht, gerät schnell auf politisch umkämpftes Terrain.*

Da ist zum einen der Tatbestand, dass Muslime in Europa eine Minderheit darstellen, die sich mit dem Aufkommen rechtspopulistischer Bewegungen zunehmend einer rassistischen Argumentation ausgesetzt sieht. Leicht gerät der, der den

---

90 in: Grimm, Kahmann, Antisemitismus im 21. Jahrhundert, de Gruyter, Berlin, 2020.

Antisemitismus unter Muslimen untersucht, in den Verdacht der Islamophobie. Dieser Vorwurf war schnell bei der Hand, als Anfang 2003 zwei Mitarbeiter des Zentrums für Antisemitismusforschung (ZfA) einen Bericht über „Manifestationen des Antisemitismus in der Europäischen Union" vorlegten, den sie im Auftrag des „Europäischen Monitorzentrums für Rassismus und Fremdenfeindlichkeit" *(EUMZ) erstellt hatten. Darin stellten sie fest, dass für „physische Angriffe auf Juden und die Entweihung und Zerstörung von Synagogen hauptsächlich muslimische Täter mit zumeist arabischen Wurzeln verantwortlich waren." Wegen derartiger Passagen hielt die EUMC diese Studie monatelang unter Verschluss. Sie sei ungeeignet, ... „da sie die Islamophobie in Europa [...] fördern könne." Mit neunmonatiger Verspätung machten jüdischen Gemeinden diese Studie schließlich ohne Zustimmung des EUMC öffentlich. Wie aber soll, wenn schon die unkommentierte Darstellung unbestreitbarer Sachverhalte in den Verdacht des Rassismus gerät, unabhängige Forschung möglich sein. (135, 136)*

Dies ist insgesamt ein erschreckendes Bild. Auch wenn in den vergangenen Jahren, besonders nach der Silvesternacht 2012 in Köln, die Tabuisierungen muslimischer Kriminalität etwas weniger geworden sind, steht sie auch heute noch in keinem Verhältnis zu den Fakten. Antisemitismus wurde in erster Linie als Ausdruck rechter Kreise in Deutschland wahrgenommen und kommuniziert. Erst die unverhohlen aggressive und inhumane Solidarisierung extremistischer muslimischer Gruppen nach dem Überfall der Hamas auf Israel am 7. Oktober 2023 hat den muslimischen Antisemitismus in jüngster Zeit stärker ins Blickfeld einer breiten Öffentlichkeit gerückt.

Zu den Feststellungen von Herrn Küntzel ist noch zu sagen:

1. In einem Punkt irrt Herr Küntzel: Nicht das „Aufkommen rechtspopulistischer Bewegungen" hat die Muslime einer

„rassistischen Agitation ausgesetzt". Der Vorgang war umgekehrt: Das öffentliche Wirken islamistischer, unsere Freiheit konkret bedrohender, auch vor Gewalt nicht zurückschreckender Gruppen, z. B. Salafisten, und die große Zahl der unkontrolliert ins Land strömenden muslimischen Migranten haben rechtspopulistische Bewegungen gestärkt. Hinzu kommt die empörende, die deutsche Bevölkerung verdummende und in ein schlechtes Licht rückende Melderegel bei antisemitischen Anschlägen: Anschläge mit *nicht* zu ermittelnden Tätern werden Deutschen zugeordnet!

2. Darüber hinaus ist diese Kritik keine rassistische, da es sich beim Islam um ein *kulturelles* Phänomen handelt, das eine bestimmte Weltsicht und ein bestimmtes Verhalten fördert. Das muss kritisierbar sein, da es im Gegensatz zu „rassischen" Merkmalen änderbar ist.

3. Die Reaktion des EUMC wie auch seine Wortwahl zeigt, wie sehr die Tabuisierung muslimischen Verhaltens in den Fachkreisen und den Medien schon fortgeschritten ist. Es wird der Begriff „Islamophobie" wie selbstverständlich verwendet, obwohl ihm eine Täter-Opfer-Umkehrung zugrunde liegt und er darüber hinaus Kritik an einer kulturellen Erscheinung als Krankheit bezeichnet, die den Blick nicht auf das Problem, sondern den „kranken" Kritiker lenkt. Das ist beabsichtigt, denn es handelt sich um einen Kampfbegriff des aggressiven Islam zur Kritikverhinderung. Auch in der englischsprachigen Literatur wird er entweder unreflektiert oder mit unterschwelliger Absicht verwendet.

Die sprachliche Blindheit auf diesem Gebiet steht in scharfem Kontrast zur sprachlichen Sensibilität des Genderismus, der Wokeness, der PC, die der Wortwahl Macht über unser Bewusstsein zuschreiben.

14.2 Zentrum für Antisemitismusforschung (ZfA)

Selbst dort wird der muslimische Antisemitismus weitgehend ignoriert oder unwissenschaftlich entgegenkommend behandelt!

Von den 89 Büchern, die das Zentrum zwischen 1991 und 2016 in seiner Buchreihe „Dokumente, Texte, Materialien" veröffentlichte ... hat sich keines mit dem Antisemitismus im Nahen Osten oder in der islamischen Welt befasst. Zwischen dem Sommersemester 2011 und dem Wintersemester 2016/17 lud das ZfA im Rahmen der neu initiierten Reihe „Forschungskolloquium" zu insgesamt 173 Vorträgen ein. Nur zwei dieser Vorträge beschäftigten sich mit dem Antisemitismus unter Muslimen im weitesten Sinne. (137)

In den 24 Jahrbüchern für Antisemitismusforschung wurden in 23 Jahren 354 Beiträge publiziert, davon waren allerdings nur 14 dem Judenhass unter Muslimen, ob in Europa oder der übrigen Welt, gewidmet. Zwei Artikel widmeten sich dem Antisemitismus im Iran, ein einziger der Hisbollah. Über die Hamas und deren antisemitische Charta von 1988 hat das ZfA weder einen Beitrag in einem Jahrbuch noch eine Stellungnahme für die Medien veröffentlicht.

Dies muss erstaunen, stand doch die Hamas während des letzten Jahrzehnts wiederholt mit Israel im Krieg; so während des Jahreswechsels 2008/2009, im November 2012 und erneut im Sommer 2014. In allen drei Fällen begannen die kriegerischen Auseinandersetzungen mit dem Beschuss israelischer Städte durch Qassam-Raketen aus dem Gazastreifen, denen jeweils israelische Vergeltungsangriffe folgten. Über jede dieser Auseinandersetzungen wurde in Deutschland heftig und nicht selten mit antiisraelischer Schlagseite diskutiert: Viele interpretierten das Vorgehen der Hamas als Ausdruck von Not und Verzweiflung, da sie deren auf die Zerstörung Israels zielendes Programm, das in der Gründungscharta von 1988 formuliert ist, nicht kannten. Ohne Berücksichtigung des Antisemitismus in der Hamas-Charta war und ist der Kontext jener kriegerischen Auseinandersetzungen aber nicht zu verstehen. Das ZfA versäumte es, über diese Charta zu informieren, und wurde in diesem Punkt seinem Anspruch „durch Politik- und Medienberatung Dienstleistungen und Aufklärungsarbeit für die Öffentlichkeit" zu leisten, schwerlich gerecht. (138)

Die Gründe für die geschilderte Blindheit und späteren Beispiele für Einseitigkeit liegen in der Einflussnahme von außen und auch in einer gewissen Geringschätzung der vom Westen vertretenen und zu verteidigenden zivilen Werte:

Wie es die thematische Ausrichtung des Zentrums für Antisemitismusforschung nahelegt ... war zunächst an eine Untersuchung des arabischen und islamischen Antizionismus und Antisemitismus gedacht.

Dies stieß außerhalb des Zentrums aber auf Kritik. So warnte Joel Beinin, Professor an der Stanford University, vor der Gefahr einer „Beförderung negativer Vorstellungen über die Araber, welche in Israel und dem Westen vorherrschen", wenn man sich auf deren Antisemitismus kapriziere. (139)

Dabei war ein „Kaprizieren" sicher nicht zu erwarten.

Die Rücksichtnahme auf „negative Vorstellungen über die Araber" führte dann zu einer einseitigen und faktennegierenden Darstellung des palästinensisch-israelischen Konflikts im ZfA. So wurde die Gründung des Staates Israel nicht aus israelischer, sondern nur aus palästinensischer, damit natürlich negativer Sicht falsch dargestellt.

Bei den weiterhin angeführten Beispielen der Konflikterklärung kann man sich nur wundern, in welcher von jeder praktischen Erfahrung abgehobenen Weise manche Wissenschaftler und Wissenschaftlerinnen ihre Beobachtungen machen und Schlussfolgerungen ziehen, wenn sie zum Beispiel behaupten, dass der *heutige Antisemitismus in der arabischen Welt wenig religiöse Wurzeln hat/dass auch seriöse Journalisten häufig einen Zusammenhang zwischen Terrorismus und Islam konstruieren/wenn 2014 auf Demonstrationen in Deutschland judenfeindliche Parolen skandiert werden und ein Wissenschaftler abwiegelt mit: Seltsame Leute hätten unsinnige Parolen/ Wenn muslimische Jugendliche sich als Underdogs fühlen, von der Gesellschaft ausgegrenzt würden, sie sich gegenüber der jüdischen Minderheit, die integriert ist ... zurückgesetzt fühlen, dann erwachsen daraus Neid und Ressentiments.*[91]

Bei Letzterem handelt es sich offensichtlich um eine Verdrehung von Ursache und Wirkung: Die Ausgrenzung erfolgt in erster Linie aufgrund mangelnder Qualifikation und Anstrengung in bildungsfeindlichem Umfeld.

Es soll bei diesen Beispielen bleiben.

Die um sich greifende Verbreitung dieser Sichtweise negiert auf bedenkliche Weise die Ansprüche von Wissenschaftlichkeit und führt zu einer Gefährdung unserer freiheitlichen Ordnung durch Polarisierung. Sie stützt sich dabei auf ein unzureichendes Bewusstsein unserer globalen Werte aber eine hohe Bereitschaft zu Selbstkritik und tappt in die Falle autoritärer Ideologien.

Ausgerechnet Teile der Vertreter einer kritischen Sicht auf unsere Gesellschaft, die in allen Bereichen zahlreiche Defizite aufspüren und auf deren Beseitigung drängen, übernehmen diese den Kernbereich unserer Freiheit betreffenden Begriffe unkritisch oder gar in manipulativer Absicht.

---

91 Matthias Küntzel, op.cit.

15 Schluss

Die Mächte von Krieg und Unterdrückung kämpfen seit Jahrtausenden gegen den aufgeklärten Menschen. Nach deren Zurückdrängung im 20. Jh. haben sie in den jüngsten Jahrzehnten wieder an Macht gewonnen und bekämpfen die westliche Welt materiell und ideologisch. Dabei treffen sie dort auf in hohem Maße selbstkritische und unsichere Teile der Gesellschaften, die sich der Grundlagen ihrer Freiheit oft wenig bewusst sind. Hier hat die Analyse mehr Klarheit nicht nur zum Antisemitismus gebracht: Es sind die zivilen Werte im Kampf gegen die militärischen, die freie Meinungsbildung des Individuums gegen ihre Einschränkung durch Glaube und Manipulation.

Wir müssen uns bewusst sein, dass unsere schwer errungene zivile Kultur auf den Artikeln des Grundgesetzes beruht, aber auch auf viel mehr.

Rücksichtnahme ist mehr als die Einhaltung gesetzlicher Ruhezeiten; Toleranz heißt nicht, gegensätzlichen Meinungen zuzustimmen; Heimatverbundenheit ist kein Chauvinismus; Arbeit ist auch Weiterentwicklung der Persönlichkeit; Gewalt fängt nicht bei der Tat an, Schutz der Gemeinschaft nicht bei der Polizei; zur freien Meinungsäußerung gehört freie Meinungsbildung; maßgeblich ist nur beim Individuum der Glaube, in der Gesellschaft die Vernunft ...

Der Staat ist nicht „der", sondern „unser".

Der Antisemitismus ist nicht der Angriff auf „die wenigen Juden", sondern auf „uns alle".

Literaturverzeichnis

Götz **Aly**, „Europa gegen die Juden – 1880-1945", S. Fischer Verlag, Frankfurt, 2017

Sigrid **Bauschinger**, Die Cassirers – Unternehmer, Kunsthändler, Philosophen, Biografie einer Familie, Beck Verlag, 2016

Georges **Bensoussan**, Juden in der arabischen Welt, Einleitung: Stephan Grigat, Hentrich u Hentrich, 2019, Originalausgabe 2017

Ernest **Bornemann**, Das Patriarchat, S. Fischer, Frankfurt, 1975

Chaim **Cohn**, Aus meinem Leben, Suhrkamp – Jüdischer Verlag, Berlin 2019

John **Dicki**, Die Freimaurer, Fischer, Frankfurt a. M., 2020

Alfred **Döblin**, Das Lesebuch, Fischer, Frankfurt 2009. Reise in Polen, Warschau 1926, Die Judenstadt von Warschau, S. 296–308

Norbert **Elias**, Studien über die Deutschen – Machtkämpfe und Habitusentwicklung im 19. und 20. Jahrhundert, Suhrkamp 1989

N. **Elias**, J. L. **Scotson**, Etablierte und Außenseiter, Suhrkamp, 1. Auflage 1993, 10. Aufl. 2020

Theodor **Fritsch**, Handbuch der Judenfrage, kommentierter Faksimile-Nachdruck der 35. Aufl. Leipzig 1933

Ruth **Gay**, Geschichte der Juden in Deutschland, C. H. Beck, München, 1993

Karl Erich **Grözinger**, Jüdisches Denken -Theologie, Philosophie, Mystik, Band 5, Meinungen und Richtungen im 20. und 21. Jahrhundert, Campusverlag, Frankfurt, 2019

Friedrich August **Hayek**, Der Weg zur Knechtschaft, 1944, Koppverlag, 2022

Joseph **Henrich**, Die seltsamsten Menschen der Welt – Wie der Westen reichlich sonderbar und reich wurde, Suhrkamp, 2023

Marc **Grimm**, Bodo **Kahman**, Antisemitismus im 21. Jahrhundert, de Gruyter, Berlin 2020

juedisches-europa.net, Kaiserjude, Mäzen und preußischer Patriot, 28.8.23

Matthias **Küntzel**, Islamischer Antisemitismus als Forschungsbereich, in Grimm, Kahman op. cit.

Salcia **Landmann**, Jüdische Weisheit aus drei Jahrtausenden, Anaconda, München, 2011

Niklas **Luhmann**, Die Gesellschaft der Gesellschaft, Suhrkamp, 2015, Seite 341

Karl **Marx**: „Die Kriegserklärung – zur Geschichte der orientalischen Frage", in Karl Marx/Friedrich Engels, Werke, Bd. 10, Berlin/DDR: Dietz 1961

Michael A. **Meyer**, Die Anfänge des modernen Judentums, jüdische Identität in Deutschland 1749–1824, Beck, Berlin 1994, 2011

Helmuth **Nürnberger**, Dietmar Storch, „Fontane-Lexikon", Namen – Stoffe – Zeitgeschichte, Carl-Hanser-Verlag, 2007

George **Orwell**, Warum ich schreibe, Essays, 1945, Die großen Essays, Anaconda, 2022, Seite 114–130

Karl **Popper**, Die offene Gesellschaft und ihre Feinde, Band 1 u. 2, Mohr Siebeck, 1945/2003

Daniel **Rickenbacher**, Der jüdisch-westliche Krieg gegen den Islam, in Grimm, Kahman op. cit

Stefan **Rieger**, Antisemitismus im Iran seit 1979, in Grimm, Kahman op. cit.

Hanno **Sauer**, Moral – Die Erfindung von Gut und Böse, Piper Verlag, 2023

Georg **Simmel**: Die Philosophie des Geldes, 1900, Anaconda, Köln, 2009.

Thorstein **Veblen**, Die Theorie der feinen Leute, 1899, Fischer TB, Frankfurt, 2007

Shulamit **Volkow**, Deutschland aus jüdischer Sicht, Bundeszentrale für politische Bildung, Bonn 2022

Heinrich August **Winkler**, Zerbricht der Westen?, C. H. Beck, München, 2017

Michael **Wolffsohn**, Eine andere jüdische Weltgeschichte, Sonderausgabe der Bundeszentrale für politische Bildung, Verlag Herder 2022

Der Autor

Helmut Lambert, 1942 in Bonn geboren, als
Diplomingenieur vierzig Jahre lang freiberuflicher
Stadtplaner. Soziologie und Sozialgeschichte gehörten zu den Grundlagen seiner Arbeit. Nach
Ende seiner beruflichen Laufbahn intensivierte
er seine Studien. Lamberts Interessen sind mit
Wissenschaft, Geschichte und Literatur breit ge-
fächert, was ihm die Herstellung neuer Bezüge
zwischen den Fachgebieten erlaubt, wie im Falle
des vorliegenden Buches. Helmut Lambert ist ver-
heiratet und hat zwei erwachsene Töchter. „Der
Angriff des Kriegers auf das Friedliche" ist sein
erstes Buch.